釣《つ》りにいこうよ!

ザリガニ、キンギョ、コイ。魚《さかな》を知《し》れば絶対《ぜったい》釣《つ》れる

加藤康一・著
折月フミオ・絵

ちょっと あなた
ふわぁ?
どうした お母《かあ》さん
昼間《ひるま》から家《いえ》で ゴロゴロしてないで たまには息子《むすこ》を 連《つ》れて外《そと》に 出《で》かけてよ
せっかくの 休日《きゅうじつ》なんだから のんびりさせて くれよー
ダメよ! いつもそうやって ソファで寝《ね》ているから どんどん 太《ふと》っちゃうんでしょ!
よっ
ほっ
カチ
カチ
うーん 弱《よわ》ったなー
!
おっ
何《なに》をやって るんだ?
ゲームだよ 釣《つ》りのミニゲームがあって それが面白《おもしろ》いんだ!

おお！釣《つ》りのゲームができるのか
うん今《いま》、大《おお》きい魚《さかな》を釣《つ》ろうとしてるんだけど……
なかなか難《むずか》しいんだよね
お父《とお》さん釣《つ》りがうまいから
ちょっとやらせて……
……
くれなくて大丈夫《だいじょうぶ》だ
ゴゴゴ…
！
そうだ！本当《ほんとう》の釣《つ》りにいこう！
え！ボク本当《ほんとう》の釣《つ》りやってみたい！
そうだろそうだろ
お母《かあ》さんいいだろ？
そうねー

でも
よく知《し》らないけど…
釣《つ》りの道具《どうぐ》って けっこう値段《ねだん》が 高《たか》いんじゃないの？
その心配《しんぱい》は いらないぜ
グッ
釣《つ》り堀《ぼり》だったら 道具《どうぐ》を借《か》りられるから 自分《じぶん》で買《か》わなくても 釣《つ》りをはじめられるさ ザリガニ釣《つ》りなら 竹《たけ》の棒《ぼう》と木綿《もめん》の糸《いと》が あれば充分《じゅうぶん》だしね
レンタル
あら 釣《つ》りにも いろいろ 種類《しゅるい》が あるのね
なんだか 簡単《かんたん》そう！
いやいや
自分《じぶん》で釣《つ》り道具《どうぐ》を 揃《そろ》える必要《ひつよう》がなくても 本当《ほんとう》に釣《つ》るためには ちょっと頭《あたま》を使《つか》わないと いけないぞ
ビシッ

魚《さかな》の種類《しゅるい》の数《かず》だけ それに合《あ》った 釣《つ》り方《かた》がある
ググッ
だけど釣《つ》りたい 魚《さかな》のことをよく知《し》って 正《ただ》しい釣《つ》り方《かた》をすれば ……
大物《おおもの》を 釣《つ》ることも 夢《ゆめ》じゃない
ザバッ
面白《おもしろ》そう……
ワクワク
そうね 釣《つ》ってきたのが 食《た》べられる魚《さかな》だったら 私《わたし》が料理《りょうり》できるし
ボクは 釣《つ》った魚《さかな》を 飼《か》ってみたい！
あら それも 楽《たの》しそうね！
じゃあ 釣《つ》りにいくか？
うん 釣《つ》りに いこうよ！

どこに、どんな魚《さかな》がいるのかな？

川《かわ》・池《いけ》・湖《みずうみ》、そして海《うみ》。水《みず》があるところには、魚《さかな》がいる。でも、ひとつの種類《しゅるい》の魚《さかな》が、どこにでもいるというわけじゃないんだ。

たとえば淡水《たんすい》（川《かわ》・池《いけ》・湖《みずうみ》）と海《うみ》とでは、住《す》んでいる魚《さかな》は大《おお》きく変《か》わる。学校《がっこう》の池《いけ》などで飼《か》っているキンギョやコイは淡水《たんすい》にしかいないし、スーパーマーケットで目《め》にするアジやサバは海《うみ》にしかいない。

この本《ほん》で紹介《しょうかい》しているのは淡水《たんすい》の魚《さかな》だけど、彼《かれ》らも流《なが》れの速《はや》さや水《みず》の温度《おんど》、深《ふか》さ、透明度《とうめいど》などの違《ちが》いから、生活《せいかつ》しやすい場所《ばしょ》を選《えら》んで住《す》み家《か》にしているんだよ。

魚《さかな》がどこにいるかを想像《そうぞう》するには、食《た》べているエサを考《かんが》えることも大切《たいせつ》だ。たとえばクチボソのような小魚《こざかな》は、水《みず》の中《なか》にいる小《ちい》さな昆虫《こんちゅう》やプランクトンを食《た》べている。そして小魚《こざかな》たちは、他《ほか》の大《おお》きな魚《さかな》のエサになることもある。だから、エサが豊富《ほうふ》で、大《おお》きな魚《さかな》から身《み》を隠《かく》しやすい、アシや水草《みずくさ》が生《は》えている場所《ばしょ》を好《この》むんだ。

魚《さかな》の特徴《とくちょう》を理解《りかい》すればするほど、どこに、どんな魚《さかな》がいるのか、わかるようになってくるんだよ。

いつが釣《つ》りやすいのかな？

■＝よく釣《つ》れる
■＝釣《つ》れる
■＝あまり釣《つ》れない
■＝釣《つ》れない

ザリガニ

温《あたた》かい水《みず》が好《す》き！ 寒《さむ》くなると泥《どろ》の中《なか》に入《はい》って冬眠《とうみん》するんだ

1	2	3	4	5	6	7	8	9	10	11	12

＊数字《すうじ》は月《つき》

キンギョ

釣《つ》り堀《ぼり》では一年中《いちねんじゅう》釣《つ》れるけど、暖《あたた》かい時期《じき》のほうが釣《つ》りやすいよ！

1	2	3	4	5	6	7	8	9	10	11	12

コイ

温《あたた》かい水《みず》が好《す》きだけど、暑《あつ》すぎるのはあまり好《す》きじゃないんだ

1	2	3	4	5	6	7	8	9	10	11	12

小魚

僕《ぼく》らはみんな冷《つめ》たい水《みず》が嫌《きら》いなんだよ

1	2	3	4	5	6	7	8	9	10	11	12

ニジマス

みんなと違《ちが》って冷《つめ》たい水《みず》が大好《だいす》き！ 釣《つ》り堀《ぼり》がオープンしていれば釣《つ》れるよ！

1	2	3	4	5	6	7	8	9	10	11	12

魚《さかな》には、種類《しゅるい》ごとに生活《せいかつ》しやすい水温《すいおん》がある。上《うえ》の表《ひょう》を見《み》ればわかるように、温《あたた》かい水《みず》を好《この》む魚《さかな》は、寒《さむ》い時期《じき》には釣《つ》りづらいんだ。また、少《すこ》しの温度変化《おんどへんか》にも影響《えいきょう》されるので、冷《ひ》え込《こ》んだ朝《あさ》は釣《つ》れなくても、太陽《たいよう》が出《で》て水《みず》が温《あたた》まる昼《ひる》ごろになると急《きゅう》に釣《つ》れるなんていうことも、よくある。

水温《すいおん》は地域《ちいき》や標高《ひょうこう》（平野部《へいやぶ》か、山《やま》の上《うえ》か）によっても変《か》わるから、たとえば関東地方《かんとうちほう》では5月《がつ》ごろにならないと釣《つ》れない小魚《こざかな》が、九州地方《きゅうしゅうちほう》では3月《がつ》ごろから釣《つ》れたり、冷《つめ》たい水《みず》を好《この》むニジマスが、山《やま》あいの釣《つ》り堀《ぼり》で夏《なつ》によく釣《つ》れたりするんだよ。

ザリガニ、キンギョ、コイ。魚《さかな》を知《し》れば絶対《ぜったい》釣《つ》れる

釣《つ》りにいこうよ！——目次《もくじ》

PART 1 公園《こうえん》の池《いけ》でザリガニと遊《あそ》ぼう！ …… 15

アメリカザリガニって、どんな生《い》き物《もの》？ …… 16

なんといっても強《つよ》いハサミが特徴《とくちょう》！／アメリカザリガニはどんなものを食《た》べている？／後《うし》ろに素早《すばや》く動《うご》くのが得意《とくい》！／水田《すいでん》や用水路《ようすいろ》が彼《かれ》らの住《す》み家《か》／アメリカザリガニはいつ、どこで産卵《さんらん》する？／青《あお》いザリガニの不思議《ふしぎ》

アメリカザリガニは、どこで釣《つ》れる？ …… 20

自然豊《しぜんゆた》かで、よく整備《せいび》された公園《こうえん》がベスト！／アメリカザリガニが潜《ひそ》んでいる場所《ばしょ》は？／釣《つ》りやすい時期《じき》や時間帯《じかんたい》を知《し》っておこう！

アメリカザリガニを釣《つ》ってみよう！ …… 22

汚《よご》れてもいい格好《かっこう》で釣《つ》りにいこう！／釣《つ》り道具《どうぐ》は棒《ぼう》と木綿《もめん》イトだけ！／エサはスルメか煮干《にぼ》しがポピュラー／アメリカザリガニ狙《ねら》いの、3つの方法《ほうほう》／上手《じょうず》にやり取《と》りして引《ひ》き上《あ》げよう！／爪《つめ》で挟《はさ》まれないようにアメリカザリガニをつかもう

アメリカザリガニを飼《か》ってみよう! …… 26
アメリカザリガニの飼育《しいく》に必要《ひつよう》なもの／共食《ともぐ》いに注意《ちゅうい》!／エサは何《なに》がいい?／水替《みずが》えはこまめに行《おこな》おう
実《じつ》は高級食材《こうきゅうしょくざい》? ザリガニを食《た》べてみよう! …… 28

PART 2

釣《つ》り堀《ぼり》でキンギョを釣《つ》ろう! …… 29

キンギョって、どんな魚《さかな》なの? …… 30
キンギョの体《からだ》のつくりを知《し》っておこう!／中国大陸《ちゅうごくたいりく》からやってきた観賞魚《かんしょうぎょ》／たくさんいるぞ! キンギョの仲間《なかま》／口《くち》をもぐもぐさせてエサを食《た》べる／キンギョのフンはどうして細長《ほそなが》い?／魚《さかな》なのに泳《およ》ぎが下手《へた》?／飼《か》い方《かた》の基本《きほん》を知《し》っておこう!／キンギョの寿命《じゅみょう》は何年《なんねん》?
釣《つ》り堀《ぼり》でキンギョを釣《つ》ってみよう! …… 34
キンギョ釣《つ》りができる釣《つ》り堀《ぼり》／釣《つ》り堀《ぼり》のルールを知《し》っておこう／釣《つ》り具《ぐ》はレンタル可能《かのう》!／釣《つ》り竿《ざお》の扱《あつか》い方《かた》を覚《おぼ》えよう!／エサの付《つ》け方《かた》がとっても重要《じゅうよう》!／キンギョの釣《つ》り方《かた》の基本《きほん》／ハリの外《はず》し方《かた》を知《し》っておこう
雨《あめ》の日《ひ》や寒《さむ》い時期《じき》は室内釣《しつないつ》り堀《ぼり》がオススメ! …… 38

PART 3

管理《かんり》釣《つ》り場《ば》でニジマスを釣《つ》ろう！ …… 39

ニジマスって、どんな魚《さかな》なの？ …… 40

脂《あぶら》ビレと呼《よ》ばれるヒレが特徴《とくちょう》！／食用目的《しょくようもくてき》でアメリカから移入《いにゅう》された魚《さかな》／日本《にほん》にも昔《むかし》からいるサケ科《か》の魚《さかな》たち／冷《つめ》たい水《みず》が大好《だいす》き！／泳《およ》ぐ力《ちから》がバツグン！／昆虫類《こんちゅうるい》や小魚《こざかな》が主食《しゅしょく》／同《おな》じニジマスなのになぜ違《ちが》う？／釣《つ》り方《かた》はさまざま！

管理《かんり》釣《つ》り場《ば》でニジマスを釣《つ》ってみよう！ …… 44

ニジマス釣《つ》りができる管理釣《かんりつ》り場《ば》／釣《つ》り場《ば》のタイプはふたつ／玉《たま》ウキ仕掛《しか》けが基本《きほん》！／どんなエサがいいのかな？／「釣《つ》れるポイント」に仕掛《しか》けを投入《とうにゅう》！／ニジマスの釣《つ》り方《かた》の基本《きほん》／釣《つ》った魚《さかな》はしっかり捕《つか》まえよう

ニジマスをさばいて料理《りょうり》してみよう！ …… 48

新鮮《しんせん》な状態《じょうたい》で持《も》ち帰《かえ》る方法《ほうほう》／キッチンバサミを使《つか》ったさばき方《かた》／包《つつ》んで焼《や》くだけ！【ホイル包《つつ》み焼《や》き】／刺身《さしみ》にひと工夫《くふう》！【カルパッチョ】／サクサク食《た》べられる！【竜田揚《たつたあ》げ】／魚《さかな》が苦手《にがて》な人《ひと》でも大丈夫《だいじょうぶ》！【ハンバーグ】

たくさん釣《つ》れたら燻製《くんせい》にして保存《ほぞん》しよう！ …… 52

PART 4

釣《つ》り堀《ぼり》・公園《こうえん》でコイを釣《つ》ろう！ …… 53

コイって、どんな魚《さかな》なの？ …… 54

「淡水《たんすい》の王者《おうじゃ》」と呼《よ》ばれる大型魚《おおがたぎょ》／養殖《ようしょく》も盛《さか》ん！ 日本《にほん》に昔《むかし》からいる魚《さかな》／さまざまな動植物《どうしょくぶつ》を食《た》べる大食漢《たいしょくかん》／最大《さいだい》で体長《たいちょう》1メートルを超《こ》える！／平野部《へいやぶ》の川《かわ》や池《いけ》・湖《みずうみ》に住《す》む／春《はる》～初夏《しょか》が産卵期《さんらんき》／音《おと》と匂《にお》いにとても敏感《びんかん》！

釣《つ》り堀《ぼり》でコイを釣《つ》ってみよう！ …… 58

コイ釣《つ》りができる釣《つ》り堀《ぼり》／釣《つ》り堀《ぼり》のルールを確認《かくにん》しよう／釣《つ》り道具《どうぐ》はすべてレンタル可能《かのう》！／釣《つ》り堀《ぼり》にもいいポイントがある？／ウキ下《した》の調節《ちょうせつ》が大事《だいじ》！／エサの付《つ》け方《かた》で釣《つ》れ具合《ぐあい》が変《か》わる！／仕掛《しか》けの上手《じょうず》な振《ふ》り込《こ》み方《かた》／ウキの動《うご》きを見逃《みのが》すな！／ウキが動《うご》いたら竿《さお》を立《た》てる／竿《さお》の角度《かくど》を保《たも》ってコイを寄《よ》せよう／ハリを外《はず》して水《みず》の中《なか》に戻《もど》してあげよう

公園《こうえん》のコイ釣《つ》りにチャレンジしよう！ …… 64

釣《つ》りができる公園《こうえん》はどこにある？／公園《こうえん》の「よく釣《つ》れるポイント」を探《さが》そう！／自分《じぶん》で道具《どうぐ》を揃《そろ》えよう

食《しょく》パンで釣《つ》れる!? 公園《こうえん》のコイ …… 66

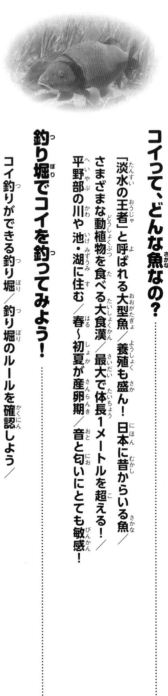

PART 5

公園《こうえん》で小魚《こざかな》を釣《つ》ろう！ …… 67

公園《こうえん》の池《いけ》で釣《つ》れる小魚《こざかな》たち …… 68

いろんなところで釣《つ》れる身近《みぢか》な魚《さかな》【クチボソ】／大《おお》きくなると30センチを超《こ》える！【マブナ】／釣《つ》るにはちょっと技術《ぎじゅつ》が必要《ひつよう》？【タナゴ】／釣《つ》るのがとっても簡単《かんたん》な外来魚《がいらいぎょ》【ブルーギル】

釣《つ》りに必要《ひつよう》な道具《どうぐ》を自分《じぶん》で用意《ようい》しよう！ …… 70

小魚釣《こざかなつ》りに必要《ひつよう》な道具《どうぐ》／小魚釣《こざかなつ》りの基本的《きほんてき》な仕掛《しか》け／一般的《いっぱんてき》なウキは小《ちい》さな唐辛子《とうがらし》ウキ／市販《しはん》の完成仕掛《かんせいしか》けではじめよう！／ウキの浮力《ふりょく》とオモリの重《おも》さを調整《ちょうせい》／仕掛《しか》けのセット方法《ほうほう》を覚《おぼ》えよう

小魚《こざかな》たちは公園《こうえん》のどこにいる？ …… 74

岸《きし》の近《ちか》くや水路《すいろ》が釣《つ》りやすい／小魚《こざかな》たちは障害物《しょうがいぶつ》の近《ちか》くが大好《だいす》き！／季節《きせつ》で変《か》わる、魚《さかな》が好《この》む水深《すいしん》

小魚《こざかな》たちを釣《つ》ってみよう！ …… 76

小魚釣《こざかなつ》りに使《つか》われるエサ／練《ね》りエサの使《つか》い方《かた》／障害物《しょうがいぶつ》の近《ちか》くに仕掛《しか》けを入《い》れる／ちょっと難《むずか》しい？ でも重要《じゅうよう》な「タナ」の取《と》り方《かた》／ウキの小《ちい》さな動《うご》きをよく見《み》よう／釣《つ》れないときは「誘《さそ》い」を入《い》れてみよう！／アワセは小《ちい》さく、素早《すばや》く入《い》れよう！

まだまだいるぞ！ 手軽《てがる》に釣《つ》れる小魚《こざかな》たち …… 80

PART 6
オススメ釣《つ》り場《ば》30選《せん》 …… 81
巻末《かんまつ》・子《こ》どもに教《おし》えるためにも知《し》っておきたい
お父《とう》さん・お母《かあ》さんのための釣《つ》り知識《ちしき》 …… 112

釣《つ》りにいくときは必《かなら》ず守《まも》ろう!

その1 ひとりでは行《い》かないこと!

釣《つ》りは水辺《みずべ》の遊《あそ》び。滑《すべ》って池《いけ》に落《お》ちた! なんてこともある。お父《とう》さん・お母《かあ》さんがいっしょなら大丈夫《だいじょうぶ》だけど、ひとりだと大《おお》きな事故《じこ》になることもある。必《かなら》ず大人《おとな》と一緒《いっしょ》に行《い》こうね。

その2 ルールを守《まも》ること!

「立《た》ち入《い》り禁止《きんし》」の場所《ばしょ》には入《はい》らない。「釣《つ》り禁止《きんし》」のところでは釣《つ》りしない。釣《つ》りができる場所《ばしょ》でも、いろいろなルールが定《さだ》められていることがあるので、それらをきちんと守《まも》ろうね。

その3 釣《つ》れた魚《さかな》に感謝《かんしゃ》しよう!

釣《つ》りができるのは、遊《あそ》び相手《あいて》になってくれる魚《さかな》がいるからこそ。釣《つ》れた魚《さかな》はできるだけていねいに扱《あつか》おう。家《いえ》で料理《りょうり》して食《た》べるときも、釣《つ》れてくれたことに感謝《かんしゃ》しながら食《た》べようね。

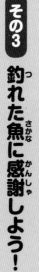

PART 1

公園《こうえん》の池《いけ》で ザリガニと遊《あそ》ぼう!

釣《つ》りは魚《さかな》の口《くち》にハリをかける遊《あそ》び。
でも、ハリがなくても楽《たの》しめる「釣《つ》り」がある。
それがザリガニ釣《つ》り。
初《はじ》めての釣《つ》り体験《たいけん》にピッタリの遊《あそ》びなのだ。

アメリカザリガニって、どんな生《い》き物《もの》？

釣《つ》りは「相手《あいて》を知《し》ること」、すなわち生《い》き物《もの》の特徴《とくちょう》や生態《せいたい》を理解《りかい》することがとても大切《たいせつ》だ。キミはザリガニのことを、どれだけ知《し》っているかな？

◉なんといっても強《つよ》いハサミが特徴《とくちょう》！

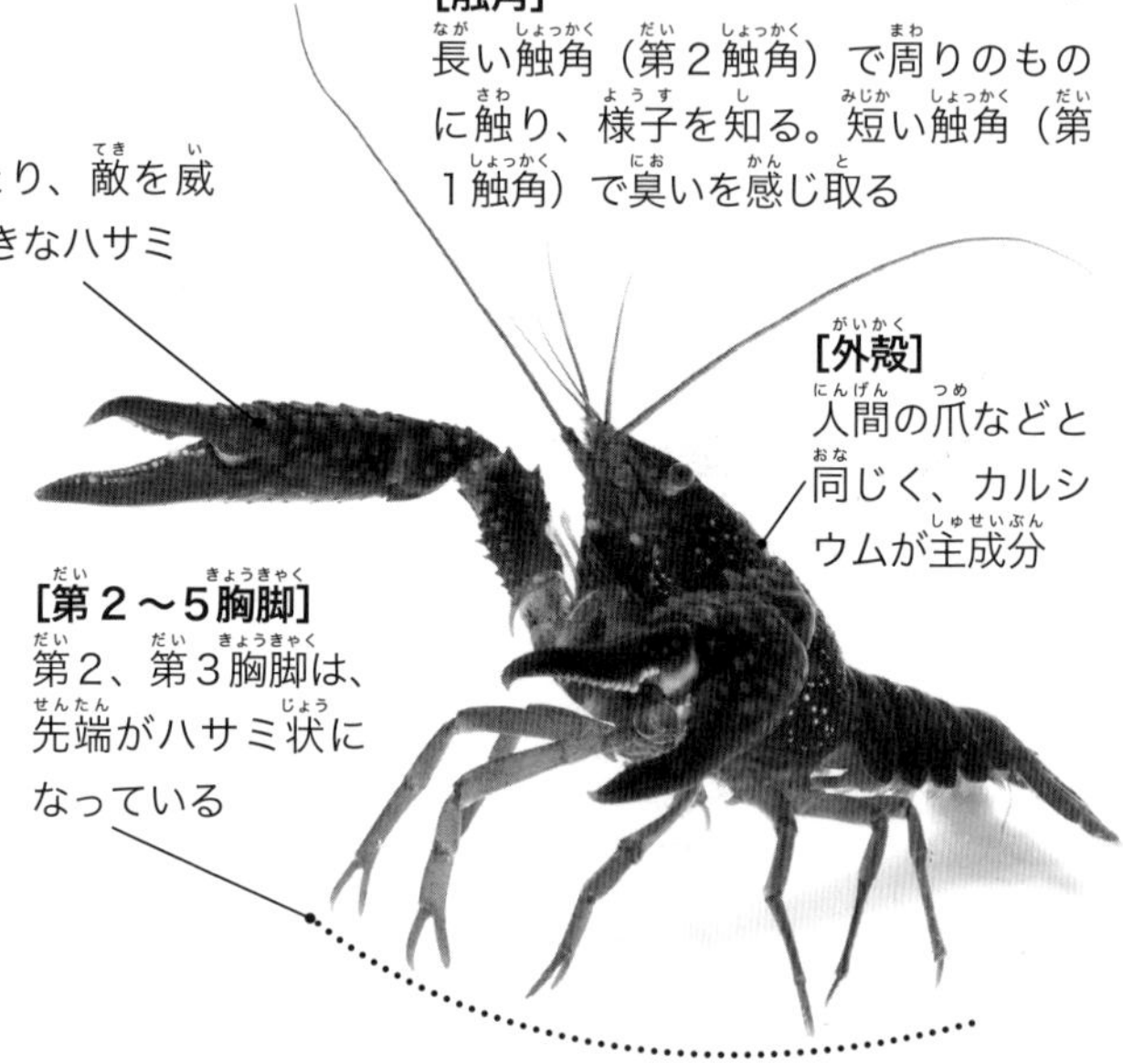
[第《だい》1胸脚《きょうきゃく》]
エサを捕《つか》まえたり、敵《てき》を威《い》嚇《かく》したりする大《おお》きなハサミ
[触角《しょっかく》]
長《なが》い触角《しょっかく》（第《だい》2触角《しょっかく》）で周《まわ》りのものに触《さわ》り、様子《ようす》を知《し》る。短《みじか》い触角《しょっかく》（第《だい》1触角《しょっかく》）で臭《にお》いを感《かん》じ取《と》る
[外殻《がいかく》]
人間《にんげん》の爪《つめ》などと同《おな》じく、カルシウムが主成分《しゅせいぶん》
[第《だい》2〜5胸脚《きょうきゃく》]
第《だい》2、第《だい》3胸脚《きょうきゃく》は、先端《せんたん》がハサミ状《じょう》になっている

　アメリカザリガニの一番《いちばん》の特徴《とくちょう》は大《おお》きなハサミ（第《だい》1胸脚《きょうきゃく》）。これでエサをがっちり捕《つか》まえて、小《ちい》さなハサミのある胸脚《きょうきゃく》で口《くち》に運《はこ》ぶんだ。この大《おお》きなハサミに指《ゆび》を挟《はさ》まれると結構痛《けっこういた》い！ でも、体《からだ》がぶら下《さ》がった状態《じょうたい》では力《ちから》が続《つづ》かなくなって、勝手《かって》に離《はな》してくれるから慌《あわ》てずに。

北《きた》アメリカからやってきた！

　日本《にほん》にはいくつかのザリガニの仲間《なかま》がいるけれど、その多《おお》くは「アメリカザリガニ」だ。カニのような大《おお》きなハサミを持《も》つことから「エビガニ」なんて呼《よ》ばれることもある。また、赤黒《あかぐろ》い体色《たいしょく》から「マッカチン」とも呼《よ》ばれるね。

　アメリカザリガニは、アメリカからやってきたザリガニの仲間《なかま》だ。もともとの生息地《せいそくち》は、アメリカ合衆国南部《がっしゅうこくなんぶ》のミシシッピー川流域《がわりゅういき》。日本《にっぽん》へは、昭和《しょうわ》2（1927）年《ねん》に、ウシガエルのエサとして20匹《ぴき》ほどが持《も》ち込《こ》まれたんだ。それ以降《いこう》、日本《にほん》に持《も》ち込《こ》まれたという正式《せいしき》な記録《きろく》はないから、このときに来《き》た20匹《ぴき》が、今《いま》いるアメリカザリガニの、ほぼ

◉アメリカザリガニはどんなものを食《た》べている?

アメリカザリガニは雑食性《ざっしょくせい》で、植物《しょくぶつ》も動物《どうぶつ》もなんでも食《た》べるんだ。強《つよ》そうなハサミのイメージから、小魚《こざかな》などを捕《つか》まえているように思《おも》われるけれど、実際《じっさい》は主《おも》に水辺《みずべ》の植物《しょくぶつ》や落《お》ち葉《ば》などを食《た》べている。小《ち》さなエビの仲間《なかま》や死《し》んだ小魚《こざかな》など、動物性《どうぶつせい》のエサも食《た》べるけれど、素早《すばや》く泳《およ》ぎまわる小魚《こざかな》を捕《つか》まえられるような能力《のうりょく》はないんだよ。

◉後《うし》ろに素早《すばや》く動《うご》くのが得意《とくい》!

アメリカザリガニは、歩《ある》くときハサミ以外《いがい》の4対《つい》の脚《きゃく》を使《つか》う。泳《およ》ぐときは、胸脚《きょうきゃく》の後《うし》ろにある腹脚《ふくきゃく》を使《つか》って前進《ぜんしん》して、敵《てき》から素早《すばや》く逃《に》げるときは、お腹《なか》を急激《きゅうげき》に丸《まる》め、尾《お》っぽ(尾扇《びせん》)で水《みず》を掻《か》くようにして、後《うし》ろ向《む》きでピューっと進《すす》むんだ。これはエビの仲間《なかま》の多《おお》くに共通《きょうつう》して見《み》られる移動方法《いどうほうほう》なんだよ。

すべての先祖《せんぞ》ということになるね。

ということは、繁殖力《はんしょくりょく》(仲《なか》間《ま》を増《ふ》やす力《ちから》)がとても強《つよ》いのかな? 確《たし》かにアメリカザリガニは年《ねん》に2回《かい》産卵《さんらん》して、1回《かい》の産卵《さんらん》で800個《こ》近《ちか》い卵《たまご》を生《う》むのだけれど、そのほとんどはほかの動物《どうぶつ》に食《た》べられたり、共食《ともぐ》いしたりして、大《おお》きくなるのは2~3匹《びき》と考《かんが》えられているんだ。繁殖力《はんしょくりょく》が強《つよ》いのではなく、日本《にほん》の環境《かんきょう》がアメリカザリガニの生息《せいそく》に適《てき》していたと考《かんが》えたほうがいいだろうね。

アメリカザリガニの成長《せいちょう》は早《はや》くて、生《う》まれて2年《ねん》ほどで体長《たいちょう》6センチほどになって繁殖《はんしょく》できるようになる。最大《さいだい》で12センチ程度《ていど》まで成長《せいちょう》し、まれに20センチを超《こ》える個体《こたい》もいる。寿命《じゅみょう》は5年《ねん》ほどだ。

◉水田《すいでん》や用水路《ようすいろ》が彼《かれ》らの住《す》み家《か》

アメリカザリガニは水田《すいでん》や沼《ぬま》、池《いけ》など、水《みず》の流《なが》れがほとんどないところに生息《せいそく》している。水田《すいでん》の周囲《しゅうい》にある用水路《ようすいろ》も、彼《かれ》らの住《す》み家《か》。農薬《のうやく》を嫌《きら》って周囲《しゅうい》の水路《すいろ》などに逃《に》げ出《だ》すことがあるんだ。

水田《すいでん》や浅《あさ》い沼《ぬま》・池《いけ》の底《そこ》をよく見《み》てみると、直径《ちょっけい》5～10センチの穴《あな》が空《あ》いていることがある。これがアメリカザリガニの巣穴《すあな》。日中《にっちゅう》はほとんどこの中《なか》で過《す》ごしているけれど、曇《くも》りの日《ひ》や、水《みず》が濁《にご》っているところでは、巣穴《すあな》から出《で》てくることが多《おお》くなるんだ。

水田《すいでん》や、その周囲《しゅうい》に空《あ》いている直径《ちょっけい》5～10センチの穴《あな》が巣穴《すあな》だ

日本《にほん》には、北日本《きたにほん》を中心《ちゅうしん》に、昔《むかし》から「ニホンザリガニ」が生息《せいそく》しているけれど、環境《かんきょう》の悪化《あっか》などによって数《かず》が減《へ》っている。それに対《たい》して、アメリカザリガニは環境《かんきょう》が悪《わる》い（水《みず》が汚《きたな》い）ところでも生息《せいそく》できるため、増加《ぞうか》して、すっかり日本《にほん》に定着《ていちゃく》している。

アメリカザリガニがニホンザリガニを追《お》い出《だ》したと、アメリカザリガニを悪《わる》くいう人《ひと》もいるけれど、このふたつは生息《せいそく》に適《てき》した場所《ばしょ》（水温《すいおん》・気温《きおん》）などが異《こと》なるので、正《ただ》しい見方《みかた》とは言《い》い切《き》れないね。ただし、生態系《せいたいけい》を乱《みだ》すとされる外来生物《がいらいせいぶつ》の一種《いっしゅ》であり、実際《じっさい》に農業《のうぎょう》などへの被害《ひがい》も発生《はっせい》しているので、釣《つ》ったり、飼育《しいく》したりしたアメリカザリガニをほかの場所《ばしょ》に放《はな》すのはやめておこう。

◉アメリカザリガニはいつ、どこで産卵《さんらん》する？

アメリカザリガニは秋《あき》に卵《たまご》を産《う》む。巣穴《すあな》に掘《ほ》った穴《あな》に、オスとメスがペアになって入《はい》り込《こ》み、そこで産卵行動《さんらんこうどう》を行《おこな》うんだ。

メスの腹脚《ふくきゃく》に抱《かか》えられた卵《たまご》は、２カ月《げつ》ほどでふ化《か》し、体長《たいちょう》５ミリほどの赤《あか》ちゃんザリガニになる。ふ化《か》にかかる期間《きかん》は水温《すいおん》が低《ひく》いほど長《なが》くなり、翌年《よくとし》の春《はる》にならないとふ化《か》しないこともあるんだ。小《ちい》さな個体《こたい》は何度《なんど》も脱皮《だっぴ》を繰《く》り返《かえ》して大《おお》きくなる。脱皮《だっぴ》すると、抜《ぬ》け殻《がら》を食《た》べてカルシウムをとるんだよ。

腹脚《ふくきゃく》に抱《かか》えられたたくさんの卵《たまご》。産卵中《さんらんちゅう》の個体《こたい》はおとなしくなる

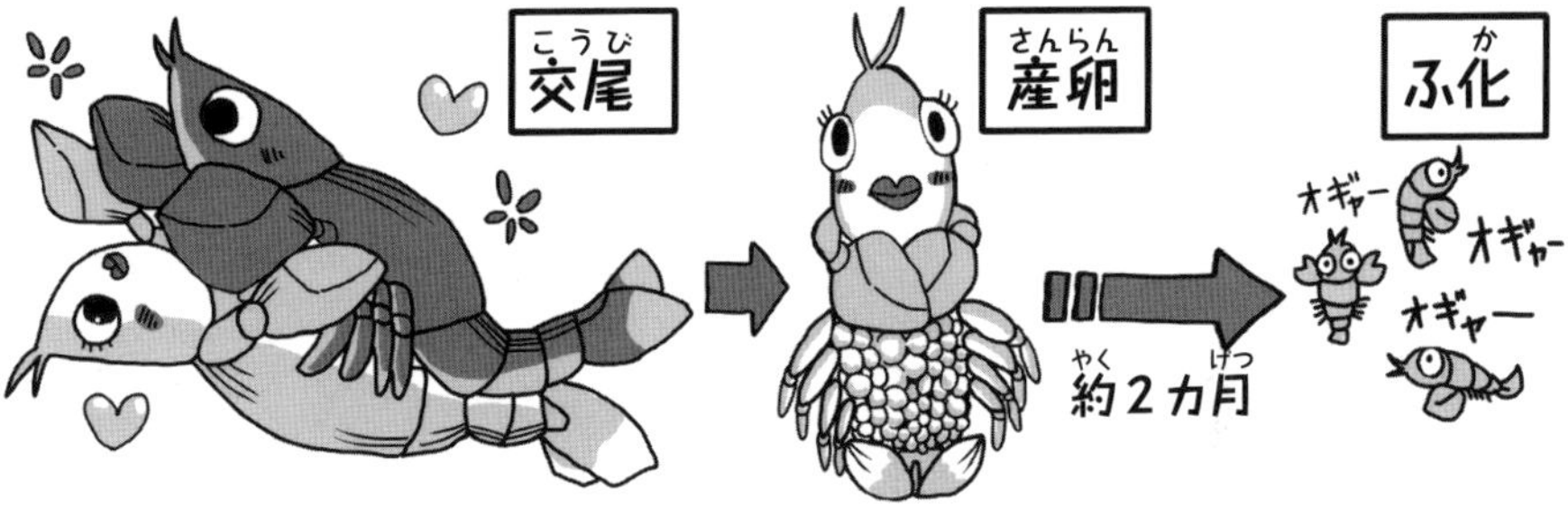

◉青《あお》いザリガニの不思議《ふしぎ》

アメリカザリガニの体《からだ》が赤黒《あかぐろ》いのは、赤《あか》い色素《しきそ》の元《もと》となるエサを食《た》べていることが理由《りゆう》。だから、小《ちい》さな個体《こたい》のうちから赤《あか》い色素《しきそ》を含《ふく》まないアジやサバなどを与《あた》えて育《そだ》てると、もともとの体液《たいえき》の色《いろ》である青《あお》が目立《めだ》って、青《あお》いザリガニになるんだ。

ペットショップなどで見《み》かける青《あお》いザリガニは、改良品種《かいりょうひんしゅ》がほとんどだけれど、自分《じぶん》で青《あお》くなるように育《そだ》てることもできるぞ

知《し》っていて損《そん》はない！ ワンポイント・マメ知識《ちしき》

ほかにもたくさん！ザリガニの仲間《なかま》

日本《にほん》には、ニホンザリガニ（写真《しゃしん》）や、ウチダザリガニなども生《せい》息《そく》している。ニホンザリガニはレッドデータブックで絶滅危惧《ぜつめつきぐ》Ⅱ《に》種《しゅ》に指定《してい》されているので、捕獲《ほかく》は控《ひか》えたい。また、ウチダザリガニは、日《に》本的《ほんてき》な名前《なまえ》に反《はん》してアメリカから来《き》た外来種《がいらいしゅ》で、特定外来生物《とくていがいらいせいぶつ》にも指定《してい》されている。飼育《しいく》や移動《いどう》は違法《いほう》なんだよ。

アメリカザリガニは、どこで釣《つ》れる?

アメリカザリガニは水田《すいでん》、沼《ぬま》・池《いけ》のほか、公園《こうえん》の池《いけ》にも住《す》んでいる。まずはこうした場所《ばしょ》に行《い》って、アメリカザリガニを探《さが》してみよう!

◉自然豊《しぜんゆた》かで、よく整備《せいび》された公園《こうえん》がベスト!

水道《すいどう》やトイレなどの設備《せつび》が整《ととの》っていて、よく整備《せいび》された公園《こうえん》は、みんなが安心《あんしん》して遊《あそ》べるオススメの釣《つ》り場《ば》だ。この本《ほん》でもいくつか紹介《しょうかい》しているけれど、お父《とう》さん・お母《かあ》さんに調《しら》べてもらったり、近所《きんじょ》の公園《こうえん》に問《と》い合《あ》わせたりして調《しら》べることもできるぞ。

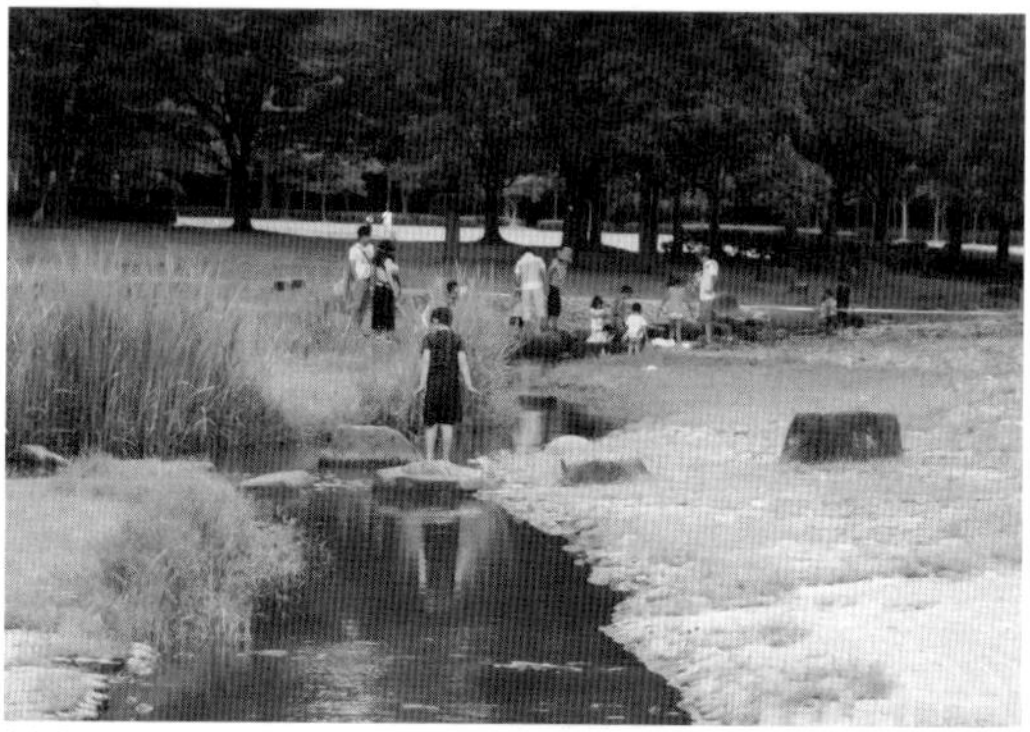

水田《すいでん》の周《まわ》りの水路《すいろ》もオススメ。ただし足元《あしもと》には充分《じゅうぶん》気《き》をつけよう

園内《えんない》の池《いけ》や小川《おがわ》、水生《すいせい》植物園《しょくぶつえん》などがアメリカザリガニの生息場所《せいそくばしょ》。足場《あしば》のいいところを選《えら》ぼう。もちろん、立《た》ち入《い》り禁止《きんし》区域《くいき》には入《はい》らないこと!

施設《しせつ》が整《ととの》った公園《こうえん》で釣《つ》ろう!

アメリカザリガニがどこに生息《せいそく》しているのかは、わかったかな? そう、水《みず》の流《なが》れがほとんどない、水田《すいでん》や沼《ぬま》・池《いけ》だったよね。でも、水田《すいでん》で釣《つ》りをするのは、農家《のうか》の人《ひと》の邪魔《じゃま》になることがあるし、沼《ぬま》や池《いけ》は立《た》ち入《い》り禁止《きんし》になっていることもある。そこでオススメするのは、公園《こうえん》の池《いけ》だ。足場《あしば》がいいから、安心《あんしん》して釣《つ》りを楽《たの》しめるぞ。

公園《こうえん》のなかには、魚釣《さかなつ》りや生《い》き物《もの》の捕獲《ほかく》を禁止《きんし》しているところがある。ただ、魚釣《さかなつ》りは禁止《きんし》でも、ザリガニ釣《つ》りはOK《オーケー》というところは多《おお》いので、訪《おとず》れる前《まえ》に公園《こうえん》を管理《かんり》している所《ところ》に電話《でんわ》するなどして確認《かくにん》してみよう。

◉アメリカザリガニが潜《ひそ》んでいる場所《ばしょ》は?

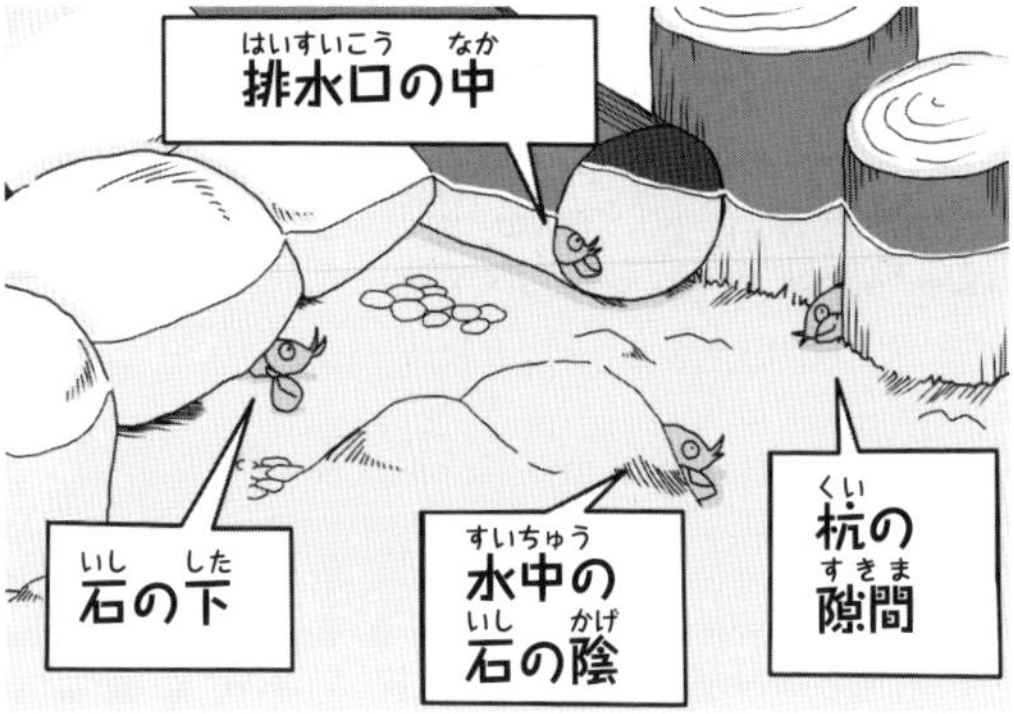
排水口《はいすいこう》の中《なか》
石《いし》の下《した》
水中《すいちゅう》の石《いし》の陰《かげ》
杭《くい》の隙間《すきま》

　釣《つ》る前《まえ》にアメリカザリガニの姿《すがた》を探《さが》すことが、釣《つ》りのコツ。アメリカザリガニは隠《かく》れ家《が》となる巣穴《すあな》や障害物《しょうがいぶつ》の近《ちか》くに潜《ひそ》んでいる。巣穴《すあな》や岸《きし》の近《ちか》くに打《う》ってある杭《くい》、大《おお》きめの石《いし》が積《つ》まれている場所《ばしょ》などを、よく観察《かんさつ》してみよう。浅《あさ》いところなら、きっとアメリカザリガニの姿《すがた》を見《み》つけられるはずだ。

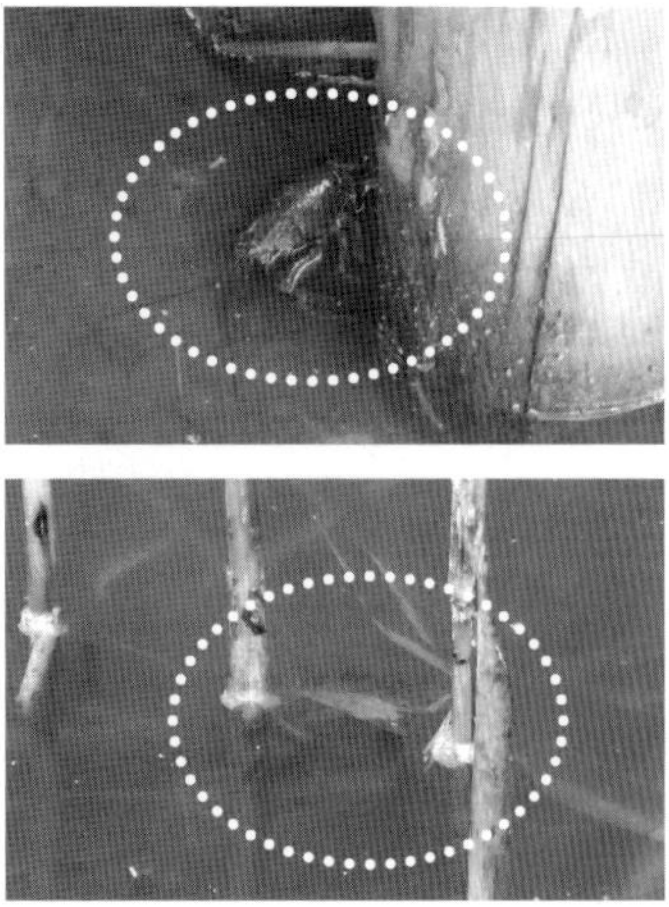

杭《くい》の陰《かげ》に潜《ひそ》んでいたアメリカザリガニ（上《うえ》）。わずかな隙間《すきま》も見逃《みのが》さないように！ 水生植物《すいせいしょくぶつ》につかまっていることもある（下《した》）

◉釣《つ》りやすい時期《じき》や時間帯《じかんたい》を知《し》っておこう!

　アメリカザリガニは、水温《すいおん》がだいたい10度《ど》以下《いか》になると巣穴《すあな》にこもって冬眠《とうみん》してしまう。活発《かっぱつ》に活動《かつどう》するのは、水《みず》が温《あたた》かくなってからだ。地域《ちいき》によって違《ちが》うけれど、釣《つ》りやすいのは6月《がつ》くらいから秋《あき》にかけて。また、明《あか》るすぎると警戒《けいかい》して障害物《しょうがいぶつ》の中《なか》などに隠《かく》れてしまうので、朝夕《あさゆう》の薄暗《うすぐら》い時間帯《じかんたい》が釣《つ》りやすい。曇《くも》りの日《ひ》は一日《いちにち》じゅう活発《かっぱつ》に行動《こうどう》するよ。

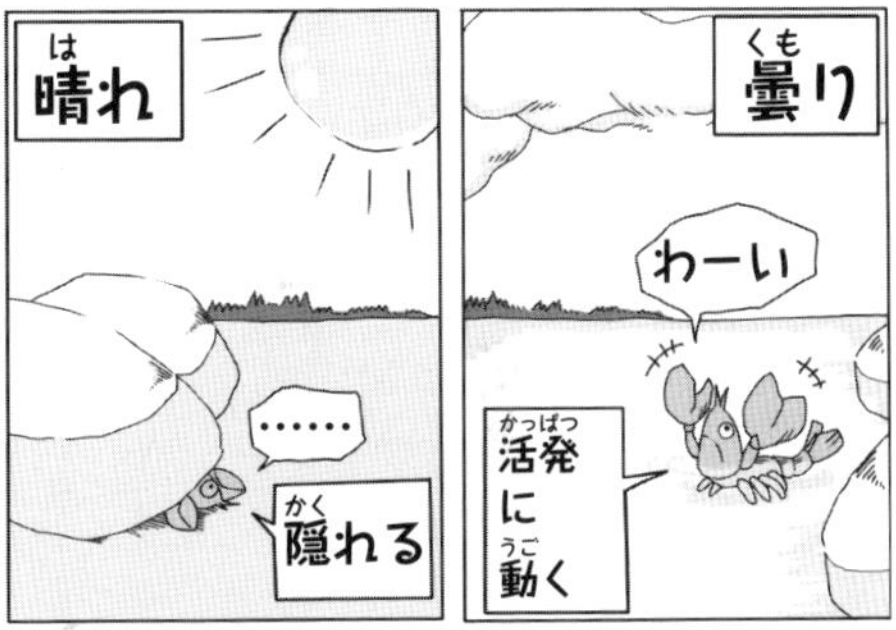
晴《は》れ
……
隠《かく》れる
曇《くも》り
わーい
活発《かっぱつ》に動《うご》く

知《し》っていて損《そん》はない! ワンポイント・マメ知識《ちしき》

公園《こうえん》のイベントを見逃《みのが》すな!

　夏休《なつやす》みシーズンは、公園《こうえん》でザリガニ釣《つ》りのイベントが行《おこな》われることが多《おお》い。浅《あさ》い池《いけ》などにザリガニを放流《ほうりゅう》するので、誰《だれ》でも簡単《かんたん》に釣《つ》れるぞ。ただし、なかには増《ふ》えすぎたアメリカザリガニの駆除《くじょ》を目的《もくてき》としたイベントもある。釣《つ》ったザリガニを持《も》ち帰《かえ》れないというルールが定《さだ》められていることがあるので、前《まえ》もって確認《かくにん》しよう!

祭

アメリカザリガニを釣《つ》ってみよう!

釣《つ》り道具《どうぐ》とエサを用意《ようい》して、ザリガニ釣《つ》りに挑戦《ちょうせん》しよう。難《むずか》しいのは最初《さいしょ》の1 匹《ぴき》を釣《つ》るところまで。釣《つ》り方《かた》がわかれば、大漁間違《たいりょうまちが》いなし!

◉汚《よご》れてもいい格好《かっこう》で釣《つ》りにいこう!

普段《ふだん》、公園《こうえん》で遊《あそ》ぶときの服装《ふくそう》でいいけれど、水《みず》ぎわで転《ころ》ぶことがないよう、滑《すべ》りにくい靴《くつ》を履《は》くといい。足場《あしば》がぬかるんでいることもあるので、涼《すず》しい時期《じき》は長靴《ながぐつ》がオススメだ。また、暑《あつ》い時期《じき》は、釣《つ》りに夢中《むちゅう》になって熱射病《ねっしゃびょう》（日射病《にっしゃびょう》）にならないよう、つばが大《おお》きい帽子《ぼうし》をかぶろうね。それと、虫刺《むしさ》されを防《ふせ》ぐための防虫《ぼうちゅう》スプレーも忘《わす》れずに！

ほかに、汚《よご》れた手《て》を拭《ふ》くためのタオル、釣《つ》れたザリガニを入《い》れるバケツ（もしくは昆虫観察用《こんちゅうかんさつよう》のプラケース）も用意《ようい》しておこう。軍手《ぐんて》もあると、なおいい。

服装《ふくそう》は公園《こうえん》で遊《あそ》ぶときと同《おな》じでいいよ！
つばの広《ひろ》い帽子《ぼうし》
手袋《てぶくろ》（軍手《ぐんて》）
魚捕《さかなと》り用《よう》の網《あみ》
手拭《てふ》きタオル
バケツ
長靴《ながぐつ》（夏《なつ》はサンダルでOK《オーケー》）

ザリガニ釣《つ》りに釣《つ》りバリは不要《ふよう》！

魚釣《さかなつ》りでは、魚《さかな》の口《くち》にかけるハリ（釣《つ》りバリ）が絶対《ぜったい》に必要《ひつよう》だけれど、アメリカザリガニは大《おお》きな爪《つめ》でエサを挟《はさ》んだところを引《ひ》き上《あ》げるので、ハリはいらない。ハリが自分《じぶん》の体《からだ》に刺《さ》さるといった危険《きけん》がないから安心《あんしん》だね。

釣《つ》り道具《どうぐ》は、長《なが》さ80センチくらいの竹《たけ》や木《き》の棒《ぼう》と、木綿《もめん》イトだけ。釣具店《つりぐてん》に行《い》かなくても道具《どうぐ》を揃《そろ》えることができるぞ。近所《きんじょ》に細《ほそ》い竹《たけ》などが生《は》えているところがなければ、ハンガーに使《つか》われている太《ふと》い針金《はりがね》を伸《の》ばしたものでも大丈夫《だいじょうぶ》。なお、公園《こうえん》によっては、竹《たけ》などの植物《しょくぶつ》を切《き》ることを禁止《きんし》しているので、前《まえ》もって用意《ようい》しておこう。

◉釣《つ》り道具《どうぐ》は棒《ぼう》と木綿《もめん》イトだけ!

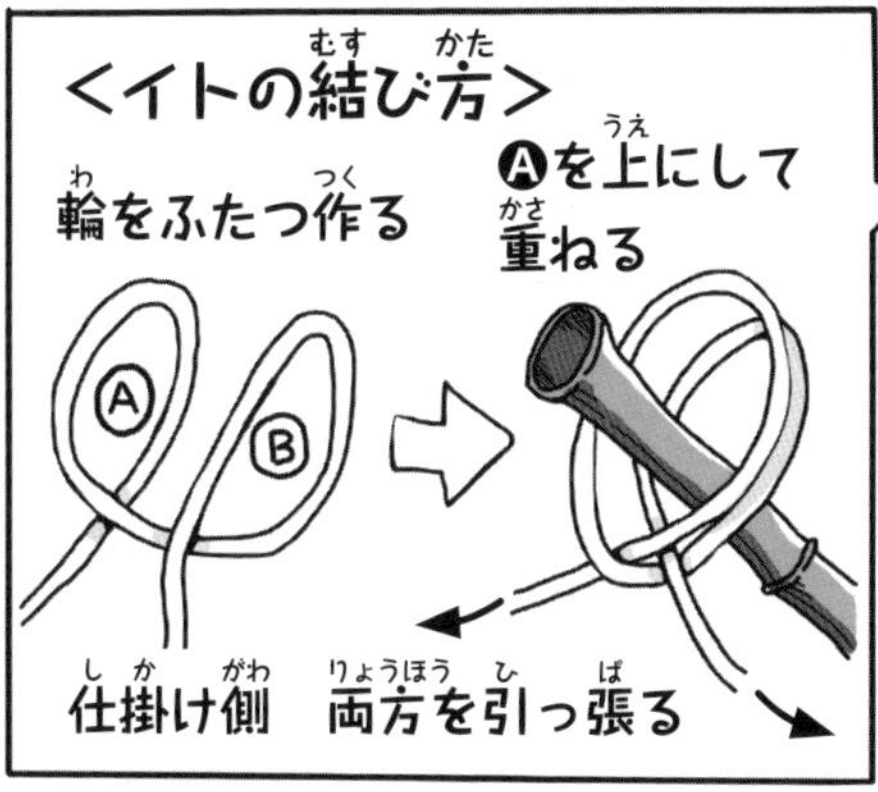

足元付近《あしもとふきん》だけを釣《つ》るなら、釣《つ》り竿《ざお》がなくても釣《つ》れるけれど、広《ひろ》い範囲《はんい》を探《さぐ》るには、やはりあったほうが有利《ゆうり》。遠《とお》くから釣《つ》れば、アメリカザリガニが警戒《けいかい》して逃《に》げることが少《すく》なくなるんだ。小魚釣《こざかなつ》り用《よう》の竿《さお》はかえって使《つか》いづらいので、細《ほそ》い竹《たけ》の棒《ぼう》がオススメだよ。

◉エサはスルメか煮干《にぼ》しがポピュラー

アメリカザリガニは、主《おも》に視覚《しかく》（目《め》）に頼《たよ》ってエサを探《さが》す。そのため、エサはなんでもいい（輪《わ》ゴムで釣《つ》れることもある）のだけれど、挟《はさ》みやすく、離《はな》しにくいという理由《りゆう》で、スルメや煮干《にぼ》しが使《つか》われるんだ。

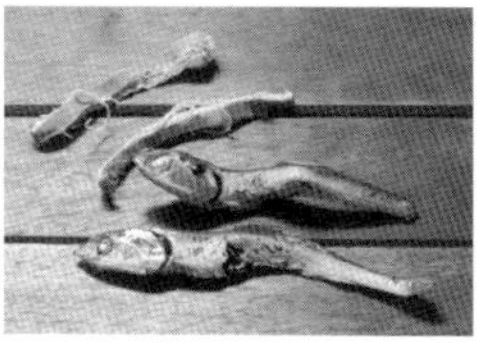

エサが小《ちい》さすぎると気《き》付《づ》かれにくい。長《なが》さ5～7センチが標準的《ひょうじゅんてき》だ

エサの中央《ちゅうおう》に木綿《もめん》イトを結《むす》ぶ。固結《かたむす》びで3回《かい》ほど結《むす》ぼう

知《し》っていて損《そん》はない! ワンポイント・マメ知識《ちしき》

釣《つ》り竿《ざお》を買《か》うならどんなものを選《えら》ぶ?

この段階《だんかい》で魚《さかな》釣《つ》りにも使《つか》える「マイ釣《つ》り竿《ざお》」を手《て》に入《い》れるなら、「金魚竿《きんぎょざお》」と呼《よ》ばれる、グラスファイバー製《せい》の、長《なが》さ1メートル程度《ていど》の釣《つ》り竿《ざお》がオススメ。

とても丈夫《じょうぶ》で、乱暴《らんぼう》に扱《あつか》っても折《お》れることがない。小魚《こざかな》はもちろん、大《おお》きなコイを釣《つ》っても問題《もんだい》なし! 釣具店《つりぐてん》で1000円《えん》前後《ぜんご》で買《か》えるぞ。

◉アメリカザリガニ狙《ねら》いの、3つの方法《ほうほう》

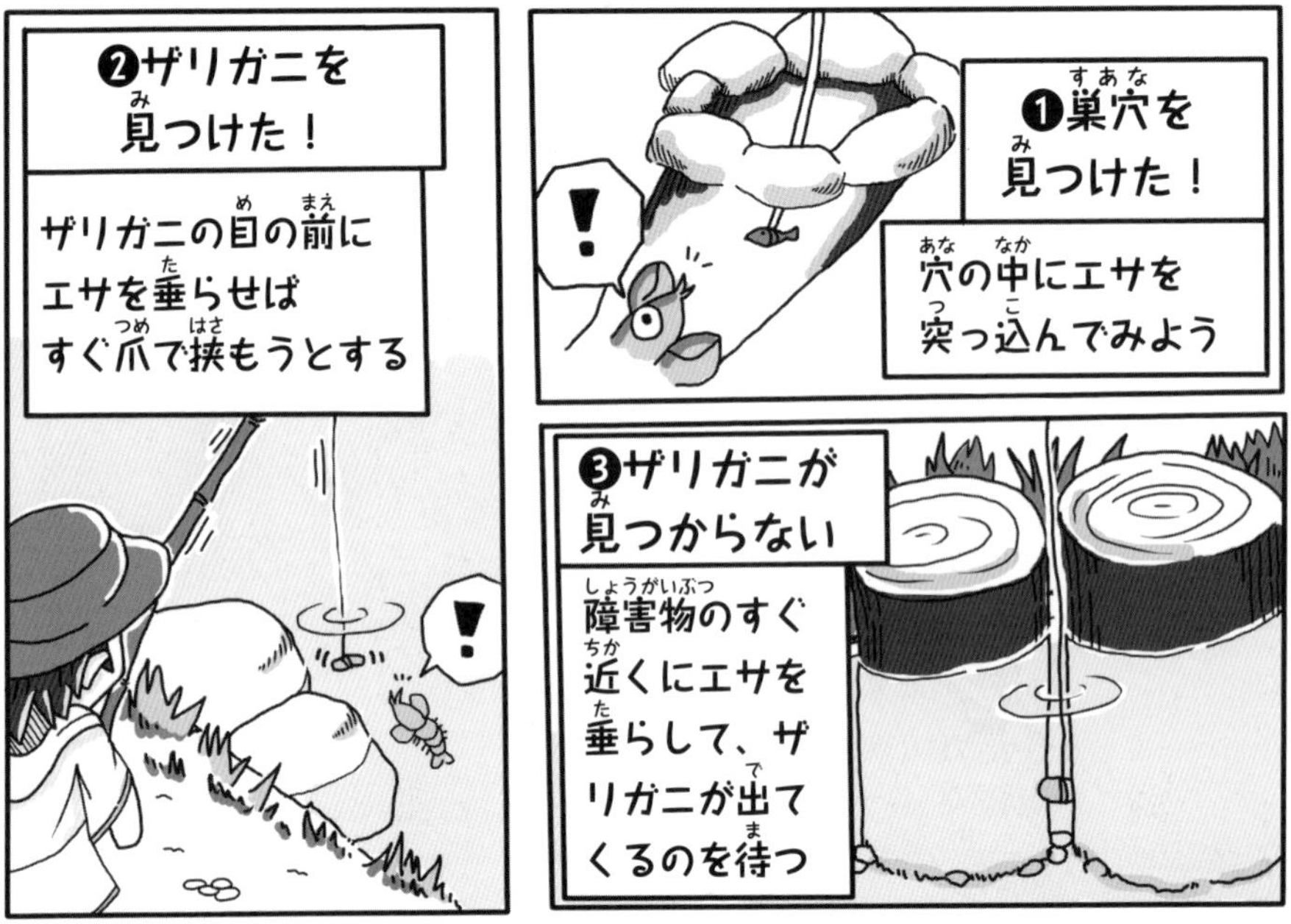

日中《にっちゅう》、アメリカザリガニは巣穴《すあな》の中《なか》や障害物《しょうがいぶつ》の陰《かげ》に隠《かく》れていることが多《おお》い。そこで、巣穴《すあな》の中《なか》にエサを突《つ》っ込《こ》むというのが、昔《むかし》ながらの釣《つ》り方《かた》。でもこの方法《ほうほう》では、巣穴《すあな》の奥深《おくふか》くにいるアメリカザリガニはなかなか出《で》てこない。公園《こうえん》の池《いけ》や水路《すいろ》などでは、岸《きし》に近《ちか》い杭《くい》や石積《いしづ》みの隙間《すきま》を観察《かんさつ》してアメリカザリガニを探《さが》し、その目《め》の前《まえ》にエサを落《お》としてやるのが一番《いちばん》だ。水《みず》が濁《にご》っていて姿《すがた》が見《み》えないときも、何《なに》もないところではなく、障害物《しょうがいぶつ》のすぐ近《ちか》くにエサを落《お》として待《ま》つほうが、釣《つ》れる確率《かくりつ》が高《たか》くなるぞ。

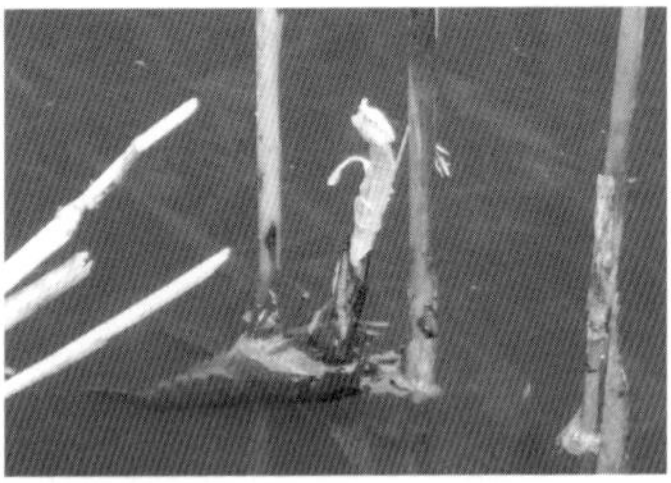

目《め》の前《まえ》に、静《しず》かにエサを落《お》としてやるのがコツ。勢《いきお》いよくエサを落《お》とすと逃《に》げてしまうぞ！

エサを挟《はさ》んでからが勝負《しょうぶ》だ！

エサを沈《しず》めて、アメリカザリガニがやってくるのを待《ま》つという方法《ほうほう》もあるけれど、目《め》の前《まえ》にエサを落《お》としてやったほうが確実《かくじつ》で手《て》っ取《と》り早《ばや》い。

アメリカザリガニが両方《りょうほう》の爪《つめ》でしっかりエサを挟《はさ》んだのを確認《かくにん》したら、ゆっくりと引《ひ》き寄《よ》せよう。急《きゅう》に引《ひ》っ張《ぱ》るとエサを離《はな》してしまうから、じわじわと引《ひ》っ張《ぱ》ること！

最初《さいしょ》のうちは、足元《あしもと》まで寄《よ》せてきたら、一気《いっき》に空中《くうちゅう》に引《ひ》き上《あ》げよう。地面《じめん》に落《お》ちたアメリカザリガニが逃《に》げる前《まえ》に捕《つか》まえればOK《オーケー》だ。慣《な》れてきたら、静《しず》かに水面《すいめん》から引《ひ》き上《あ》げ、そのままバケツに入《い》れたり、網《あみ》ですくったりして、あとで捕《つか》まえる手間《てま》を省《はぶ》こう。

◉上手《じょうず》にやり取《と》りして引《ひ》き上《あ》げよう!

エサを挟《はさ》んだのを確認《かくにん》したら、引《ひ》っ張《ば》る力《ちから》を加減《かげん》して、まず障害物《しょうがいぶつ》などから引《ひ》き離《はな》そう。それから水面《すいめん》を滑《すべ》らせるようにして引《ひ》き寄《よ》せると、エサを離《はな》すことが少《すく》なくなる。網《あみ》があると、より確実《かくじつ》に捕《つか》まえることができるぞ。

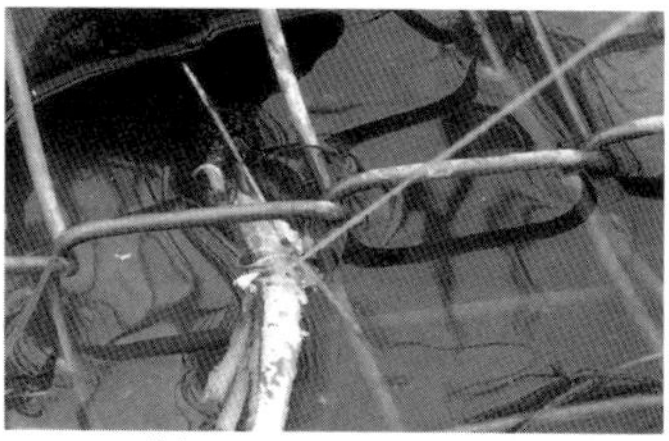
エサを挟《はさ》んだアメリカザリガニは、ほかの脚《きゃく》で障害物《しょうがいぶつ》にしがみつき、隙間《すきま》に逃《に》げ込《こ》もうとする。焦《あせ》らず、じっくり引《ひ》き寄《よ》せよう

◉爪《つめ》で挟《はさ》まれないようにアメリカザリガニをつかもう

爪《つめ》の力《ちから》はそれほど強《つよ》くないけれど、指《ゆび》などを挟《はさ》まれたとき、無理《むり》に引《ひ》っ張《ば》ると、さらに強《つよ》い力《ちから》で挟《はさ》んでくる。そのままぶら下《さ》げて離《はな》すのを待《ま》つほうが賢《かしこ》い。

背中《せなか》からつかむのが原則《げんそく》。ただしこの方法《ほうほう》だと暴《あば》れやすい

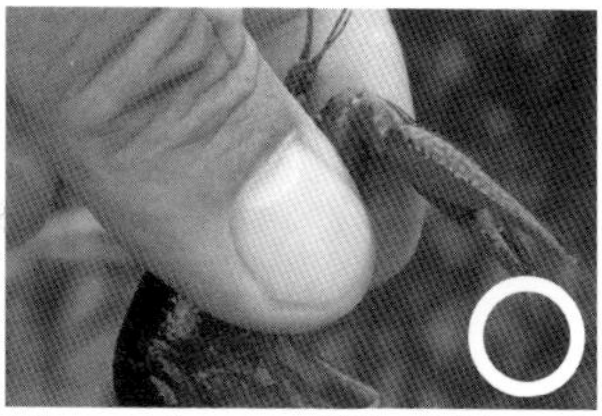
大《おお》きな爪《つめ》のある脚《きゃく》の根元《ねもと》を押《お》さえてつかむのがベスト

知《し》っていて損《そん》はない! ワンポイント・マメ知識《ちしき》

持《も》ち帰《かえ》らないなら逃《に》がしてあげよう

釣《つ》ったアメリカザリガニは持《も》ち帰《かえ》って飼《か》ってもいいし、食《た》べることだってできる。でも、飼《か》う気《き》も食《た》べる気《き》もないなら、逃《に》がしてあげるのが一番《いちばん》だ。ただし、逃《にが》すのは「釣《つ》った場所《ばしょ》」が原則《げんそく》。地域《ちいき》によっては駆除《くじょ》の対象《たいしょう》になっているので、ほかの場所《ばしょ》に逃《に》がすのはやめよう。

アメリカザリガニを飼《か》ってみよう!

生《い》き物《もの》を飼《か》うのは難《むずか》しい面《めん》もあるけれど、それ以上《いじょう》の楽《たの》しさがある。飼育《しいく》しやすいアメリカザリガニで、生《い》き物《もの》を飼《か》うことをはじめてみよう!

◉アメリカザリガニの飼育《しいく》に必要《ひつよう》なもの

水槽《すいそう》は大《おお》きいほうが望《のぞ》ましいけれど、「45センチ水槽《すいそう》（幅《はば》45センチ程度《ていど》のもの）」で充分《じゅうぶん》。1匹《ぴき》だけ飼《か》うなら、「30センチ水槽《すいそう》」でも大丈夫《だいじょうぶ》だ。よく洗《あら》った底石《そこいし》を敷《し》き、アメリカザリガニの背中《せなか》が隠《かく》れる程度《ていど》の水《みず》を入《い》れよう。隠《かく》れ家《が》は、ペットショップ（アクアリウムショップ）で売《う》っているけれど、塩《えん》ビパイプを10センチ程度《ていど》に切《き》ったものでもOK《オーケー》だ。

水《みず》をたくさん入《い》れる場合《ばあい》は、酸欠《さんけつ》にならないよう、エアレーターを設置《せっち》しよう。マツモなどの水草《みずくさ》はエサにもなるので、入《い》れておくとベストだ。

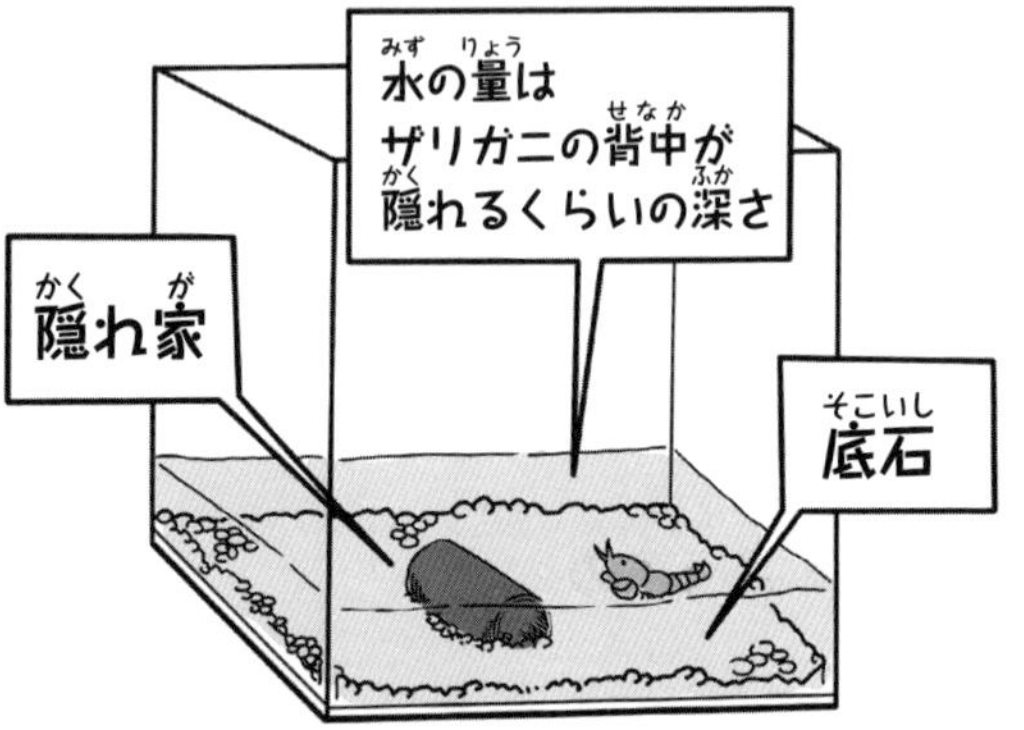

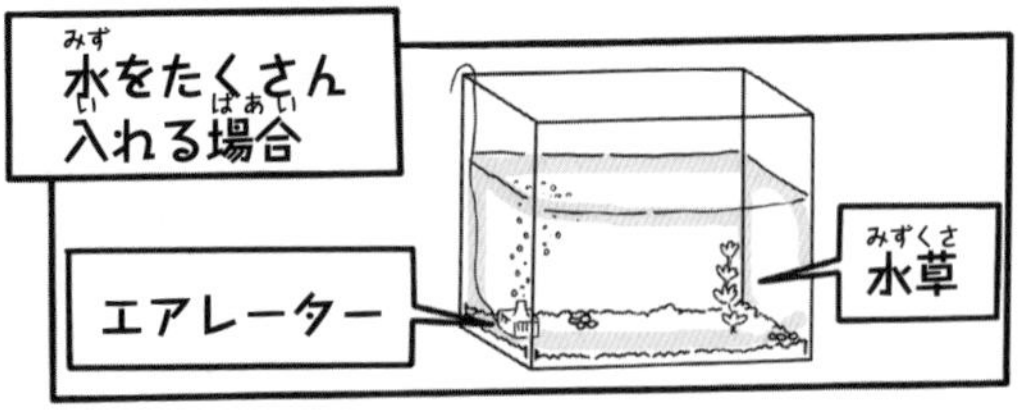

ザリガニの生態《せいたい》がもっとよくわかる!

釣《つ》ってきたアメリカザリガニをもっと観察《かんさつ》したい、生態《せいたい》を詳《くわ》しく知《し》りたい！　それなら、水槽《すいそう》で飼《か》うのが一番《いちばん》だ。巣穴《すあな》が掘《ほ》れるような泥底《どろぞこ》を水槽内《すいそうない》に再現《さいげん》するのはかなり難《むずか》しいけれど、たとえ小《ちい》さな水槽《すいそう》でも、アメリカザリガニがエサを食《た》べたり、脱皮《だっぴ》したりする様子《ようす》を、じっくり観察《かんさつ》することができるぞ。

なお、アメリカザリガニにかぎらないけれど、生《い》き物《もの》を飼《か》うときに必《かなら》ず守《まも》らなければならない約束《やくそく》がある。それは、飼《か》うのを途中《とちゅう》でやめないこと。やむをえず飼《か》うことができなくなったときは、元《もと》の場所《ばしょ》、つまり釣《つ》ったところに戻《もど》してあげよう。

◉共食《ともぐ》いに注意《ちゅうい》!

アメリカザリガニは共食《ともぐ》いするので、1匹《びき》だけ飼《か》うのが基本《きほん》。大《おお》きな水槽《すいそう》に隠《かく》れ家《が》をたくさん設置《せっち》すれば複数《ふくすう》の飼育《しいく》も可能《かのう》だけれど、幅《はば》60センチの水槽《すいそう》で3匹《びき》くらいが限界《げんかい》だ。

狙《ねら》われやすいのは脱皮《だっぴ》のとき。脱皮《だっぴ》する前《まえ》は活動《かつどう》が鈍《にぶ》くなり、食欲《しょくよく》も落《お》ちるので、それに気《き》づいたら別《べつ》の水槽《すいそう》などに移《うつ》してあげるといい。

◉エサは何《なに》がいい?

釣《つ》りに使《つか》った煮干《にぼ》しなどもエサになるけれど、水《みず》が汚《よご》れないように食《た》べ残《のこ》しをこまめに取《と》り除《のぞ》く必要《ひつよう》がある。手間《てま》がかからないのは、ペットショップで売《う》られている専用《せんよう》のエサ。食《た》べ残《のこ》しがないよう、5分《ふん》くらいで食《た》べきる量《りょう》を与《あた》えよう。

◉水替《みずが》えはこまめに行《おこな》おう

水替《みずが》えは、水《みず》が臭《くさ》くならないよう、最低《さいてい》でも週《しゅう》に1回行《かいおこな》おう。少《すく》ない水《みず》で飼《か》う場合《ばあい》は、水替《みずが》えも楽《らく》なので、週《しゅう》に2～3回行《かいおこな》うことが望《のぞ》ましい。

カルキ（水道水《すいどうすい》に入《はい》っている塩素《えんそ》など）抜《ぬ》きは、アメリカザリガニを飼《か》う場合《ばあい》は必要《ひつよう》ない。

知《し》っていて損《そん》はない! ワンポイント・マメ知識《ちしき》

観察《かんさつ》ケースを持《も》っていこう!

家《いえ》に持《も》ち帰《かえ》ることはできないけれど、アメリカザリガニをもっと観察《かんさつ》したい! というなら、昆虫採集用《こんちゅうさいしゅうよう》の透明《とうめい》なプラスチックケースを持《も》っていこう。バケツでは背中側《せなかがわ》しか見《み》えないが、これなら横《よこ》から、下《した》からと、さまざまな角度《かくど》から観察《かんさつ》できるぞ! 観察《かんさつ》が終《お》わったら逃《に》がしてあげよう。

実《じつ》は高級食材《こうきゅうしょくざい》？ザリガニを食《た》べてみよう！

アメリカザリガニは、フランス料理《りょうり》では高級《こうきゅう》食材《しょくざい》のひとつ。「伊勢《いせ》エビのような味《あじ》わい」だという人《ひと》もいるくらいだ。たくさん釣《つ》れたら、一度《いちど》食《た》べてみてはどうかな？

重要《じゅうよう》なのは下《した》ごしらえ（調理前《ちょうりまえ》の下準備《したじゅんび》）。まず、雑菌《ざっきん》や寄生虫《きせいちゅう》などを除《のぞ》くために塩茹《しおゆ》でする。アメリカザリガニの腹《はら》の上部《じょうぶ》には、海《うみ》に住《す》むエビと同《おな》じく背《せ》ワタ（腸《ちょう》）があるんだけれど、これが臭《くさ》みの元《もと》となるので、必《かなら》ず取《と》り除《のぞ》こう。

背《せ》ワタは、茹《ゆ》でたアメリカザリガニの尾《お》をゆっくり引《ひ》っ張《ぱ》ると抜《ぬ》ける。うまくいかなかったら、腹部《ふくぶ》の殻《から》をはいで取《と》り除《のぞ》くといい。

臭《くさ》みを取《と》るために、流水《りゅうすい》で1～2日《にち》飼《か》って泥《どろ》抜《ぬ》きをする方法《ほうほう》もある。背《せ》ワタを取《と》る手間《てま》は省《はぶ》けるけれど、飼《か》っている間《あいだ》に共食《ともぐ》いすることがあるのが難点《なんてん》だ。

こうして下《した》ごしらえしてしまえば、エビと同《おな》じように調理《ちょうり》できる。塩茹《しおゆ》でしたことで下味《したあじ》がついているので、まずはそのまま食《た》べてみよう。頭《あたま》の部分《ぶぶん》は食《た》べられるところがほとんどないけれど、味噌汁《みそしる》の具《ぐ》などにすると、いい出汁《だし》が取《と》れるぞ。

PART 2

釣《つ》り堀《ぼり》で キンギョを釣《つ》ろう!

初《はじ》めての魚釣《さかなつ》りにオススメのひとつが「キンギョ釣《つ》り」。
釣《つ》り堀《ぼり》での釣《つ》りだから、安全《あんぜん》・手軽《てがる》に楽《たの》しめる。
でも、たくさん釣《つ》るにはやっぱり知恵《ちえ》も必要《ひつよう》!
奥《おく》の深《ふか》さも、この釣《つ》りの魅力《みりょく》なのだ。

キンギョって、どんな魚《さかな》なの？

誰《だれ》もが見《み》たことのあるキンギョ。実《じつ》は、人間《にんげん》の手《て》で作《つく》られた魚《さかな》なんだ。泳《およ》ぎがあまり得意《とくい》ではないのも、観賞用《かんしょうよう》の魚《さかな》であることが理由《りゆう》だ。

◉キンギョの体《からだ》のつくりを知《し》っておこう！

[口《くち》]
フナと似《に》た口《くち》をしている。吸《す》い込《こ》んだエサを、喉《のど》の奥《おく》にある歯《は》で砕《くだ》くんだ

[背《せ》ビレ]
尻《しり》ビレとともに、泳《およ》ぐときに舵《かじ》の役目《やくめ》をする

[尾《お》ビレ]
泳《およ》ぐときの推進《すいしん》力《りょく》を生《う》み出《だ》す。キンギョの尾《お》ビレは、さまざまな形《かたち》をしている

[尻《しり》ビレ]

[胸《むな》ビレ]

[腹《はら》ビレ]
胸《むな》ビレとともに、体《からだ》を水平《すいへい》に保《たも》つ役割《やくわり》をもっている

　キンギョはフナをルーツにもつ魚《さかな》なので、ヒレの数《かず》や位置《いち》など、体《からだ》のつくりは特殊《とくしゅ》なものではなく、フナなどと同《おな》じだ。ただし、泳《およ》ぐのはあまりうまくない。

フナをもとに観賞用《かんしょうよう》に作《つく》られた魚《さかな》

　誰《だれ》でもキンギョ（金魚《きんぎょ》）は知《し》っているよね？　学校《がっこう》の水槽《すいそう》や池《いけ》で飼《か》っていることがあるし、お祭《まつ》りで「金魚《きんぎょ》すくい」をやった人《ひと》もいるだろう。

　このように、キンギョはみんなが知《し》っている馴染《なじ》み深《ぶか》い魚《さかな》だけれど、実《じつ》はもともと日本《にほん》にいた魚《さかな》ではないんだ。原産地《げんさんち》は中国《ちゅうごく》。フナの一種《いっしゅ》が突然変異《とつぜんへんい》で黄色《きいろ》や赤《あか》に変色《へんしょく》した「緋《ひ》ブナ」を、さらに改良《かいりょう》して作《つく》られた魚《さかな》なんだよ。

　ときは、今《いま》から1700年《ねん》も昔《むかし》の3世紀《せいき》。中国大陸《ちゅうごくたいりく》の長江《ちょうこう》で発見《はっけん》された赤《あか》いフナが、10世紀《せいき》ごろから宮廷《きゅうてい》で育《そだ》てられるようになった。そして、室町時代《むろまちじだい》の終《お》わりに中国《ちゅうごく》から日本《にほん》にやってきたといわ

◉中国大陸《ちゅうごくたいりく》からやってきた観賞魚《かんしょうぎょ》

　中国大陸《ちゅうごくたいりく》で３世紀《せいき》に発見《はっけん》された緋《ひ》ブナは、南北朝時代《なんぼくちょうじだい》の宋《そう》で盛《さか》んに養殖《ようしょく》されるようになったといわれている。記録《きろく》では1502年《ねん》、大阪《おおさか》・堺市《さかいし》に移入《いにゅう》され、山梨《やまなし》の藩士《はんし》が趣味《しゅみ》で養殖《ようしょく》をはじめた。その藩士《はんし》が1724年《ねん》に現在《げんざい》の奈良県《ならけん》・大和郡山《やまとこおりやま》市《し》に入藩《にゅうはん》すると、養殖《ようしょく》が本格化《ほんかくか》し、全国《ぜんこく》へと広《ひろ》まっていったんだって。

◉たくさんいるぞ! キンギョの仲間《なかま》

　キンギョには、赤《あか》やオレンジばかりでなく、白《しろ》や黒《くろ》、まだら模様《もよう》など、さまざまな色《いろ》がある。体型《たいけい》もフナに近《ちか》いものから、ずんぐりむっくりしたもの、長《なが》い尾《お》ビレを持《も》つものなど多種多様《たしゅたよう》。これらはすべて、観賞用《かんしょうよう》に人間《にんげん》が作《つく》り出《だ》した形《かたち》なんだね。ガラスの水槽《すいそう》がない時代《じだい》は、キンギョは上《うえ》から見《み》るものだった。そのため、上《うえ》から見《み》た尾《お》ビレの形《かたち》にこだわって作《つく》られた品種《ひんしゅ》が多《おお》いんだよ。

[ワキン型《がた》]
もっともフナに近《ちか》い体型《たいけい》をしている。釣《つ》り堀《ぼり》で釣《つ》れるのは、このタイプ

[リュウキン型《がた》]
長《なが》い尾《お》ビレが一番《いちばん》の特徴《とくちょう》。体《からだ》はワキンより丸《まる》みを帯《お》びている

[ランチュウ型《がた》]
ワキンからの改良《かいりょう》品種《ひんしゅ》で、明治時代《めいじじだい》に作《つく》られた。背《せ》ビレがないのが特徴《とくちょう》

れているんだよ。当時《とうじ》のキンギョは高級品《こうきゅうひん》で、一部《いちぶ》の貴族《きぞく》が飼《か》っていたのだけれど、江戸《えど》時代《じだい》の中《なか》ごろになると、養殖《ようしょく》（人間《にんげん》の手《て》で育《そだ》て増《ふ》やすこと）をはじめる人《ひと》が現《あらわ》れはじめ、値段《ねだん》が下《さ》がって庶民《しょみん》の間《あいだ》にも広《ひろ》まっていったんだ。

日本《にほん》の主《おも》なキンギョ生産地《せいさんち》は奈良県《ならけん》・大和郡山市《やまとこおりやまし》と、愛知県《あいちけん》・弥富町《やとみちょう》、東京都《とうきょうと》・江戸川区《えどがわく》、熊本県《くまもとけん》・長洲町《ながすまち》など。大和郡山市《やまとこおりやまし》では１７２４年《ねん》からキンギョの養殖《ようしょく》をはじめたという記録《きろく》があるから、３００年近《ねんちか》い歴史《れきし》をもつ魚《さかな》ということになるね。

　ペットショップをのぞいてみると、キンギョは１匹《ぴき》50円《えん》以下《いか》でも売《う》られている。でもその一方《いっぽう》で、１匹《ぴき》10万円《まんえん》を超《こ》す高級《こうきゅう》なものもいるんだ。今《いま》でも人気《にんき》の観賞魚《かんしょうぎょ》なんだね。

◉口《くち》をもぐもぐさせてエサを食《た》べる

キンギョは人工的《じんこうてき》に作《つく》られた魚《さかな》なので、育《そだ》つ過程《かてい》で食《た》べてきたのは主《おも》に人工《じんこう》のエサだけれど、水草《みずくさ》や藻《も》なども食《た》べる。キンギョの口《くち》には歯《は》がないけれど、喉《のど》の奥《おく》に「咽頭歯《いんとうし》」と呼《よ》ばれる歯《は》があって、これで食《た》べ物《もの》を噛《か》み砕《くだ》いているんだ。この咽頭歯《いんとうし》は、フナやコイなど、コイの仲間《なかま》なら、みんな持《も》っているんだよ。

◉キンギョのフンはどうして細長《ほそなが》い?

キンギョには食《た》べたものを貯《た》めておく胃《い》がないので、エサを食《た》べ続《つづ》けると長《なが》いフンをする。しかも、なかなか切《き》れずに、お尻《しり》にくっついたまま泳《およ》いでいる。これはキンギョが、お尻《しり》の穴《あな》を締《し》める筋肉《きんにく》を持《も》っていないからなんだって。

◉魚《さかな》なのに泳《およ》ぎが下手《へた》?

止水《しすい》（水《みず》の流《なが》れのないところ）で育《そだ》ってきたキンギョは、流《なが》れに対抗《たいこう》して泳《およ》ぐ必要《ひつよう》がないので、力強《ちからづよ》く泳《およ》ぐための筋肉《きんにく》は持《も》っていない。それどころか、リュウキン型《がた》やランチュウ型《がた》の尾《お》ビレは、水《みず》の抵抗《ていこう》を受《う》けすぎて、速《はや》く泳《およ》ぐのに適《てき》さないんだ。

初《はじ》めての飼育《しいく》にもぴったりの魚《さかな》

キンギョはとても丈夫《じょうぶ》で飼《か》いやすい魚《さかな》だ。人《ひと》に育《そだ》てられたからか、人影《ひとかげ》に怯《おび》えて物陰《ものかげ》に逃《に》げ込《こ》んでしまうことも、ほとんどない。もともと観賞用《かんしょうよう》に作《つく》られた魚《さかな》なのだから、釣《つ》るだけでなく、ぜひ飼《か》ってみよう。

飼《か》っているキンギョがすぐ死《し》んでしまうのは、ほとんどの場合《ばあい》、飼《か》い方《かた》に問題《もんだい》がある。水質《すいしつ》がすぐに悪《わる》くならないよう、大《おお》きめの水槽《すいそう》を用意《ようい》するのが第一《だいいち》。そして、水質《すいしつ》や水《すい》温《おん》に気《き》を配《くば》り、適切《てきせつ》な量《りょう》のエサを与《あた》えてあげれば長生《ながい》きする。オスとメスを見分《みわ》けるのは難《むずか》しいけれど、何匹《なんびき》かを一緒《いっしょ》に飼《か》って、産卵《さんらん》させることは、決《けっ》して難《むずか》しくないんだ。

◉飼《か》い方《かた》の基本《きほん》を知《し》っておこう!

金魚鉢《きんぎょばち》で飼《か》うのも悪《わる》くないけれど、もっとたくさんの水《みず》が入《い》れられる水槽《すいそう》のほうが、水《みず》が汚《よご》れにくく、キンギョにとって快適《かいてき》だ。できれば60センチ水槽《すいそう》くらいの大《おお》きさがあるといい。エサは、1分《ぷん》くらいで食《た》べきる量《りょう》をこまめにあげたほうが、水質《すいしつ》を保《たも》ちやすい。水《みず》が汚《よご》れてきたら1/3くらい、水《みず》を入《い》れ替《か》えてあげよう。

エアレーターは絶対《ぜったい》に必要《ひつよう》。水草《みずくさ》なども入《い》れてあげよう

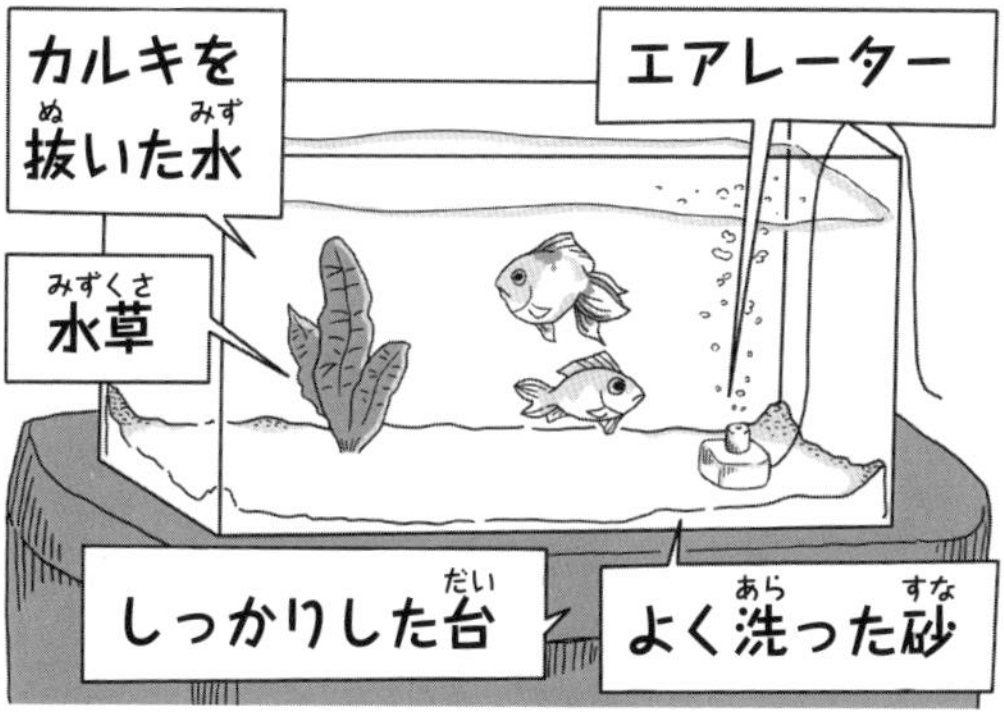

水道水《すいどうすい》を使《つか》うときは、カルキ（塩《えん》素《そ》）を取《と》り除《のぞ》く薬剤《やくざい》を入《い》れること

◉キンギョの寿命《じゅみょう》は何年《なんねん》?

魚《さかな》のなかには、1年《ねん》で寿命《じゅみょう》を迎《むか》えてしまう種《しゅ》もいるけれど、フナやコイの仲間《なかま》であるキンギョは長生《ながい》きで、一般的《いっぱんてき》に寿命《じゅみょう》は10～15年《ねん》といわれている。すくすく育《そだ》てば、体長《たいちょう》20センチを超《こ》えるのも普通《ふつう》！金魚《きんぎょ》すくいで捕《と》ってきたキンギョだって、飼《か》い方《かた》が正《ただ》しければ同《おな》じように長生《ながい》きするんだよ。愛情《あいじょう》込《こ》めて育《そだ》ててあげよう。

知《し》っていて損《そん》はない! ワンポイント・マメ知識《ちしき》

40センチ以上《いじょう》！世界最大《せかいさいだい》のキンギョ

ギネスブックには長《なが》生《い》きしたものや、大《おお》きいキンギョが記録《きろく》されている。最長寿命《さいちょうじゅみょう》は43年《ねん》。非公式《ひこうしき》の記録《きろく》では45年《ねん》というものもある。サイズの記録《きろく》は、47.4センチ。これはオランダの記録《きろく》だけれど、日本国内《にほんこくない》では、非公式《ひこうしき》ながら琵琶湖《びわこ》で48センチのキンギョが釣《つ》れたという報告《ほうこく》があるぞ。

釣《つ》り堀《ぼり》でキンギョを釣《つ》ってみよう!

お金《かね》を払《はら》って釣《つ》りができる「釣《つ》り堀《ぼり》」。場所《ばしょ》によって、コイやニジマスなど、釣《つ》れる魚《さかな》はさまざまだ。キンギョが釣《つ》れる釣《つ》り堀《ぼり》もたくさんあるぞ!

◉キンギョ釣《つ》りができる釣《つ》り堀《ぼり》

キンギョ釣《つ》り堀《ぼり》の多《おお》くは、コンクリートで作《つく》られたプール状《じょう》の池《いけ》。屋根《やね》が付《つ》いていたり、建物《たてもの》の中《なか》だったりして、雨《あめ》でも釣《つ》りができるところが多《おお》いんだ。放流《ほうりゅう》しているキンギョは、ワキンがほとんどだけれど、高級《こうきゅう》なキンギョを放《はな》しているところもあるぞ。

料金《りょうきん》は1時間単位《じかんたんい》で決《き》められているところがほとんど。釣《つ》り道具《どうぐ》とエサは料金《りょうきん》に含《ふく》まれているのが一般的《いっぱんてき》だ。料金《りょうきん》などは前《まえ》もって電話《でんわ》で確認《かくにん》しておこう。

キンギョ釣《つ》り堀《ぼり》の多《おお》くは上《うえ》のようなタイプだけれど、規模《きぼ》の大《おお》きい左《ひだり》のようなところもある。コイの釣《つ》り堀《ぼり》などが併設《へいせつ》されているところも多《おお》い

キンギョ釣《つ》り堀《ぼり》に行《い》ってみよう!

キンギョは一般的《いっぱんてき》に自然《しぜん》の川《かわ》や池《いけ》にいる魚《さかな》ではないので、釣《つ》りが楽《たの》しめるのは釣《つ》り堀《ぼり》だけだ。この本《ほん》の後半《こうはん》で、キンギョが釣《つ》れる釣《つ》り堀《ぼり》をいくつか紹介《しょうかい》しているけれど、ほかにもたくさんあるので、お父《とう》さん・お母《かあ》さんに調《しら》べてもらおう。

キンギョ釣《つ》り堀《ぼり》にかぎらないけれど、釣《つ》り堀《ぼり》には釣《つ》りやすいところ（簡単《かんたん》に釣《つ》れるところ）と、そうでもないところがある。また、いかにも釣《つ》りやすそうな釣《つ》り堀《ぼり》でも、季節《きせつ》によっては釣《つ》れないこともある。初心者《しょしんしゃ》でも釣《つ》りやすいかどうか、釣《つ》れる時期《じき》はいつかなど、訪《おとず》れる前《まえ》に釣《つ》り堀《ぼり》に電話《でんわ》で聞《き》いておこう。

◉釣《つ》り堀《ぼり》のルールを知《し》っておこう

「使《つか》える竿《さお》はひとり１本《ほん》」「エサの持《も》ち込《こ》み不可《ふか》」など、キンギョ釣《つ》り堀《ぼり》にはいくつかルールがある。また、多《おお》くのキンギョ釣《つ》り堀《ぼり》は、釣《つ》ったキンギョのうちから何《なん》匹《びき》かは持《も》って帰《かえ》れるけれど、持《も》ち帰《かえ》れないところもある。前《まえ》もって確認《かくにん》しておこうね。

◉釣《つ》り具《ぐ》はレンタル可能《かのう》!

竿《さお》や仕掛《しか》けはすべて借《か》りられるのが一般的《いっぱんてき》。でも、自分《じぶん》が使《つか》う道具《どうぐ》の名《な》前《まえ》や役割《やくわり》は知《し》っておこう。とくに大事《だいじ》なのは「ウキ」。この位置《いち》を変《か》えると、エサが沈《しず》む深《ふか》さが変《か》わる。この「ウキからエサ（ハリ）までの距離《きょり》」を「ウキ下《した》」と呼《よ》ぶんだよ。

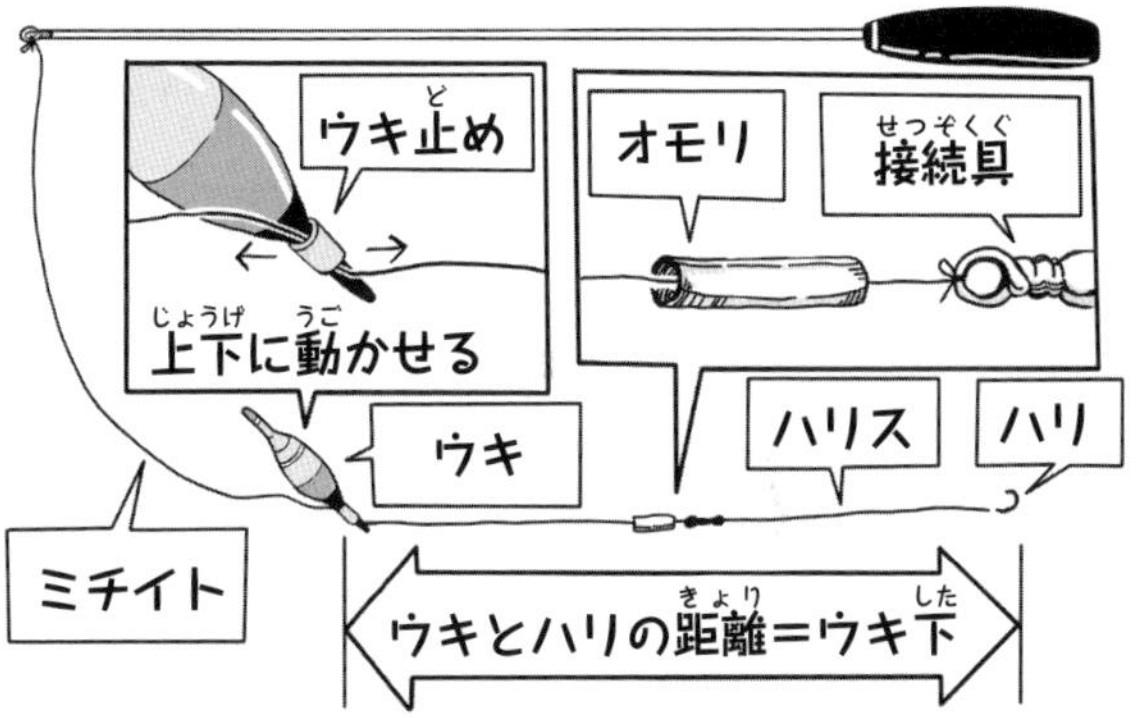

知《し》っていて損《そん》はない! ワンポイント・マメ知識《ちしき》

自分《じぶん》で作《つく》った仕掛《しか》けで釣《つ》ろう!

自分《じぶん》の竿《さお》や仕掛《しか》けを持《も》ち込《こ》めるキンギョ釣《つ》り堀《ぼり》もある。竿《さお》は持《も》ち運《はこ》ぶのが面倒《めんどう》だけれど、自作《じさく》の仕掛《しか》けを持《も》っていくと、釣《つ》りがもっと楽《たの》しくなるよ。

イトの結《むす》び方《かた》、ウキとオモリ、ハリの選《えら》び方《かた》など、覚《おぼ》えなければならないことはいくつかあるけれど、これから釣《つ》りを続《つづ》けていくには必要《ひつよう》なことばかり。ぜひやってみよう!

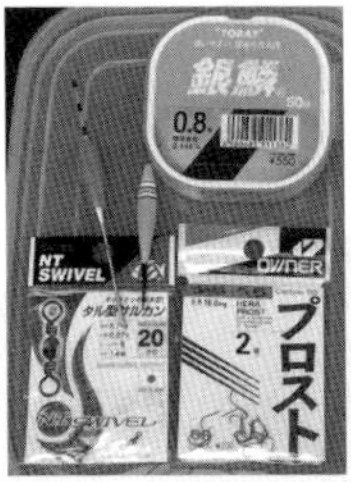

◉釣《つ》り竿《ざお》の扱《あつか》い方《かた》を覚《おぼ》えよう!

これからいろいろな釣《つ》りを経験《けいけん》するためにも、釣《つ》り竿《ざお》の正《ただ》しい扱《あつか》い方《かた》を覚《おぼ》えておこう。まず、周《まわ》りの人《ひと》の迷惑《めいわく》にならないよう、振《ふ》り回《まわ》さないことが第一《だいいち》。つぎに、地面《じめん》に転《ころ》がしておかないこと。踏《ふ》みつけて折《お》れたり、仕掛《しか》けを傷付《きずつ》けたりすることがあるからだ。また、仕掛《しか》けが絡《から》むなどしたときは、管理人《かんりにん》さんにお願《ねが》いして直《なお》してもらうのが一番《いちばん》だよ。

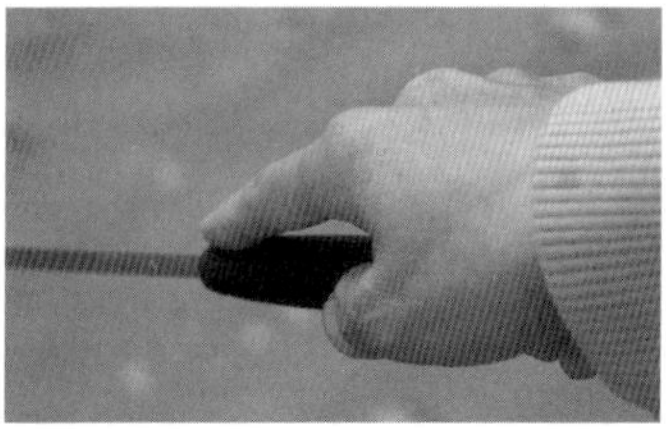

人差《ひとさ》し指《ゆび》を上《うえ》に添《そ》えるように竿《さお》の握《にぎ》り部分《ぶぶん》を持《も》つのが基本《きほん》だ

◉エサの付《つ》け方《かた》がとっても重要《じゅうよう》!

キンギョ釣《つ》りに使《つか》われるエサは、粘土《ねんど》のような人工《じんこう》の「練《ね》りエサ」が一般的《いっぱんてき》。これをちぎって、小《ちい》さく丸《まる》めてハリに付《つ》ける。このとき、キンギョの小《ちい》さな口《くち》に入《はい》りやすいよう、エサをできるだけ小《ちい》さくするのがコツ。直径《ちょっけい》3～4ミリが目安《めやす》だよ。

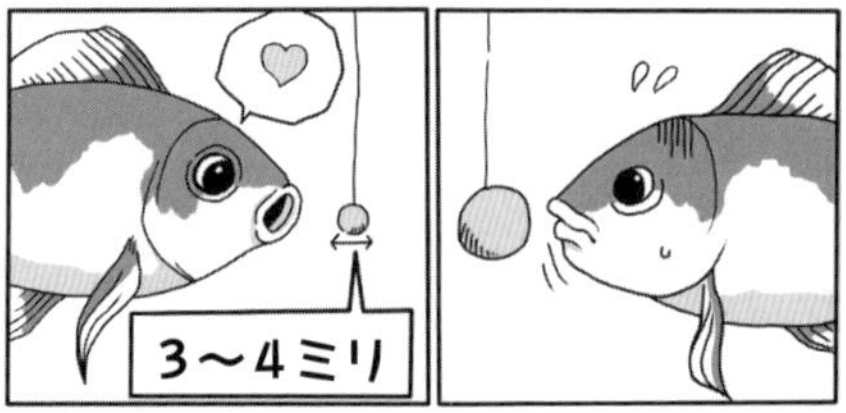

ウキに出《で》る「アタリ」を見逃《みのが》すな！

キンギョ釣《つ》りとザリガニ釣《つ》りとの大《おお》きな違《ちが》いは、ハリを使《つか》うこと。もうひとつは、ウキを使《つか》って、見《み》えないところで魚《さかな》がエサを食《た》べたことを察知《さっち》することだ。

キンギョがエサを食《た》べると、その動《うご》きがイトを通《つう》じてウキまで伝《つた》わる。これを「アタリ」というんだ。アタリがあったら、竿先《さおさき》を素早《すばや》く上《あ》げて（この動作《どうさ》を「アワセ」という）、キンギョの口《くち》にしっかりハリを引《ひ》っかけよう。

アタリはウキがピコピコと上下《じょうげ》に動《うご》いたり、ウキが横《よこ》に動《うご》いたりと千差万別《せんさばんべつ》。エサをつついているだけのときもあるけれど、最初《さいしょ》のうちはどんどんアワセを入《い》れてみよう。

◉キンギョの釣《つ》り方《かた》の基本《きほん》

仕掛《しか》けを入《い》れたら、ウキが動《うご》かないように静《しず》かにアタリを待《ま》つのが基本《きほん》。ウキが動《うご》いたらすぐにアワセを入《い》れよう。釣《つ》れないときは、ウキを上《うえ》に移動《いどう》して、ウキ下《した》を長《なが》くし、ちょっと深《ふか》いところまでエサを沈《しず》めてみるといい。深《ふか》いところほど、大《おお》きなキンギョがいることが多《おお》いんだ。

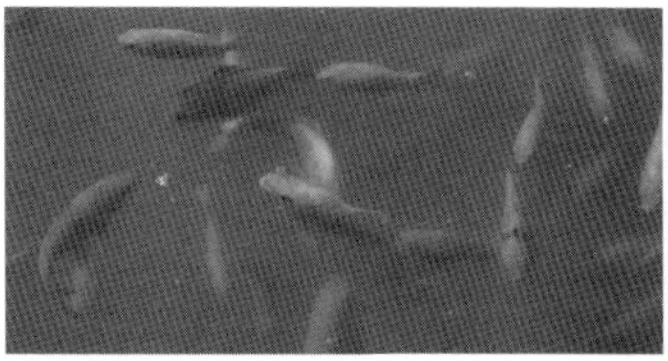

水面《すいめん》の近《ちか》くで群《む》れているキンギョは小型《こがた》が多《おお》い。口《くち》が小《ちい》さすぎてハリにかからないこともあるんだ

◉ハリの外《はず》し方《かた》を知《し》っておこう

キンギョが釣《つ》れたら、バケツなどに入《い》れてハリを外《はず》そう。ハリはＪ《ジェイ》の字《じ》に曲《ま》がっているので、ただ引《ひ》っ張《ぱ》ってもキンギョの口《くち》から外《はず》れない。ハリの下《した》のほうのカーブした部分《ぶぶん》をつまんで、くるっと回《まわ》すようにすれば外《はず》れるぞ。

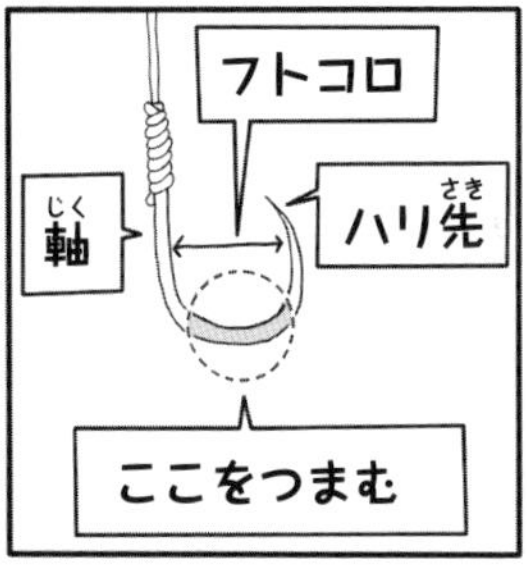

知《し》っていて損《そん》はない! ワンポイント・マメ知識《ちしき》

飼《か》うなら元気《げんき》なキンギョを選《えら》ぼう

釣《つ》ったキンギョの持《も》ち帰《かえ》りができる釣《つ》り堀《ぼり》は多《おお》い。持《も》ち帰《かえ》るときは、釣《つ》ったなかから、できるだけ元気《げんき》のいいキンギョを選《えら》ぼう。水《すい》面《めん》で口《くち》をパクパクさせていたり、ときどきひっくり返《かえ》ったりしているのは弱《よわ》っている証拠《しょうこ》だ。最初《さいしょ》から持《も》ち帰《かえ》るつもりがあるなら、エアレーターとバケツを持《も》っていくといいよ。

雨《あめ》の日《ひ》や寒《さむ》い時期《じき》は室内《しつない》釣《つ》り堀《ぼり》がオススメ！

　雨《あめ》の日《ひ》や寒《さむ》い日《ひ》は釣《つ》りにいく気《き》がなくなってしまうもの。そんなときのオススメは「室内《しつない》釣《つ》り堀《ぼり》」だ。名前《なまえ》の通《とお》り、建物《たてもの》の中《なか》にある釣《つ》り堀《ぼり》で、規模《きぼ》は一軒家《いっけんや》から体育館《たいいくかん》以上《いじょう》までと、さまざま。冷暖房《れいだんぼう》完備《かんび》のところも多《おお》いので、快適《かいてき》に釣《つ》りが楽《たの》しめるぞ。

　室内《しつない》釣《つ》り堀《ぼり》には、キンギョばかりでなく、フナやコイなど、いろんな魚《さかな》が釣《つ》れるところがある。体長《たいちょう》50センチを超《こ》える大物《おおもの》が狙《ねら》える室内《しつない》釣《つ》り堀《ぼり》もあるんだよ。

　ほかの釣《つ》り堀《ぼり》と同様《どうよう》、室内《しつない》釣《つ》り堀《ぼり》のルールやシステムはさまざまだけれど、よくあるルールは、釣《つ》れた魚《さかな》の種類《しゅるい》やサイズを点数《てんすう》に換算《かんさん》して、その点数《てんすう》に応《おう》じてお菓子《かし》などをくれる「ポイント制《せい》」。ベテランの釣《つ》り人《びと》が集《あつ》まる室内《しつない》釣《つ》り堀《ぼり》では、お菓《か》子《し》ではなく、ウキや竿《さお》などと交換《こうかん》してくれたり、年間《ねんかん》のポイントをみんなで競《きそ》ったりするんだ。

　珍《めず》しいところでは、海水魚《かいすいぎょ》が釣《つ》れるとか、釣《つ》った魚《さかな》をその場《ば》で食《た》べられるなんていう室内《しつない》釣《つ》り堀《ぼり》もある。お父《とう》さん・お母《かあ》さんに調《しら》べてもらって、面白《おもしろ》い釣《つ》り堀《ぼり》に行《い》ってみるのもオススメだぞ。

PART 3

管《かん》理《り》釣《つ》り場《ば》で ニジマスを釣《つ》ろう!

初《はじ》めての人《ひと》でも釣《つ》りやすい魚《さかな》ナンバーワン、それがニジマスだ。
食《た》べておいしいのも、この魚《さかな》のいいところ。
自然《しぜん》の河川《かせん》や湖《みずうみ》などにも住《す》んでいるけれど、
絶対《ぜったい》釣《つ》りたいなら管理釣《かんりつ》り場《ば》（釣《つ》り堀《ぼり》）がオススメだよ!

ニジマスって、どんな魚《さかな》なの？

スーパーマーケットでもたまに姿《すがた》を見《み》かけるニジマスは、サケやマスの仲間《なかま》だ。海外《かいがい》からやってきて、日本《にほん》でもたくさん養殖《ようしょく》されているよ。

◉脂《あぶら》ビレと呼《よ》ばれるヒレが特徴《とくちょう》!

[口《くち》]
口《くち》にはトゲ状《じょう》の歯《は》が並《なら》んでいる。指《ゆび》を入《い》れるとちょっと痛《いた》いぞ！

[脂《あぶら》ビレ]
サケ科《か》の魚《さかな》すべてに共通《きょうつう》する特徴《とくちょう》は、この脂《あぶら》ビレがあること。効率《こうりつ》よく泳《およ》ぐためのものと考《かんが》えられているんだ

[エラ]
水《みず》から酸素《さんそ》を取《と》り込《こ》んだり、エサを漉《こ》し取《と》る役割《やくわり》がある

[尾《お》ビレ]
流《なが》れの中《なか》で力強《ちからづよ》く泳《およ》げるよう、大《おお》きな尾《お》ビレを持《も》っている

キンギョやフナ、コイなどに比《くら》べてスリムで、いかにも速《はや》く泳《およ》ぎそうな体型《たいけい》が特徴《とくちょう》。野生《やせい》のニジマスは尾《お》ビレが大《おお》きく発達《はったつ》し、強《つよ》い流《なが》れの中《なか》でも平気《へいき》で泳《およ》ぐんだ。

冷《つめ》たい水《みず》を好《この》み素早《すばや》く泳《およ》ぐ！

ニジマスの原産地《げんさんち》（もともとの生息地《せいそくち》）は北《きた》アメリカ。日本《にほん》には、１８７７年《ねん》にカリフォルニアから移入《いにゅう》され、全《ぜん》国各地《こくかくち》に放流《ほうりゅう》されたんだ。日《に》本以外《ほんいがい》に、ヨーロッパ、ニュージーランド、オーストラリア、そしてアフリカ大陸《たいりく》にも移入《いにゅう》されているんだよ。

ニジマスは「サケ科《か》」に分《ぶん》類《るい》される魚《さかな》だ。サケ科《か》には、日本《にほん》にもともといるヤマメ・アマゴやイワナなどが含《ふく》まれる。北海道《ほっかいどう》や東北地方《とうほくちほう》で獲《と》れるサケ（シロザケ）や、回転《かいてん》寿司《ずし》で人気《にんき》の「サーモン」も仲間《なかま》なんだよ。

釣《つ》って楽《たの》しい、食《た》べておいしいニジマスは、世界中《せかいじゅう》で人《にん》気《き》の魚《さかな》なんだね。

◉食用目的《しょくようもくてき》でアメリカから移入《いにゅう》された魚《さかな》

最初《さいしょ》に日本《にほん》にやってきたのは、1万《まん》粒《りゅう》のニジマスの卵《たまご》。東京《とうきょう》の養殖池《ようしょくいけ》でふ化《か》し、稚魚《ちぎょ》は多摩川《たまがわ》に放流《ほうりゅう》されたといわれている。それから数度《すうど》にわたって卵《たまご》が輸入《ゆにゅう》され、栃木県《とちぎけん》・中禅寺湖《ちゅうぜんじこ》や滋《し》賀県《がけん》・醒ケ井村《さめがいむら》の養魚場《ようぎょじょう》などで養殖《ようしょく》されたんだ。その後《ご》、国内《こくない》で採《と》った卵《たまご》から育《そだ》てる「完全養殖《かんぜんようしょく》」が行《おこな》われるようになったんだよ。

◉日本《にほん》にも昔《むかし》からいるサケ科《か》の魚《さかな》たち

サケ科《か》の魚《さかな》としてよく知《し》られているのは、ヤマメ・アマゴやイワナ。サケ科《か》の魚《さかな》は本来《ほんらい》、海《うみ》と川《かわ》を行《い》き来《き》するんだけれど、これらは川《かわ》のなかで一生《いっしょう》を終《お》える「陸封型《りくふうがた》」と呼《よ》ばれるタイプなんだ。ヤマメと種《しゅ》は同《おな》じなのに、海《うみ》に降《お》りるタイプもいる。それがサクラマス。学名《がくめい》としては、こちらが正《せい》式《しき》なものなんだよ。

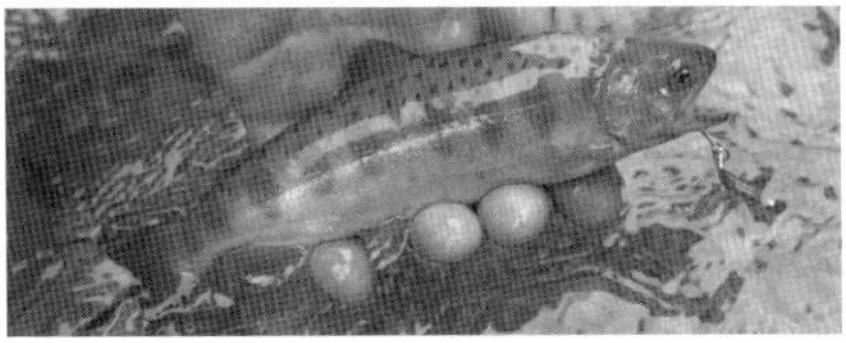

[ヤマメ]
山《やま》あいを流《なが》れる渓流《けいりゅう》などに住《す》むヤマメ。赤《あか》い斑点《はんてん》がある仲間《なかま》は「アマゴ」という魚《さかな》だ

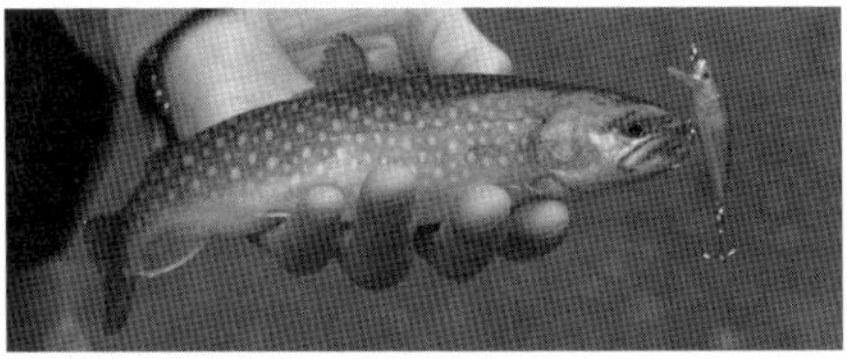

[イワナ]
ヤマメよりも冷《つめ》たい水《みず》を好《この》む魚《さかな》。地域《ちいき》によって微妙《びみょう》に姿形《すがたかたち》の違《ちが》う仲間《なかま》がいるんだよ

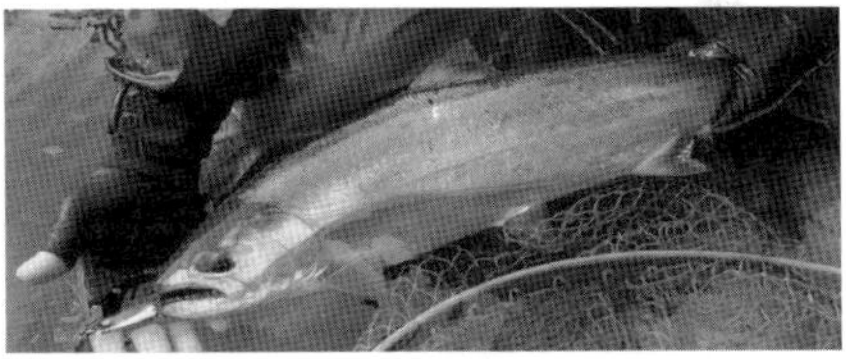

[サクラマス]
海《うみ》に下《くだ》るヤマメがサクラマス。海《うみ》でたくさんエサを食《た》べて育《そだ》つので、より大《おお》きくなる

知《し》っていて損《そん》はない! ワンポイント・マメ知識《ちしき》

日本《にほん》の「食《しょく》」を支《ささ》えた養殖《ようしょく》ニジマス

日本《にほん》のニジマス養殖《ようしょく》は、1926年《ねん》に政府《せいふ》が本格的《ほんかくてき》に推《お》し進《すす》めた。それから25年《ねん》ほど経《た》つと、生《う》まれ故郷《こきょう》であるアメリカに輸出《ゆしゅつ》するほどにまで発展《はってん》したんだよ。近年《きんねん》は生産量《せいさんりょう》が減《へ》っているけれど、品種改良《ひんしゅかいりょう》などを行《おこな》うことで、高級料理店《こうきゅうりょうりてん》や釣《つ》り堀《ぼり》向《む》けの需要《じゅよう》が増《ふ》えてきているんだ。

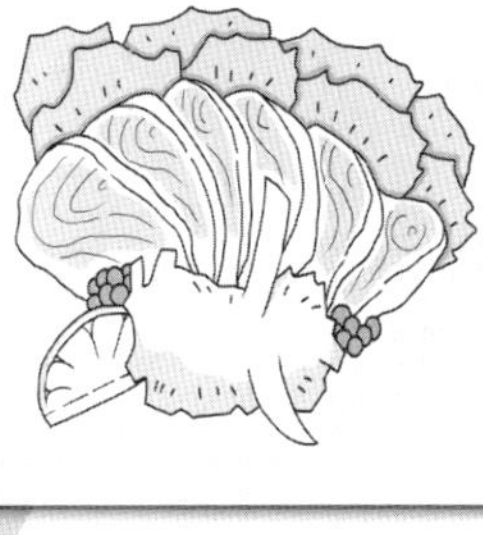

◉冷《つめ》たい水《みず》が大好《だいす》き！

適水温《てきすいおん》が低《ひく》いニジマスは、暖《あたた》かい地方《ちほう》の池《いけ》などには住《す》むことができない。南《みなみ》アフリカにも移入《いにゅう》されているけれど、それは標高《ひょうこう》の高《たか》い山《やま》の上《うえ》の湖《みずうみ》の話《はなし》。移入先《いにゅうさき》のほとんどは、気温《きおん》の低《ひく》い場所《ばしょ》だ。サケ科《か》の仲間《なかま》であるイワナは、もっと冷《つめ》たい水《みず》でも生息《せいそく》でき、成魚《せいぎょ》になると0.5度《ど》という低《てい》温《おん》でも生《い》きることが可能《かのう》なんだよ。

◉泳《およ》ぐ力《ちから》がバツグン！

ニジマスは川《かわ》の流《なが》れに逆《さか》らって上《じょう》流《りゅう》へと移動《いどう》できるほど、力強《ちからづよ》く、速《はや》く泳《およ》ぐことができる。とくに自然《しぜん》の川《かわ》で育《そだ》ったニジマスは、強《つよ》い尾《お》ビレを持《も》っていて、釣《つ》り堀《ぼり》で見《み》るニジマスと同《おな》じ魚種《ぎょしゅ》とは思《おも》えないほど。育《そだ》ち方《かた》で能力《のうりょく》も変《か》わるんだね。

◉昆虫類《こんちゅうるい》や小魚《こざかな》が主食《しゅしょく》

水《みず》の中《なか》に住《す》むカゲロウの幼虫《ようちゅう》などの水生昆虫《すいせいこんちゅう》は、ニジマスの大好《だいす》きなエサ。水面《すいめん》で羽化《うか》して流《なが》されてくる水生昆虫《すいせいこんちゅう》も上手《じょうず》に食《た》べるんだ。大《おお》きくなると、小魚《こざかな》たちもエサになる。超大型《ちょうおおがた》は水面《すいめん》を泳《およ》ぐネズミを食《た》べることもあるんだって！

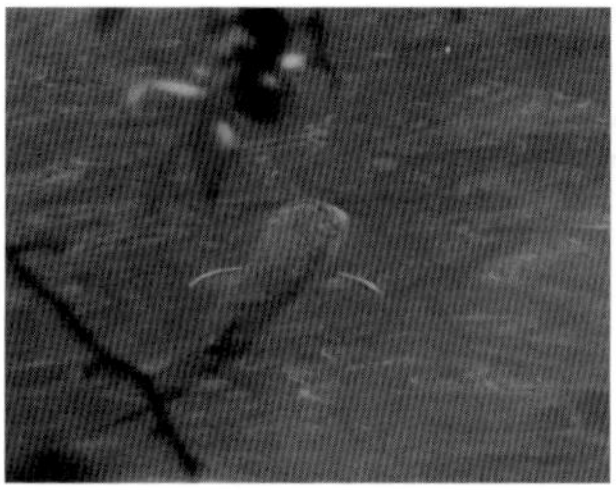

川《かわ》の水面《すいめん》を流《なが》れてくる水生昆虫《すいせいこんちゅう》を食《た》べるサケ科《か》の魚《さかな》。ときには空中《くうちゅう》の虫《むし》をジャンプして食《た》べる

ニジマスの特徴《とくちょう》のひとつが、冷《つめ》たい水《みず》を好《この》むこと。人《にん》間《げん》と違《ちが》って体温調節《たいおんちょうせつ》ができない「変温動物《へんおんどうぶつ》」である魚《さかな》は、魚種《ぎょしゅ》によって活動《かつどう》できる水温《すいおん》が異《こと》なるんだ。その水温《すいおん》を「適水温《てきすいおん》」などと呼《よ》ぶのだけれど、フナの適水温《てきすいおん》が15～20度《ど》、コイが14～30度《ど》であるのに対《たい》して、ニジマスは3～21度《ど》。水《みず》が凍《こお》りそうな温度《おんど》でも生《い》きていけるんだ。

エサは昆虫《こんちゅう》や小魚《こざかな》などの動《どう》物類《ぶつるい》。幼魚《ようぎょ》のうちは主《おも》に小《ちい》さな水生昆虫《すいせいこんちゅう》を食《た》べているけれど、大《おお》きくなると、ほかの小《こ》魚《ざかな》や水面《すいめん》に落《お》ちた昆虫《こんちゅう》にも襲《おそ》いかかる、どう猛《もう》な一面《いちめん》を持《も》っているんだ。

こうした特徴《とくちょう》は、ヤマメ・アマゴやイワナにも見《み》られるもの。同《おな》じ科《か》の魚《さかな》は、似《に》たような性質《せいしつ》があるんだね。

◉同《おな》じニジマスなのになぜ違《ちが》う?

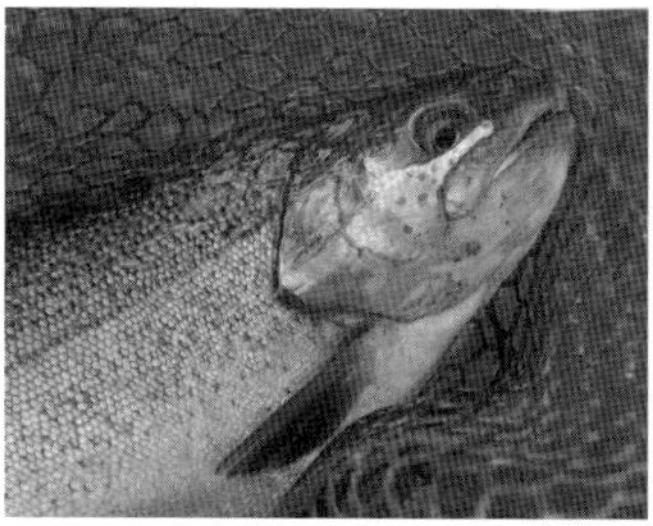

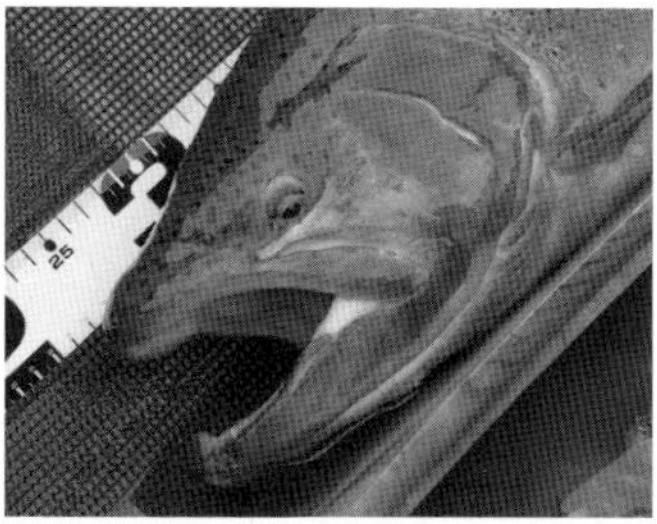

左《ひだり》がメス、右《みぎ》がオスのニジマス。大型《おおがた》のオスは、どう猛《もう》な顔《かお》つきになっているのがわかるかな？ サケのオスも似《に》たような顔《かお》つきになるんだ

産卵期《さんらんき》を迎《むか》えた大《おお》きなニジマスは、オスとメスで顔《かお》つきや体色《たいしょく》が変《か》わってくる。メスの見《み》た目《め》はいつもと同《おな》じだけれど、オスは体《からだ》の横《よこ》に赤《あか》い帯《おび》が現《あらわ》れ、顔《かお》つきもいかめしくなるんだ。ちなみにニジマスの産卵期《さんらんき》は地域《ちいき》によって大《おお》きく異《こと》なり、温暖《おんだん》な地域《ちいき》では秋《あき》～冬《ふゆ》だ。

黄色《きいろ》いニジマスは、突然変異《とつぜんへんい》で色素《しきそ》がなくなってしまった「アルビノ」と呼《よ》ばれるタイプ。ほかの動物《どうぶつ》でもアルビノはいる

◉釣《つ》り方《かた》はさまざま!

ニジマスは、小魚《こざかな》などの動《うご》くものに襲《おそ》いかかる性質《せいしつ》があるので、ルアーやフライと呼《よ》ばれる擬似《ぎじ》エサで釣《つ》ることもできる。人工《じんこう》のエサで育《そだ》ったニジマスでも、野生《やせい》の記憶《きおく》は残《のこ》っているんだね。ルアー、フライ釣《つ》りを楽《たの》しめる釣《つ》り堀《ぼり》もたくさんあるぞ。

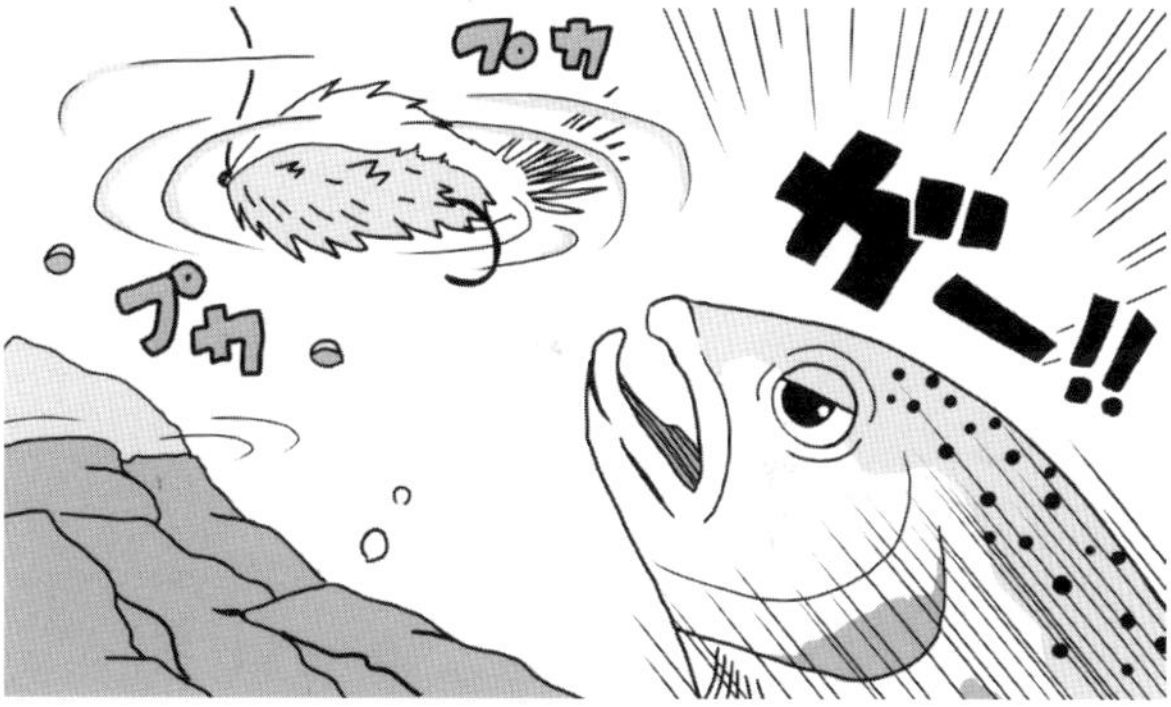

知《し》っていて損《そん》はない! ワンポイント・マメ知識《ちしき》

人《ひと》の手《て》で作《つく》られたさまざまなニジマス

養殖《ようしょく》の技術《ぎじゅつ》が確立《かくりつ》されているニジマスは、交配《こうはい》（ほかのサケ科《か》の魚《さかな》とかけ合《あ》わせること）や選抜養殖《せんばつようしょく》（ある特徴《とくちょう》をもつ個体同士《こたいどうし》から生《う》まれた卵《たまご》を育《そだ》てること）、遺伝子操作《いでんしそうさ》などによって、さまざまな品種《ひんしゅ》が作《つく》られている。有名《ゆうめい》なのは、大型同士《おおがたどうし》を選抜《せんばつ》した「ドナルドソン・トラウト」。体長《たいちょう》1メートル以上《いじょう》まで成長《せいちょう》するんだよ。

管理《かんり》釣《つ》り場《ば》でニジマスを釣《つ》ってみよう!

ニジマスは、自然《しぜん》の川《かわ》や湖《みずうみ》などにもいるけれど、それはごく一部《いちぶ》の地域《ちいき》だけ。釣《つ》るならたくさんの魚《さかな》を放流《ほうりゅう》している管理《かんり》釣《つ》り場《ば》がオススメだ!

◉ニジマス釣《つ》りができる管理《かんり》釣《つ》り場《ば》

冷《つめ》たくて清《きよ》らかな水《みず》を好《この》むニジマスを釣《つ》らせる管理《かんり》釣《つ》り場《ば》は、山間部《さんかんぶ》に多《おお》い。ニジマスのほか、ヤマメ・アマゴ、イワナ、さらには「幻《まぼろし》の魚《さかな》」とも呼《よ》ばれるイトウなど、多《おお》くの魚種《ぎょしゅ》を放流《ほうりゅう》しているところもある。トイレはもちろん、釣《つ》った魚《さかな》をさばく場所《ばしょ》、バーベキュー場《じょう》、さらには宿泊施設《しゅくはくしせつ》などを併設《へいせつ》している管理《かんり》釣《つ》り場《ば》も多《おお》く、一日《いちにち》たっぷり遊《あそ》ぶことができる。一方《いっぽう》で、都《と》市部《しぶ》の近《ちか》くには、短時間《たんじかん》で楽《たの》しめるところもあるんだ。

山間部《さんかんぶ》にある管理《かんり》釣《つ》り場《ば》。釣《つ》りを楽《たの》しんで、お昼《ひる》はバーベキューなんて楽《たの》しそう！ どんな施設《しせつ》があるのか、前《まえ》もってチェックしておこう

管理《かんり》釣《つ》り場《ば》なら絶対《ぜったい》釣《つ》れる！

ニジマスは泳《およ》ぎまわって積極的《せっきょくてき》にエサを捕《と》る魚《さかな》なので、とても釣《つ》りやすい。とはいえ、自然《しぜん》の川《かわ》や池《いけ》では数《かず》が少《すく》なくて、釣《つ》れる可能性《かのうせい》が非《ひ》常《じょう》に低《ひく》くなるので、釣《つ》り堀《ぼり》がオススメだ。

ニジマスを放流《ほうりゅう》している釣《つ》り堀《ぼり》は、「管理《かんり》釣《つ》り場《ば》」と呼《よ》ばれることが多《おお》い。これは、自然《しぜん》の河川《かせん》や池《いけ》を活用《かつよう》するなど、キンギョ釣《つ》り堀《ぼり》のプールとは違《ちが》ったタイプの釣《つ》り場《ば》が多《おお》いからなんだよ。

管理《かんり》釣《つ》り場《ば》は、川《かわ》タイプ・池《いけ》タイプといった違《ちが》いのほか、ルールやシステム（料《りょう》金《きん》）などにも差《さ》がある。前《まえ》もって電話《でんわ》で聞《き》くなどして、必《かなら》ず確認《かくにん》しておこう。

◉釣《つ》り場《ば》のタイプはふたつ

左《ひだり》が池《いけ》タイプ、右《みぎ》が川《かわ》タイプ。川《かわ》タイプは、石積《いしづ》みなどで区画《くかく》されているのが一般的《いっぱんてき》だ。足場《あしば》がいいのは池《いけ》タイプ

管理釣《かんりつ》り場《ば》の形態《けいたい》は、川《かわ》と池《いけ》のふたつに大《おお》きく分《わ》けられる。どちらを選《えら》ぶかは好《この》みの問題《もんだい》だけれど、初《はじ》めて行《い》くなら川《かわ》タイプがオススメだ。川《かわ》タイプでは、料金《りょうきん》を払《はら》うと釣《つ》りができる区画《くかく》を指定《してい》され、そこに魚《さかな》を放流《ほうりゅう》してくれる。元気《げんき》のいい魚《さかな》が多《おお》いので、釣《つ》りやすいんだ。一方《いっぽう》、池《いけ》タイプは、一日《いちにち》に数回《すうかい》、まとめて放流《ほうりゅう》するのが一般的《いっぱんてき》。放流《ほうりゅう》する場所《ばしょ》から遠《とお》いとあまり釣《つ》れないなど、釣《つ》る場所《ばしょ》によって差《さ》が出《で》やすいのがちょっと難点《なんてん》だ。

冬《ふゆ》に、閉鎖《へいさ》しているプールを利用《りよう》して営業《えいぎょう》する管理釣《かんりつ》り場《ば》もある

◉玉《たま》ウキ仕掛《しか》けが基本《きほん》！

ニジマス釣《つ》りの道具《どうぐ》は、管理釣《かんりつ》り場《ば》で借《か》りられる。全長《ぜんちょう》2～3メートルの竹竿《たけざお》に、丸《まる》い玉《たま》ウキがついた仕《し》掛《か》けが一般的《いっぱんてき》だ。キンギョ釣《つ》りやコイ釣《つ》りに使《つか》われる細長《ほそなが》いウキより、玉《たま》ウキのほうが流《なが》れのなかで見《み》やすいからだ。

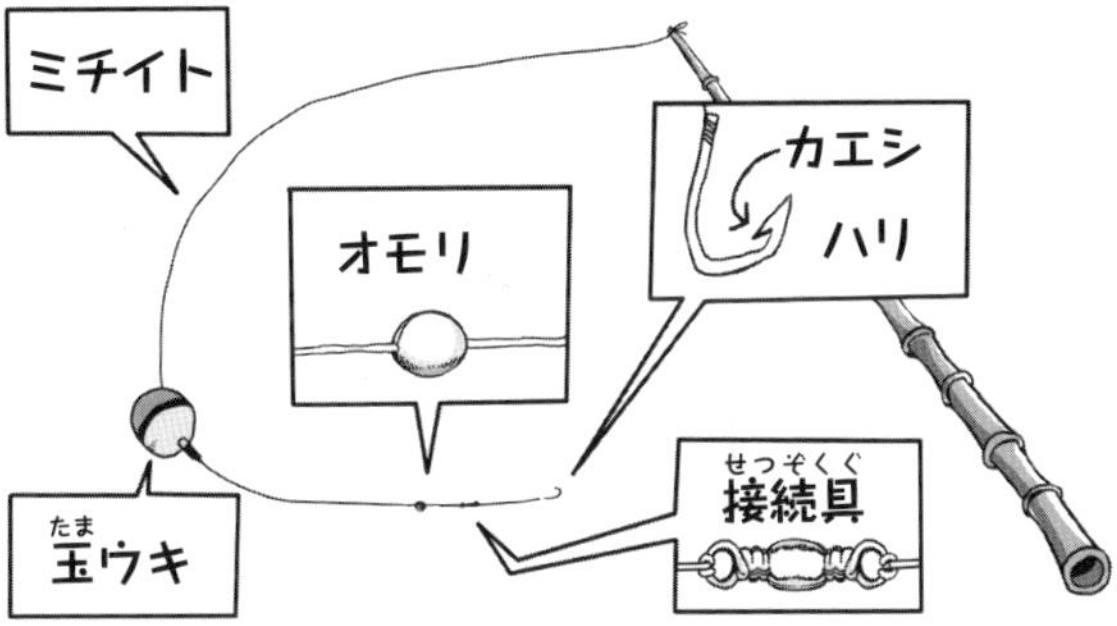

知《し》っていて損《そん》はない！ ワンポイント・マメ知識《ちしき》

釣《つ》りすぎ注意《ちゅうい》！ 買《か》い取《と》りシステム

釣《つ》った魚《さかな》を持《も》ち帰《かえ》って、あるいはその場《ば》で食《た》べるのは、ニジマス釣《つ》りの楽《たの》しみだ。ただし、管理《かんり》釣《つ》り場《ば》のなかには、入場料《にゅうじょうりょう》（釣《つ》り料《りょう》金《きん》）のほかに、釣《つ》った魚《さかな》を1匹《ぴき》ごとに買《か》い取《と》るシステムのところがある。調子《ちょうし》に乗《の》って釣《つ》りすぎると、あとでお財布《さいふ》が空《から》っぽ……なんてことになるので確認《かくにん》しようね！

◉どんなエサがいいのかな?

エサは管理《かんり》釣《つ》り場《ば》で手《て》に入《はい》る。釣《つ》り料金《りょうきん》に含《ふく》まれていて、追加《ついか》は有料《ゆうりょう》というところが多《おお》い。一般的《いっぱんてき》にはイクラが使《つか》われるけれど、ほかにブドウ虫《むし》やミミズも、よく釣《つ》れるエサなんだよ。変《か》わったところでは、缶詰《かんづめ》のコーンや、うどんを切《き》ったものもエサになるぞ。

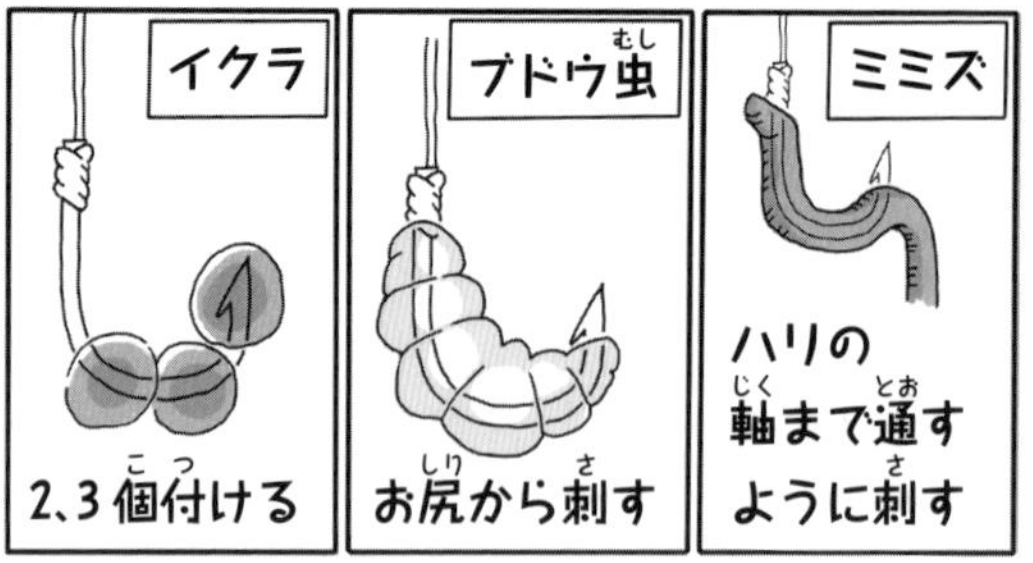

◉「釣《つ》れるポイント」に仕掛《しか》けを投入《とうにゅう》!

池《いけ》タイプでは、水《みず》の流《なが》れがあるところに、元気《げんき》のいい魚《さかな》が集《あつ》まりやすい。水《みず》が流《なが》れ込《こ》んでいる場所《ばしょ》はとくにオススメ！

川《かわ》タイプでは、川《かわ》を仕切《しき》っている石積《いしづ》みのすぐ下流側《かりゅうがわ》に仕掛《しか》けを入れて、ミチイトが張《は》ってしまう手前《てまえ》で引《ひ》き上《あ》げるのが基本《きほん》だ。同《おな》じところを何回《なんかい》も流《なが》すのではなく、1回《かい》ごとに奥《おく》へ奥《おく》へと仕掛《しかけ》けを投入《とうにゅう》しよう。投入《とうにゅう》する場所《ばしょ》を変《か》えると、流《なが》れ方《かた》が変《か》わり、違《ちが》う場所《ばしょ》を探《さぐ》れるんだ。

ニジマスが潜《ひそ》む場所《ばしょ》にエサを投入《とうにゅう》！

ニジマス釣《つ》りはとっても簡単《かんたん》。ハリにエサを付《つ》けて仕掛《しか》けを投入《とうにゅう》すれば、すぐに食《く》いついてくる。ウキが沈《しず》んだら素早《すばや》くアワセを入《い》れよう。

でも、時間《じかん》が経《た》つにつれて、釣《つ》れなくなってくることは多《おお》い。とくに川《かわ》タイプでは、直《ちょく》前《ぜん》に放流《ほうりゅう》されたなかから元気《げんき》な魚《さかな》を釣《つ》ってしまうと、急《きゅう》に釣《つ》りづらくなるんだ。

そんなときはエサを投入《とうにゅう》する場所《ばしょ》を工夫《くふう》してみよう。ニジマスは水中《すいちゅう》の岩《いわ》の陰《かげ》に隠《かく》れているのかも。それとも、白《しろ》く波立《なみだ》っているところの下《した》？ もしかしたら、ウキ下《した》を長《なが》くして、水底《みずぞこ》の近《ちか》くにエサを流《なが》したら釣《つ》れるかな？ いろいろ試《ため》してみると楽《たの》しいぞ！

◉ニジマスの釣《つ》り方《かた》の基本《きほん》

ピク
ピク
!
お父《とう》さん
コレって
コクリ
よし！
竿先《さおさき》を
上《あ》げるんだ！
お父《とう》さん
竿《さお》が
重《おも》いよ！
手伝《てつだ》って
やる！
ポ
チャン
グイ
バシャ
ピチ
ピチ

池《いけ》タイプでは、ウキが沈《しず》むことでアタリがわかる。川《かわ》タイプでは流《なが》れにウキが揉《も》まれているので、アタリがちょっとわかりづらいけれど、不自然《ふしぜん》な動《うご》きをしたら素早《すばや》くアワセを入《い》れてみよう。ニジマスがハリにかかったら、ミチイトがたるまないよう、竿《さお》を斜《なな》め上《うえ》方向《ほうこう》に立《た》てた状態《じょうたい》で寄《よ》せること！

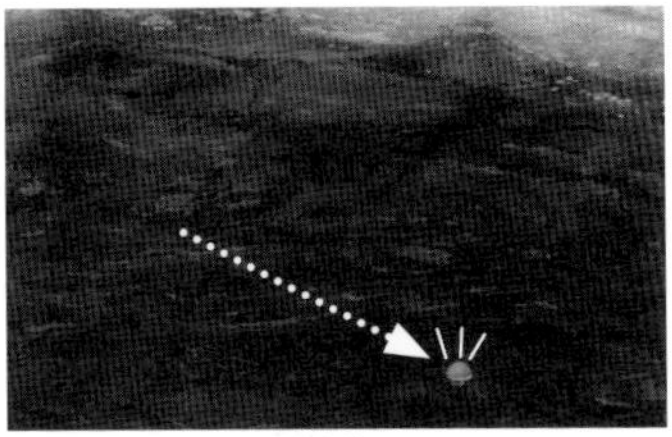

川《かわ》タイプでは、流《なが》れていたウキが急《きゅう》に止《と》まるだけのアタリもあるぞ

◉釣《つ》った魚《さかな》はしっかり捕《つか》まえよう

ニジマスが釣《つ》れたら、そのまま岸《きし》に上《あ》げてしまおう。ニジマスは体《からだ》の表面《ひょうめん》がヌルヌルしていてつかみにくいので、タオルや軍手《ぐんて》を使《つか》うといい。左右《さゆう》のエラの間《あいだ》から指《ゆび》を入《い》れるのも手《て》だぞ。

ハリ外《はず》しの方法《ほうほう》はキンギョ釣《つ》りと一緒《いっしょ》だけれど、ハリにカエシがあるのでペンチなどで外《はず》したほうが楽《らく》だよ。

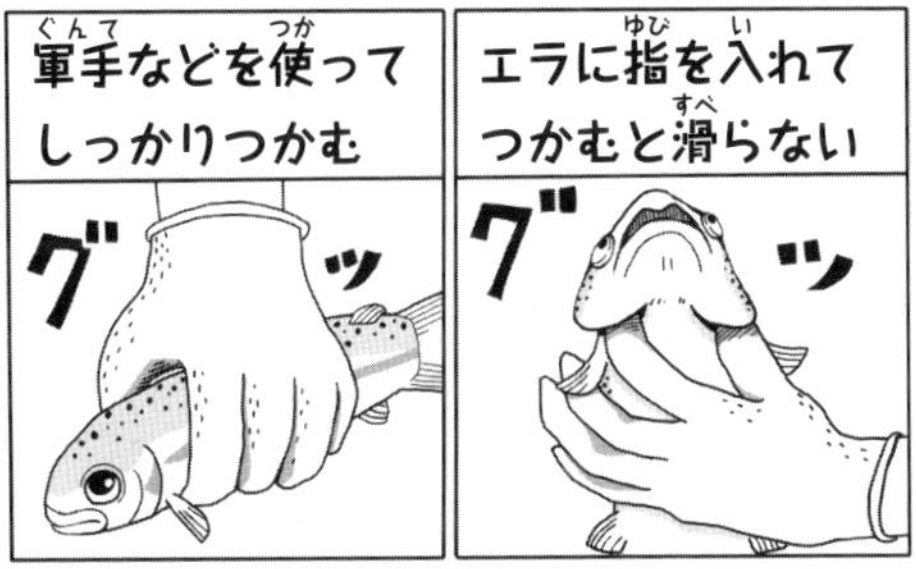
軍手《ぐんて》などを使《つか》って
しっかりつかむ
グッ
エラに指《ゆび》を入《い》れて
つかむと滑《すべ》らない
グッ

知《し》っていて損《そん》はない! ワンポイント・マメ知識《ちしき》

遊漁者の皆さ
魚 種
竿釣りの漁業期間
あ ゆ
組合が定めた解禁日
やまめ
3月1日～9月9日まで
いわな
3月1日～9月9日まで
にじます
3月1日～9月9日まで
こ い
1月1日～12月31日まで
うぐい
6月1日～翌年3月31日まで
うなぎ
1月1日～12月31日まで
かじか
5月1日～10月31日まで
かわよしのぼり
5月1日～10月31日まで
あじめどじょう
5月1日～10月31日まで

「禁漁期《きんりょうき》」を知《し》っておこう！

ニジマスやヤマメ・アマゴ、イワナなどを自然《しぜん》の川《かわ》・湖《みずうみ》で釣《つ》る場《ば》合《あい》は、禁漁期《きんりょうき》（釣《つ》りができない期間《きかん》）を調《しら》べておこう。禁漁期《きんりょうき》はその魚《さかな》の産卵期《さんらんき》に合《あ》わせて決《き》められることが多《おお》く、ニジマスなどは秋《あき》～冬《ふゆ》がそれにあたる。禁漁期《きんりょうき》はフナやコイなどにも設定《せってい》されているので、確認《かくにん》しようね。

ニジマスをさばいて料理《りょうり》してみよう!

「釣《つ》って楽《たの》しい、食《た》べておいしい」のがニジマスの魅力《みりょく》。釣《つ》ったニジマスは、ぜひ料理《りょうり》して食《た》べてみよう。自分《じぶん》で釣《つ》った魚《さかな》はとってもおいしいぞ!

◉新鮮《しんせん》な状態《じょうたい》で持《も》ち帰《かえ》る方法《ほうほう》

釣《つ》り場《ば》にはクーラーボックスを持《も》っていこう。容量《ようりょう》は20リットル以上《いじょう》が目安《めやす》。釣《つ》り専用《せんよう》のものもあるけれど、発泡《はっぽう》スチロールでできたものでも問題《もんだい》ないよ。汚《よご》れを防《ふせ》ぐために、クーラーボックスの中《なか》に大《おお》きなビニール袋《ぶくろ》を入《い》れ、その中《なか》にたくさんの氷《こおり》と、氷《こおり》が浸《ひた》るくらいの水《みず》を入《い》れておく。この中《なか》に釣《つ》った魚《さかな》をすぐに入《い》れれば、魚《さかな》は暴《あば》れることなく、すぐに死《し》ぬ。時間《じかん》をかけずに命《いのち》を断《た》つことが、鮮度《せんど》を保《たも》つ秘訣《ひけつ》なんだ。

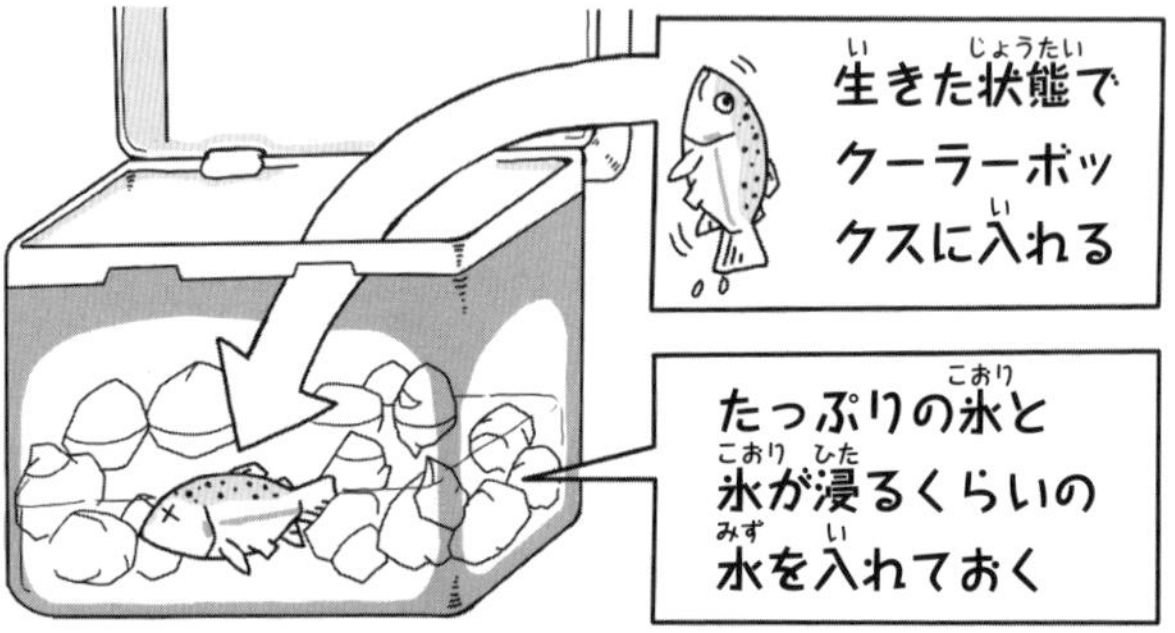

釣《つ》れた魚《さかな》は現地《げんち》で下処理《したしょり》しよう。エラや内臓《ないぞう》がついたままだと、腐《くさ》ってしまいやすいんだ。ヌルヌルして持《も》ちにくければ、軍手《ぐんて》をしてやってみよう

さばくのは簡単《かんたん》! 自分《じぶん》で料理《りょうり》しよう

魚《さかな》をさばいたこと、あるかな? 包丁《ほうちょう》が使《つか》えないからさばけないって諦《あきら》めてるなら、ニジマスをさばいてみよう。

ニジマスをさばくのに、包丁《ほうちょう》はいらない。キッチンバサミがあればできるんだ。最初《さいしょ》はうまくいかなくても、何匹《なんびき》かさばいてみれば、すぐに上手《じょうず》になるはずだよ。

さばくことを「下処理《したしょり》（下《した》ごしらえ）」というんだけれど、時間《じかん》があれば釣《つ》り場《ば》で済《す》ませたほうがいい。キッチンバサミを常備《じょうび》している釣《つ》り場《ば》もあるし、内臓《ないぞう》などのゴミを捨《す》てていくことができる。それに、魚《さかな》が傷《いた》む前《まえ》に下処理《したしょり》すれば、新鮮《しんせん》な状態《じょうたい》で持《も》ち帰《かえ》って、おいしく料理《りょうり》できるんだ。

◉キッチンバサミを使《つか》ったさばき方《かた》

必要《ひつよう》なものは、ウロコを取《と》るためのスチールタワシとキッチンバサミ。慣《な》れれば1匹《びき》5分《ふん》とかからずにさばくことができるぞ。下処理《したしょり》したニジマスは、水気《みずけ》を切《き》ってビニール袋《ぶくろ》の中《なか》に入《い》れて口《くち》をしっかり縛《しば》り、クーラーボックスの中《なか》に。クーラーボックスに氷水《こおりみず》を入《い》れて、魚《さかな》が傷《いた》まないようにしよう。

知《し》っていて損《そん》はない! ワンポイント・マメ知識《ちしき》

三枚《さんまい》おろしに挑戦《ちょうせん》してみよう!

三枚《さんまい》おろしとは、魚《さかな》を左右《さゆう》の身《み》と中骨《なかぼね》の3つに切《き》り分《わ》けること。包丁《ほうちょう》が必要《ひつよう》な作業《さぎょう》だけれど、できるようになれば、さまざまな料理《りょうり》を作《つく》れるぞ。一番目《いちばんめ》のコツは、よく切《き》れる包丁《ほうちょう》を使《つか》うこと。スムーズに切《き》れたほうが、余計《よけい》な力《ちから》を使《つか》わずにすむので、怪我《けが》の危険性《きけんせい》も低《ひく》いんだ。

◉包《つつ》んで焼《や》くだけ!【ホイル包《つつ》み焼《や》き】

皮付《かわつ》きのまま、アルミホイルにくるんでオーブンやフライパンで焼《や》けば出来上《できあ》がり！ ニジマスの腹《はら》のなかに野菜《やさい》を詰《つ》めたり、味付《あじつ》けをバターや醤油《しょうゆ》、マヨネーズにしたりと、いろいろ試《ため》そう。

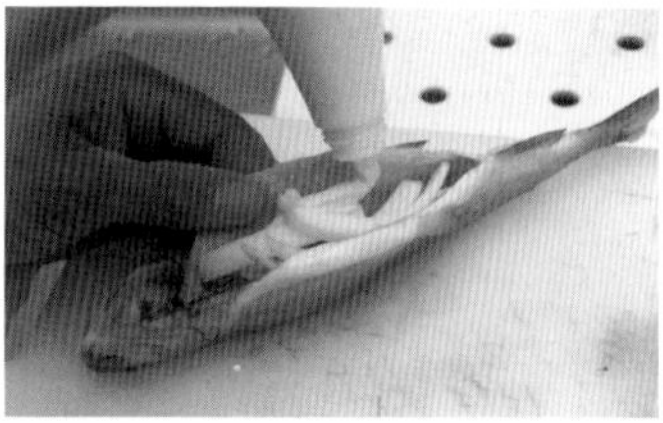

◉刺身《さしみ》にひと工夫《くふう》!【カルパッチョ】

三枚《さんまい》におろしたニジマスの身《み》を、包丁《ほうちょう》で薄《うす》く切《き》り分《わ》ける。もちろん、このまま刺身《さしみ》としていただくのもおいしいけれど、マヨネーズにオリーブオイルと酢《す》を加《くわ》えたソースをかければ洋風《ようふう》になるぞ。

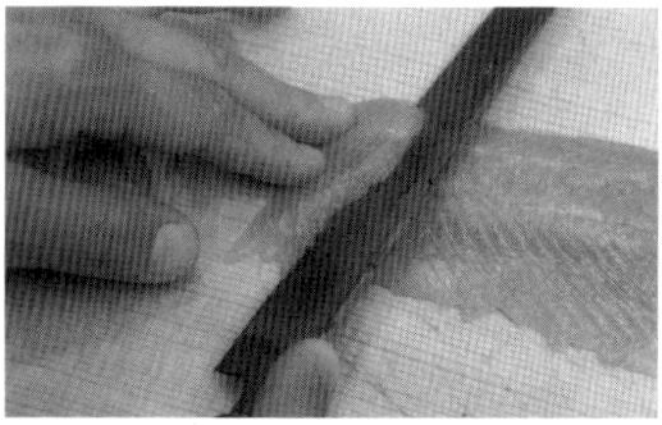

簡単《かんたん》でおいしい料理法《りょうりほう》を覚《おぼ》えよう

大《おお》きなニジマスが釣《つ》れたら、やっぱり刺身《さしみ》で食《た》べてみたいよね。川《かわ》に住《す》む魚《さかな》は寄生虫《きせいちゅう》などがいる可能性《かのうせい》があるので、生《なま》では食《た》べられないといわれるけれど、管理釣《かんりつ》り場《ば》に放流《ほうりゅう》されている魚《さかな》なら、まず大丈夫《だいじょうぶ》。管理人《かんりにん》さんに聞《き》いてみて「ウチの魚《さかな》は生《なま》で食《た》べても問題《もんだい》ないよ」と返事《へんじ》があれば安心《あんしん》できるね。

でも、刺身《さしみ》は魚《さかな》を三枚《さんまい》におろせないと作《つく》れないよね。だから、ここではキッチンバサミで下処理《したしょり》したニジマスで作《つく》れる料理《りょうり》も紹介《しょうかい》しよう。基本的《きほんてき》な作《つく》り方《かた》だけを教《おし》えるから、味付《あじつ》けなどは自分《じぶん》で工夫《くふう》するといい。オリジナルのニジマス料理《りょうり》にチャレンジだ!

◉サクサク食《た》べられる!【竜田揚《たつたあ》げ】

切《き》り身《み》にしたニジマスを、ショウガ醤油《じょうゆ》に漬《つ》け込《こ》み、片栗粉《かたくりこ》をまぶして揚《あ》げる「竜田揚《たつたあ》げ」は、ニジマスの臭《くさ》みが気《き》になる人《ひと》にも食《た》べやすい。揚《あ》げすぎると身《み》が硬《かた》くなってしまうので注意《ちゅうい》しよう。

◉魚《さかな》が苦手《にがて》な人《ひと》でも大丈夫《だいじょうぶ》!【ハンバーグ】

身《み》を細《こま》かく切《き》ってまな板《いた》の上《うえ》に置《お》き、包丁《ほうちょう》で叩《たた》くようにしてミンチ状《じょう》にする。つなぎにマヨネーズを入《い》れてまとめたら、片栗粉《かたくりこ》をまぶし、普通《ふつう》のハンバーグの要領《ようりょう》で焼《や》けば出来上《できあ》がり！

知《し》っていて損《そん》はない! ワンポイント・マメ知識《ちしき》

エサによって身《み》の色《いろ》が変《か》わる？

大《おお》きなニジマスのなかには、身《み》がサーモンのようなオレンジ色《いろ》をしたものがある。実《じっ》はこれ、養魚場《ようぎょじょう》で与《あた》えられている「アスタキサンチン」というエサの成分《せいぶん》によってついた色《いろ》なんだ。アスタキサンチンはエビやカニに含《ふく》まれていて、これらを食《た》べた魚《さかな》は自然《しぜん》に身《み》が赤《あか》くなるんだけれど、人間《にんげん》の健康《けんこう》にもいいと考《かんが》えられているんだよ。

たくさん釣《つ》れたら燻製《くんせい》にして保存《ほぞん》しよう！

夢中《むちゅう》になって釣《つ》りすぎて、食《た》べ切《き》れない！ そんなときに、ぜひ試《ため》してほしいのが煙《けむり》でいぶす「燻製《くんせい》」だ。

まず、下《した》ごしらえを済《す》ませた皮《かわ》付《つ》きのニジマスを、濃度《のうど》10～15％の食塩《しょくえん》水《すい》に漬《つ》け込《こ》み、冷蔵庫《れいぞうこ》でひと晩《ばん》おく。

つぎに塩水《しおみず》に漬《つ》け込《こ》んだニジマスをボウルなどに入《い》れて、流水《りゅうすい》で塩抜《しおぬ》きする。2～3時間《じかん》が目安《めやす》だけれど、途中《とちゅう》で身《み》を少《すこ》しだけ切《き》り取《と》り、焼《や》いて味見《あじみ》するといいよ。

塩抜《しおぬ》きが済《す》んだら、ひもを口《くち》からエラへと通《とお》し、ぶら下《さ》げられるようにして、風通《かぜとお》しのよい日《ひ》陰《かげ》でひと晩《ばん》ほど干《ほ》す。

最後《さいご》はスモーカー（燻《くん》製器《せいき》）でいぶす作業《さぎょう》。スモーカーは、専用《せんよう》のものがあるけれど、要《よう》は煙《けむり》を閉《と》じ込《こ》められればよいので、ダンボール箱《ばこ》でも構《かま》わないんだ。ただし、ダンボール箱《ばこ》は燃《も》える可能《かのう》性《せい》があるので、燻製《くんせい》に使《つ》うチップ（木屑《きくず》）を固《かた》めた「スモークウッド」など呼《よ》ばれる燻煙材《くんえんざい》を使用《しよう》すると、炎《ほのお》が出《で》ないから安心《あんしん》だよ。

出来上《できあ》がった燻製《くんせい》は、冷蔵庫《れいぞうこ》で保存《ほぞん》。食《た》べる際《さい》に軽《かる》く火《ひ》であぶるとおいしいぞ！

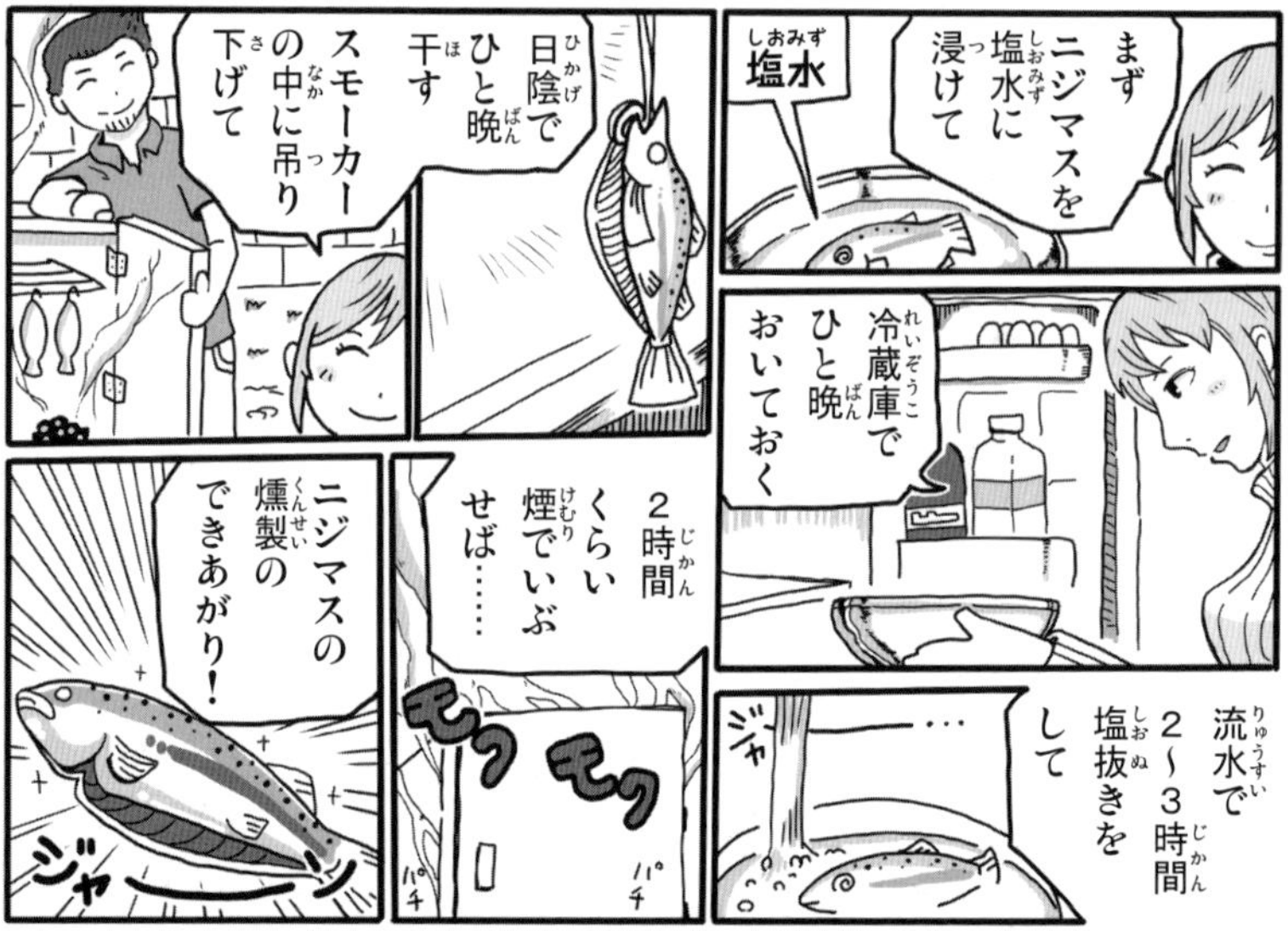

PART 4

釣《つ》り堀《ぼり》・公園《こうえん》で
コイを釣《つ》ろう!

コイは都市部《としぶ》の川《かわ》でも普通《ふつう》に見《み》られる身近《みぢか》な大物《おおもの》だ。
引《ひ》きが強《つよ》いので、釣《つ》れたときの満足度《まんぞくど》は一番《いちばん》!
自然《しぜん》の川《かわ》や湖《みずうみ》で釣《つ》るのは難《むずか》しいけれど
釣《つ》り堀《ぼり》や公園《こうえん》の池《いけ》なら、みんなにも簡単《かんたん》に釣《つ》れるぞ!

コイって、どんな魚《さかな》なの？

コイは体長《たいちょう》1メートル以上《いじょう》にまで成長《せいちょう》する「淡水《たんすい》の王者《おうじゃ》」。ニジマスと並《なら》んで、養殖《ようしょく》が盛《さか》んに行《おこな》われている、日本人《にほんじん》に馴染《なじ》みの深《ふか》い魚《さかな》なんだ。

◉「淡水《たんすい》の王者《おうじゃ》」と呼《よ》ばれる大型魚《おおがたぎょ》

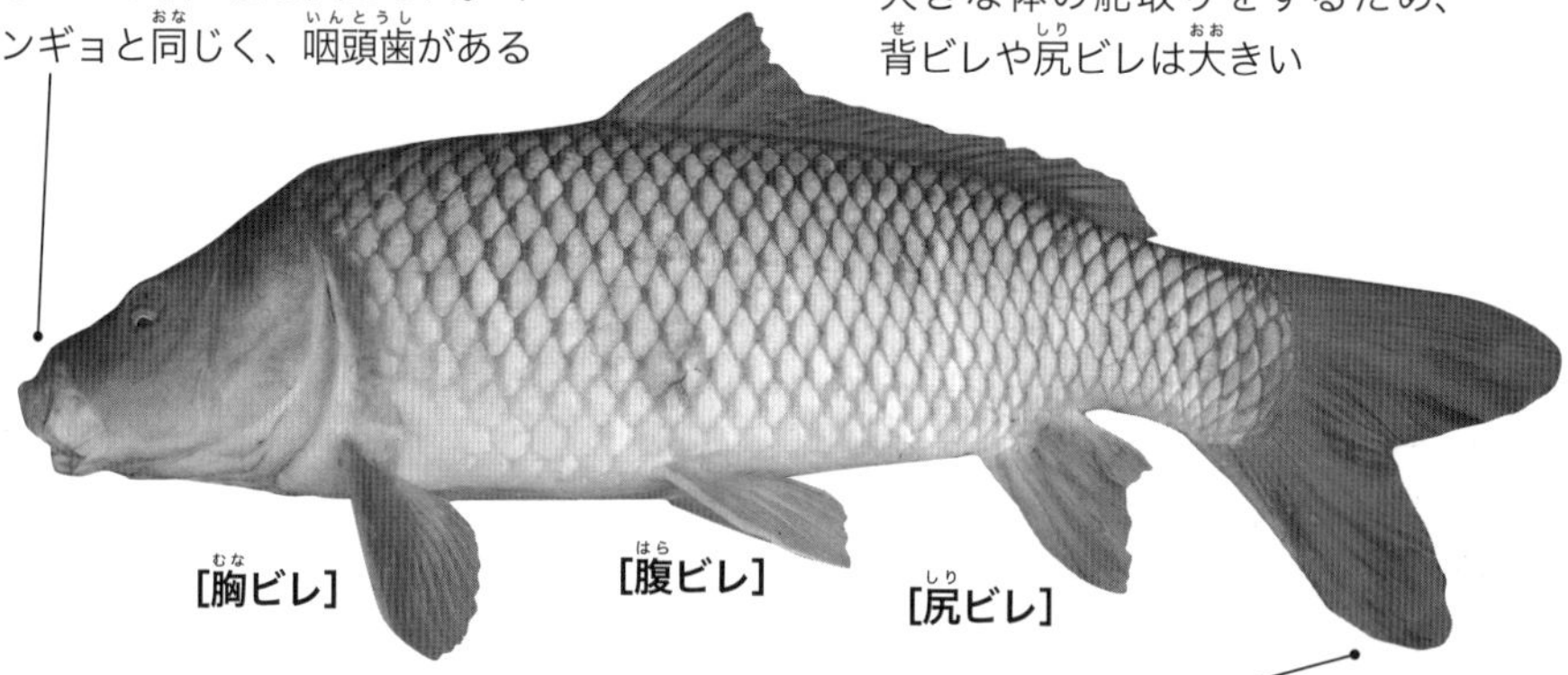

[口《くち》]
なんでも吸《す》い込《こ》む大《おお》きな口《くち》。キンギョと同《おな》じく、咽頭歯《いんとうし》がある
[背《せ》ビレ]
大《おお》きな体《からだ》の舵取《かじと》りをするため、背《せ》ビレや尻《しり》ビレは大《おお》きい
[胸《むな》ビレ]
[腹《はら》ビレ]
[尻《しり》ビレ]
[尾《お》ビレ]
川《かわ》など、流《なが》れのあるところにいるコイは、まるでウチワのように大《おお》きな尾《お》ビレを持《も》っている

　コイ科《か》の魚《さかな》で、ヒレの位置《いち》や数《かず》はキンギョやフナと変《か》わらない。コイは口元《くちもと》にヒゲがあるのが特徴《とくちょう》で、フナにはこれがないから、見分《みわ》けるのは簡単《かんたん》だよ。

体長《たいちょう》1メートル以上《いじょう》になる夢《ゆめ》の大物《おおもの》

　コイは昔《むかし》から日本《にほん》に住《す》んでいる魚《さかな》。中国《ちゅうごく》から入《はい》ってきたコイもたくさんいるけれど、国内《こくない》にある2500万《まん》〜500万年前《まんねんまえ》の地層《ちそう》から化石《かせき》が見《み》つかるなど、日本《にほん》にもともといた魚《さかな》ということが明《あき》らかになってきているんだ。

　また、近年《きんねん》の調査《ちょうさ》で、日本《にほん》に昔《むかし》からいたコイの子孫《しそん》と、中国《ちゅうごく》から移入《いにゅう》されて各地《かくち》に放流《ほうりゅう》されたコイとでは、遺伝子《いでんし》に違《ちが》いがあることがわかり、前者《ぜんしゃ》を「ノゴイ（野鯉《のごい》）」と呼《よ》んで区別《くべつ》する人《ひと》もいる。ちなみにノゴイは主《おも》に大《おお》きな湖《みずうみ》や川《かわ》に住《す》み、普通《ふつう》のコイより体型《たいけい》がスリムなんだ。

　釣《つ》りの世界《せかい》では、コイのことを「淡水《たんすい》の王者《おうじゃ》」と呼《よ》んで

◉養殖《ようしょく》も盛《さか》ん！ 日本《にほん》に昔《むかし》からいる魚《さかな》

コイは古来《こらい》から日本《にほん》にいたとされる。古《ふる》い地層《ちそう》から化石《かせき》が出《で》たほか、縄《じょう》文時代《もんじだい》の住居跡《じゅうきょあと》から骨《ほね》が見《み》つかるなど、人間《にんげん》とコイの結《むす》びつきも古《ふる》くからあるんだ。また、現在主流《げんざいしゅりゅう》のコイの祖《そ》先《せん》とされる、中国《ちゅうごく》から移入《いにゅう》されたコイも、江戸時代初期《えどじだいしょき》には養殖《ようしょく》がはじまっていた。歴史的《れきしてき》に見《み》ても、日本人《にほんじん》には馴染《なじ》みの深《ふか》い魚《さかな》なんだね。

◉さまざまな動植物《どうしょくぶつ》を食《た》べる大食漢《たいしょくかん》

一見《いっけん》しておとなしそうなコイだけれど、雑食性《ざっしょくせい》で、水草《みずくさ》や水底《みずぞこ》にいるエビやカニのほか、小魚《こざかな》やアメリカザリガニなども食《た》べる。タニシみたいな硬《かた》い殻《から》をもった生《い》き物《もの》も、大《おお》きな口《くち》で吸《す》い込《こ》んで、喉《のど》の奥《おく》の咽頭《いんとう》歯《し》でガリガリと噛《か》み砕《くだ》いてしまうんだ。キンギョと同《おな》じく、胃《い》がないので、エサを見《み》つけるとどんどん食《た》べるんだよ。

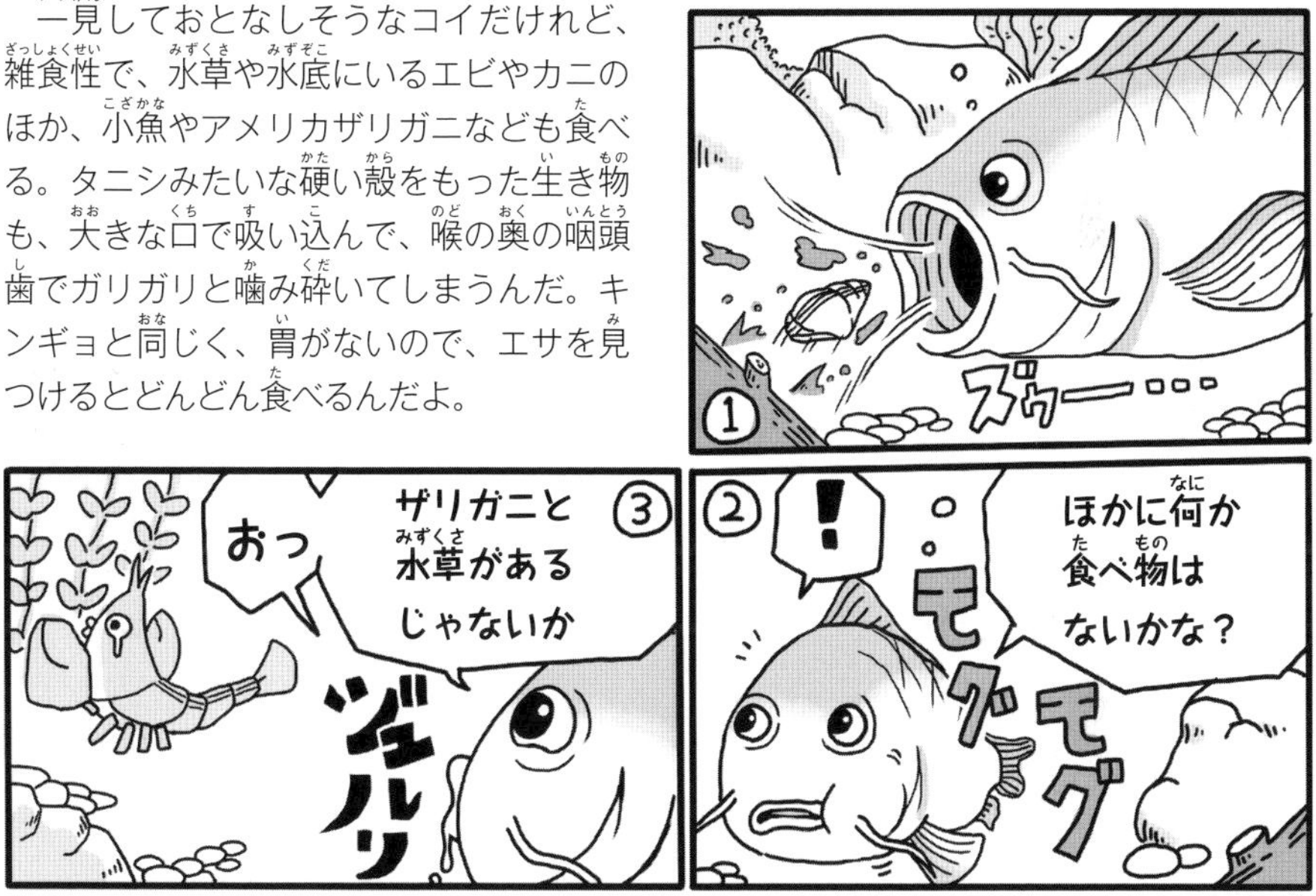

いる。その第一《だいいち》の理由《りゆう》は、最《さい》大《だい》で体長《たいちょう》１メートルを超《こ》すほど大《おお》きくなることだ。コイは長生《ながい》きで、平均《へいきん》20年《ねん》、長《なが》くて70年《ねん》ほど生《い》きる。２２６年《ねん》も生《い》きたコイがいる、なんていう話《はなし》もあるほどなんだよ。長《なが》生《い》きして、大《おお》きく育《そだ》ったコイは、ハリにかかると力強《ちからづよ》く抵《てい》抗《こう》する。釣《つ》り上《あ》げるのが難《むずか》しいことも、「王者《おうじゃ》」と呼《よ》ばれる理由《りゆう》なんだね。納得《なっとく》！

なお、コイが属《ぞく》するのは、フナやキンギョと同《おな》じ「コイ科《か》」。この科《か》には約《やく》３０００種《しゅ》の魚《さかな》が含《ふく》まれていて、淡水《たんすい》魚《ぎょ》はもとより、脊椎動物《せきついどうぶつ》（背《せ》骨《ぼね》のある動物《どうぶつ》）全体《ぜんたい》でも最大《さいだい》の科《か》なんだ。共通《きょうつう》する特徴《とくちょう》は、キンギョのところでも紹介《しょうかい》した「咽頭歯《いんとうし》」。口《くち》には歯《は》がなく、喉《のど》の奥《おく》にある歯《は》で食《た》べ物《もの》を砕《くだ》くんだよ。

◉最大《さいだい》で体長《たいちょう》1メートルを超《こ》える!

コイは1年《ねん》で体長《たいちょう》15センチ前後《ぜんご》、2年《ねん》で20センチ前後《ぜんご》、3年《ねん》で30センチほどに成長《せいちょう》する。その後《ご》もどんどん大《おお》きくなり、最大《さいだい》1メートルを超《こ》える。世界《せかい》では3メートルのコイの仲間《なかま》が捕獲《ほかく》されたんだとか！

◉平野部《へいやぶ》の川《かわ》や池《いけ》・湖《みずうみ》に住《す》む

コイは比較的《ひかくてき》温《あたた》かい水《みず》を好《この》むため、山《やま》あいの渓流《けいりゅう》などには住《す》んでいない。平野部《へいやぶ》の川《かわ》や池《いけ》・湖《みずうみ》が彼《かれ》らの住《す》み家《か》だ。また、ある程度《ていど》の塩分《えんぶん》に耐《た》えることができるので、河口《かこう》近《ちか》くの汽水域《きすいいき》（海水《かいすい》と淡水《たんすい》が混《ま》じり合《あ》うところ）でも生《い》きていける。さらに、生活排水《せいかつはいすい》が流《なが》れ込《こ》んでいる水路《すいろ》などにいることからわかるように、汚《よご》れた水《みず》にも強《つよ》いんだよ。

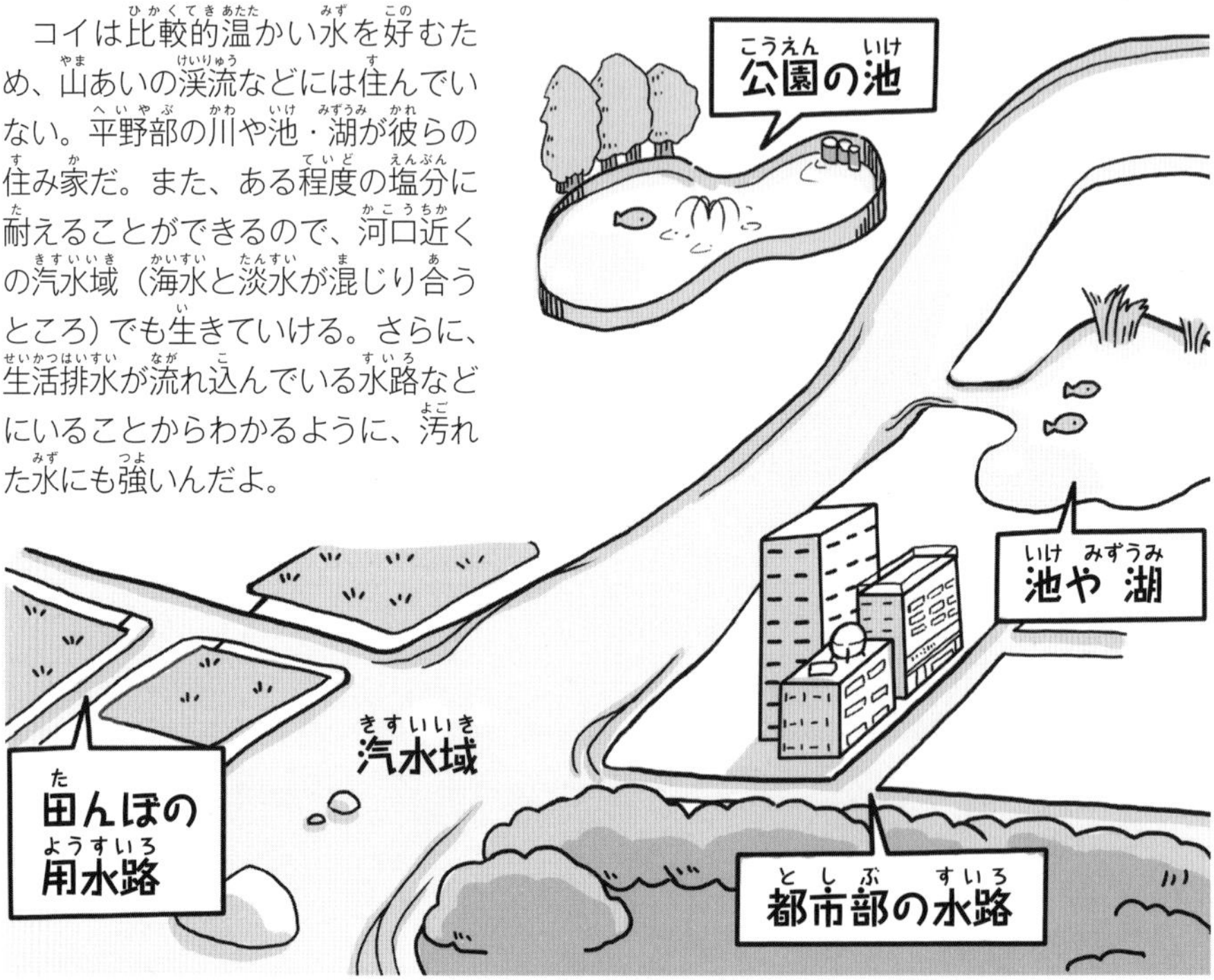
公園《こうえん》の池《いけ》
池《いけ》や湖《みずうみ》
汽水域《きすいいき》
田《た》んぼの用水路《ようすいろ》
都市部《としぶ》の水路《すいろ》

コイは、平野部《へいやぶ》にある川《かわ》や池《いけ》、用水路《ようすいろ》など、たくさんの人《ひと》が暮《く》らす場所《ばしょ》の近《ちか》くでよく見《み》かける。それは、コイが温《あたた》かい水《みず》を好《この》むことが第一《だいいち》の理《り》由《ゆう》だ。すでに紹介《しょうかい》した通《とお》り、コイの適水温《てきすいおん》は14～30度《ど》。高《こう》水温《すいおん》に強《つよ》い魚《さかな》なんだね。

温《あたた》かい水《みず》のなかには、たくさんの生物《せいぶつ》がいる。人間《にんげん》の目《め》から見《み》ると「汚《きたな》いな」と感《かん》じる川《かわ》や池《いけ》でも、微生物《びせいぶつ》などが豊富《ほうふ》で、小魚《こざかな》やエビ・カニの仲間《なかま》にとっては過《す》ごしやすいんだ。こうした小動物《しょうどうぶつ》をエサにして、コイもすくすく育《そだ》っていくんだよ。

これだけ強《つよ》い魚《さかな》だから、大《おお》きく育《そだ》ってしまえばほぼ無《む》敵《てき》。ほかの魚《さかな》などの生活環境《せいかつかんきょう》を奪《うば》ってしまうこともあるので、無闇《むやみ》な放流《ほうりゅう》をしないことも大切《たいせつ》だね。

◉春《はる》～初夏《しょか》が産卵期《さんらんき》

春《はる》～初夏《しょか》、産卵《さんらん》を控《ひか》えたコイは、群《む》れになって、アシなどが生《は》えているような水深《すいしん》の浅《あさ》いところに入《はい》り込《こ》んでくる。体《からだ》をくねらせ、バシャバシャと水《みず》しぶきをあげながら産卵《さんらん》のための行動《こうどう》をして、水草《みずくさ》などに卵《たまご》を付着《ふちゃく》させるんだ。1回《かい》の産卵《さんらん》で生《う》まれる卵《たまご》は50万《まん》～60万個《まんこ》と、とっても多《おお》いんだよ。

◉音《おと》と匂《にお》いにとても敏感《びんかん》!

コイ科《か》の魚《さかな》が共通《きょうつう》して持《も》っている器官《きかん》に「ウェーバー器官《きかん》」がある。この器官《きかん》は、体《からだ》の中《なか》にある浮《う》き袋《ぶくろ》の振動《しんどう》を耳《みみ》まで伝《つた》えてくれるんだ。これがコイの優《すぐ》れた聴覚《ちょうかく》の秘密《ひみつ》。また、コイは魚類《ぎょるい》のなかでも匂《にお》いに敏感《びんかん》で、陸上《りくじょう》の生物《せいぶつ》でいえばイヌ以上《いじょう》なんだって！

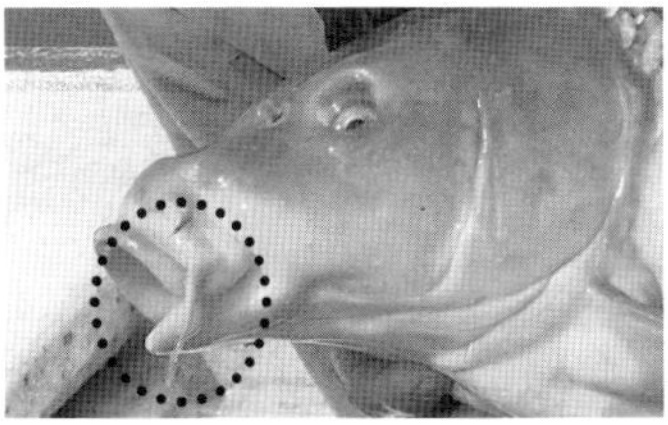

口元《くちもと》にあるヒゲも、匂《にお》いを感《かん》じる役割《やくわり》を担《にな》っている

知《し》っていて損《そん》はない! ワンポイント・マメ知識《ちしき》

口《くち》が付《つ》いている場所《ばしょ》を見《み》てみよう

コイの口《くち》は、下向《したむ》きに付《つ》いているよね。これは食《た》べるエサに関係《かんけい》しているんだ。水底《みずぞこ》にいる小動物《しょうどうぶつ》などを食《た》べるコイにとって、口《くち》が下向《したむ》きのほうが都合《つごう》がいいんだね。それではニジマスは？ 水面《すいめん》のエサを獲《と》ることの多《おお》いニジマスの口《くち》は、上《うえ》を向《む》いていることに気《き》づいたかな？

釣《つ》り堀《ぼり》でコイを釣《つ》ってみよう!

自然《しぜん》の川《かわ》や池《いけ》では釣《つ》るのが難《むずか》しいコイだけれど、釣《つ》り堀《ぼり》なら難《むずか》しくない。アタリはキンギョよりわかりやすいくらいだ。強《つよ》い引《ひ》きを味《あじ》わおう!

◉コイ釣《つ》りができる釣《つ》り堀《ぼり》

日本全国《にほんぜんこく》にあるコイ釣《つ》り堀《ぼり》。普通《ふつう》はプールのような人工池《じんこういけ》を使用《しよう》しているけれど、自然《しぜん》の池《いけ》を利用《りよう》した釣《つ》り堀《ぼり》もある。また、キンギョ釣《つ》り同様《どうよう》に、室内《しつない》釣《つ》り堀《ぼり》もある。釣《つ》りやすいかどうかは、実際《じっさい》に行《い》ってみないとわからないけれど、寒《さむ》い時期《じき》はどこも釣《つ》りづらくなるもの。初《はじ》めて訪《おとず》れるなら、初夏《しょか》～秋《あき》がオススメだ。

料金《りょうきん》は1時間単位《じかんたんい》で決《き》められているところが多《おお》く、子《こ》ども料金《りょうきん》などもある。前《まえ》もって確認《かくにん》して出《で》かけよう。

上《うえ》は一般的《いっぱんてき》なコイ釣《つ》り堀《ぼり》。キンギョ釣《つ》り堀《ぼり》などが併設《へいせつ》されているところもある。左《ひだり》のような室内《しつない》釣《つ》り堀《ぼり》でも、コイ釣《つ》りができるところは多《おお》いぞ

釣《つ》り堀《ぼり》なら手軽《てがる》に楽《たの》しめる!

コイは養殖《ようしょく》が盛《さか》んな魚《さかな》とあって、釣《つ》り堀《ぼり》もたくさんある。キンギョの釣《つ》り堀《ぼり》やニジマスの管理《かんり》釣《つ》り場《ば》と同様《どうよう》、手《て》ぶらで釣《つ》りができるので、初《はじ》めてトライするには最適《さいてき》!

釣《つ》り堀《ぼり》によって差《さ》はあるものの、コイが元気《げんき》よく泳《およ》ぎまわる暖《あたた》かい季節《きせつ》なら、釣《つ》り自《じ》体《たい》は難《むずか》しくない。アタリが大《おお》きいので、キンギョ釣《つ》りより簡単《かんたん》といってもいいくらい。

放流《ほうりゅう》されているコイのサイズは、体長《たいちょう》30～40センチが一般的《いっぱんてき》だけれど、なかには70センチを超《こ》える大物《おおもの》が潜《ひそ》む釣《つ》り堀《ぼり》もある。大物《おおもの》がかかったときの驚《おどろ》きと、見事《みごと》、釣《つ》り上《あ》げたときの喜《よろこ》びは、コイ釣《つ》りでこそ強《つよ》く味《あじ》わえるんだ。

◉釣《つ》り堀《ぼり》のルールを確認《かくにん》しよう

初《はじ》めて訪《おとず》れる釣《つ》り堀《ぼり》では、受付《うけつけ》でルールや料金《りょうきん》を確認《かくにん》！ わかりづらいことがあれば、管理人《かんりにん》さんに説明《せつめい》してもらおう。釣《つ》ったコイは、持《も》ち帰《かえ》れないところがほとんど。釣《つ》ってすぐ放《はな》すか、網《あみ》などに入《い》れて最後《さいご》に放《はな》すかは釣《つ》り堀次第《ぼりしだい》だ。

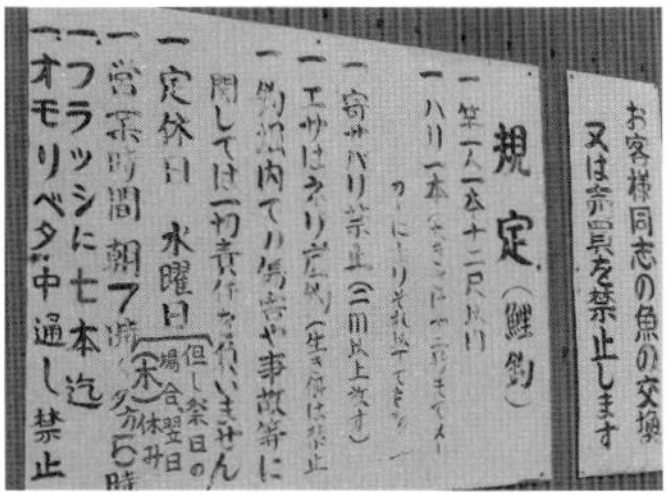

釣《つ》り堀《ぼり》のルールは、受付《うけつけ》の近《ちか》くなどに明記《めいき》されている。確認《かくにん》しよう

◉釣《つ》り道具《どうぐ》はすべてレンタル可能《かのう》！

釣《つ》り竿《ざお》や仕掛《しか》け、網《あみ》、イスなどは、すべて借《か》りられるのが普通《ふつう》。ただし、竿《さお》を折《お》ったり、仕掛《しか》けが切《き》れたりすると、料金《りょうきん》をとられるところもある。釣《つ》り道具《どうぐ》を借《か》りる際《さい》は、できるだけ仕《し》掛《か》けが傷《いた》んでいないものを選《えら》ぶようにしようね。

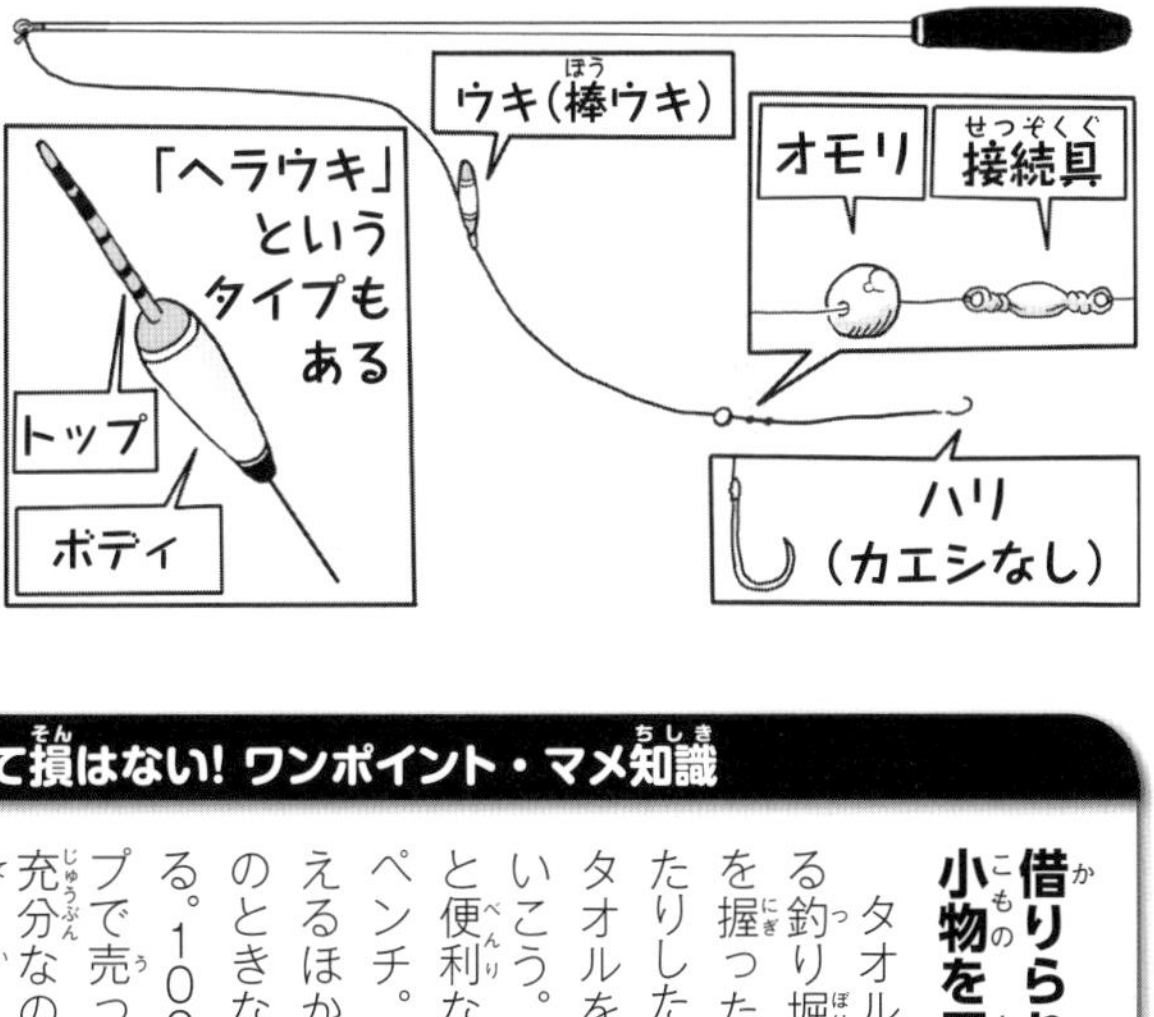

知《し》っていて損《そん》はない！ ワンポイント・マメ知識《ちしき》

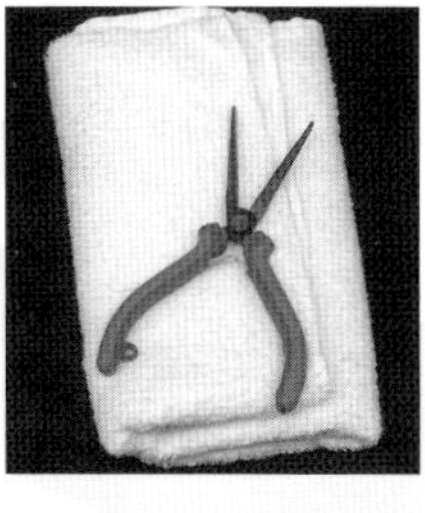

借《か》りられない小物《こもの》を用意《ようい》する

タオルを貸《か》してくれる釣《つ》り堀《ぼり》は一部《いちぶ》。エサを握《にぎ》ったり、魚《さかな》を触《さわ》ったりした手《て》を拭《ふ》くのに、タオルを数枚《すうまい》、持《も》っていこう。ほかに、あると便利《べんり》なものはラジオペンチ。ハリ外《はず》しに使《つか》えるほか、仕掛《しか》け作《づく》りのときなどにも重宝《ちょうほう》する。100円均一《えんきんいつ》ショップで売《う》っているもので充分《じゅうぶん》なので、釣《つ》り用《よう》に手《て》に入《い》れよう。

◉釣《つ》り堀《ぼり》にもいいポイントがある?

同《おな》じところにエサを投入《とうにゅう》し続《つづ》けて、コイを集《あつ》めるのが釣《つ》り方《かた》の基本《きほん》だけれど、釣《つ》り堀《ぼり》によって、あるいは時期《じき》によっては、コイが特定《とくてい》の場所《ばしょ》に集《あつ》まりやすいことがある。暖《あたた》かい時期《じき》は、給水口《きゅうすいこう》まわりがオススメだ。逆《ぎゃく》に寒《さむ》い時期《じき》は、水《みず》があまり動《うご》いていないところがいい。ルールで禁止《きんし》されている場合《ばあい》もあるけれど、足元《あしもと》のすぐ近《ちか》くも有望《ゆうぼう》だぞ！

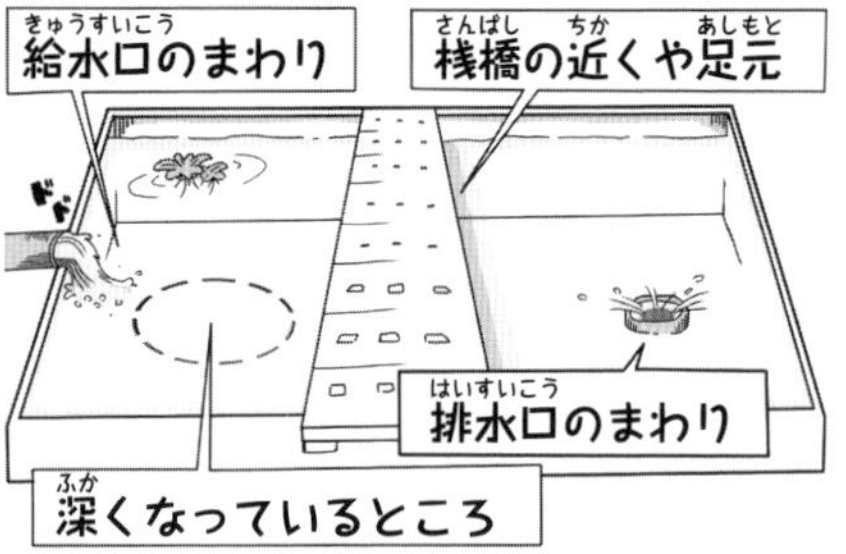

給水口《きゅうすいこう》のまわり
桟橋《さんばし》の近《ちか》くや足元《あしもと》
ドド
排水口《はいすいこう》のまわり
深《ふか》くなっているところ

◉ウキ下《した》の調節《ちょうせつ》が大事《だいじ》!

管理人《かんりにん》さんに池《いけ》のだいたいの水深《すいしん》を聞《き》いておき、ウキ下《した》をそれより短《みじか》くする。その状態《じょうたい》で、大《おお》きめのエサを付《つ》けて投入《とうにゅう》すると、ウキは水中《すいちゅう》に沈《しず》んでいくはずだ。沈《しず》んだぶん、ウキ下《した》を伸《の》ばして、ウキ下《した》と水深《すいしん》が同《おな》じになるよう調整《ちょうせい》しよう。５回以内《かいいない》の投入《とうにゅう》で調整《ちょうせい》できれば、もうベテラン級《きゅう》！

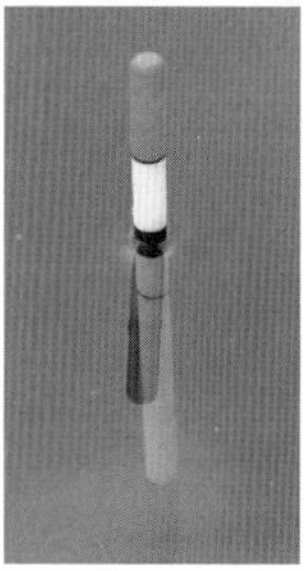

ウキは1/2～2/3沈《しず》んだ状態《じょうたい》になっているのがベスト。アタリが見《み》やすく、風《かぜ》などに流《なが》されにくいんだ

ポチャン
ウキ下《した》を短《みじか》めにして投入《とうにゅう》
ウキが沈《しず》む
パッ
ポチャン
沈《しず》んだぶんだけウキを上《うえ》に動《うご》かす
クッ
×
ウキが立《た》たないときはウキ下《した》を短《みじか》くする
!
ウキが1/2～2/3沈《しず》む状態《じょうたい》になるように調整《ちょうせい》する

エサを水底《みずぞこ》に着《つ》けてアタリを待《ま》とう

コイは水底《みずぞこ》を吸《す》い込《こ》むようにしてエサを食《た》べる。だから、エサを水底《みずぞこ》に着《つ》けた状態《じょうたい》にするのが、釣《つ》り方《かた》のコツだ。

貸《か》し竿《ざお》に付《つ》いている仕掛《しか》けは、ちょうどエサが底《そこ》に着《つ》くよう、ウキ下《した》を調整《ちょうせい》しているのが普通《ふつう》だけれど、釣《つ》る場所《ばしょ》によって深《ふか》さが多少《たしょう》変《か》わるので、自分《じぶん》で調整《ちょうせい》するほうが確《かく》実《じつ》。難《むずか》しければ、管理人《かんりにん》さんに頼《たの》んで調整《ちょうせい》してもらおう。

仕掛《しか》けを投入《とうにゅう》したら、竿《さお》を動《うご》かさず、ウキに出《で》るアタリを待《ま》つ。アタリがないまま数《すう》分《ふん》たったら、エサが溶《と》けてなくなっている可能性《かのうせい》が高《たか》いので、いったん仕掛《しか》けを引《ひ》き上《あ》げ、再度《さいど》、同《おな》じところにエサを投入《とうにゅう》しよう。

◉エサの付《つ》け方《かた》で釣《つ》れ具合《ぐあい》が変《か》わる!

釣《つ》り堀《ぼり》でもらうエサは「練《ね》りエサ」と呼《よ》ばれる人工《じんこう》のエサ。これを小《ちい》さくちぎって丸《まる》めてからハリに付《つ》けるんだ。付《つ》ける大《おお》きさは、ハリが隠《かく》れる程度《ていど》にする。大《おお》きすぎると、魚《さかな》がエサをついばむだけのアタリが増《ふ》えて、かえって釣《つ》りづらくなることが多《おお》いんだ。

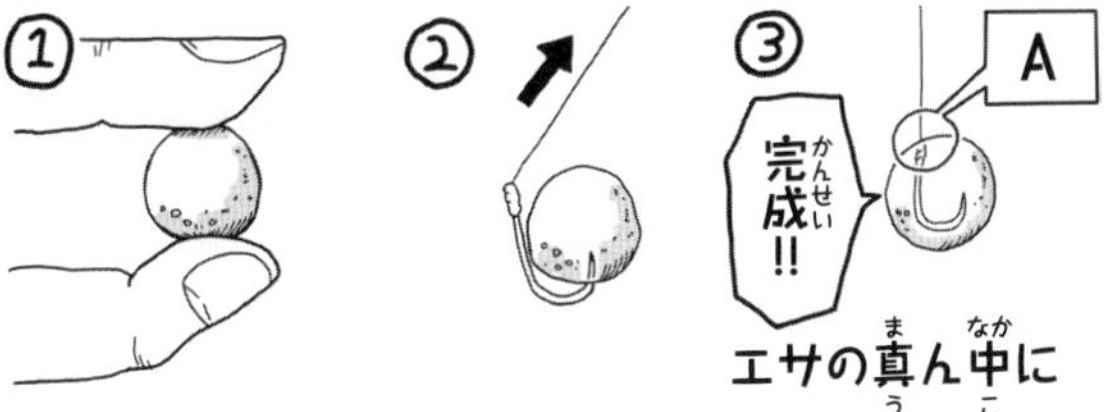
①
②
③
完成《かんせい》!!
A

①エサをギンナンくらいのサイズに丸《まる》める

②エサにハリを刺《さ》してハリスを引《ひ》っ張《ば》る

③エサの真《ま》ん中《なか》にハリを埋《う》め込《こ》んでAのところをよく押《おさ》える

◉仕掛《しか》けの上手《じょうず》な振《ふ》り込《こ》み方《かた》

同《おな》じところにエサを投入《とうにゅう》し、エサの匂《にお》いでコイを集《あつ》めるのが、たくさん釣《つ》るコツだ。仕掛《しか》けは無理《むり》に遠《とお》くへ投《な》げようとせず、肩《かた》の力《ちから》を抜《ぬ》いて釣《つ》り竿《ざお》を振《ふ》って、正確《せいかく》に投入《とうにゅう》しよう。座《すわ》ったままできたほうがいいけれど、最初《さいしょ》のうちは立《た》ってやったほうが簡単《かんたん》だよ。

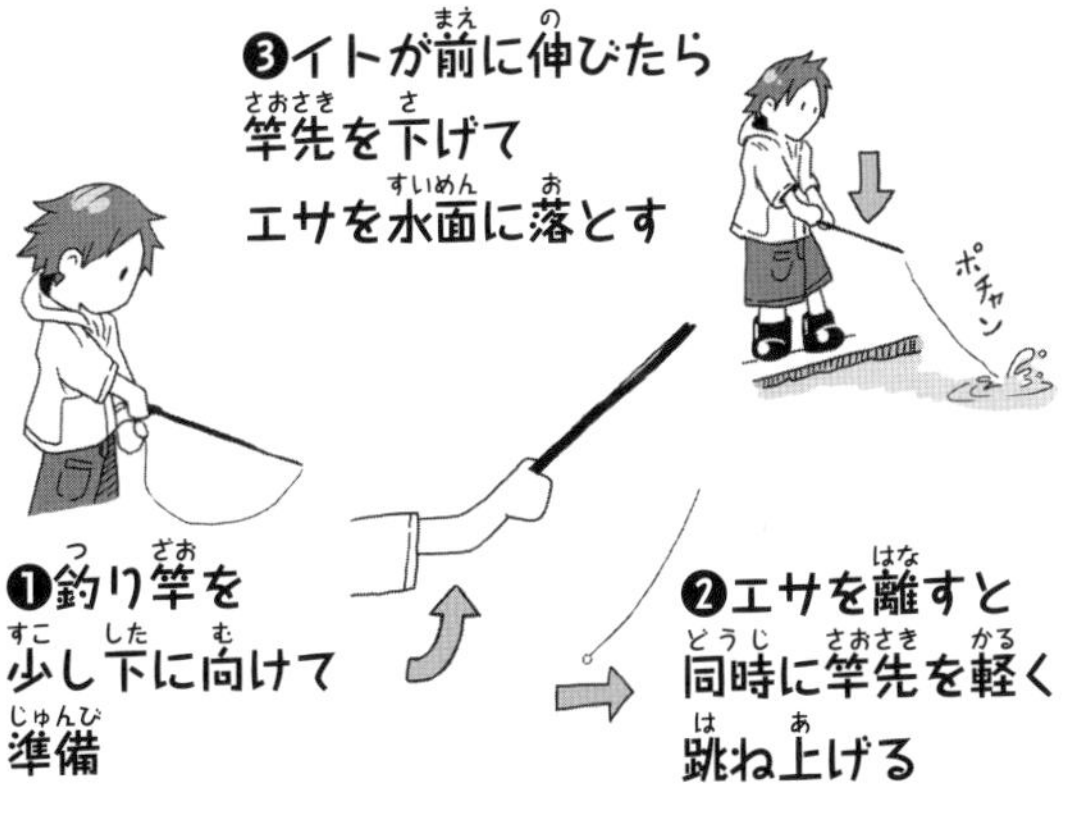
❶釣《つ》り竿《ざお》を
少《すこ》し下《した》に向《む》けて
準備《じゅんび》
❷エサを離《はな》すと
同時《どうじ》に竿先《さおさき》を軽《かる》く
跳《は》ね上《あ》げる
❸イトが前《まえ》に伸《の》びたら
竿先《さおさき》を下《さ》げて
エサを水面《すいめん》に落《お》とす
ポチャン

ハリス

竿《さお》は、指先《ゆびさき》を持《も》ち手《て》(グリップ)の下《した》に引《ひ》っかけるようにして、軽《かる》く握《にぎ》ろう。投入前《とうにゅうまえ》の準備《じゅんび》では、エサの上《うえ》(ハリスの部分《ぶぶん》)を、指《ゆび》で軽《かる》くつまんでおく

知《し》っていて損《そん》はない! ワンポイント・マメ知識《ちしき》

持《も》ち込《こ》みエサで釣果倍増《ちょうかばいぞう》!

練《ね》りエサは釣《つ》り堀《ぼり》でもらうことができ、足《た》りなくなれば追加《ついか》で買《か》うことも可能《かのう》だけれど、もっとたくさん釣《つ》りたいなら、自分《じぶん》でエサを用意《ようい》することをオススメする。もちろん、釣《つ》り堀《ぼり》のエサよりもよく釣《つ》れるエサでなければ、あまり意味《いみ》がないので、釣具店《つりぐてん》で相談《そうだん》しよう。

日本一

◉ウキの動《うご》きを見逃《みのが》すな！

アタリは普通《ふつう》、はっきりと出《で》る。よくあるのは、小《ちい》さく上下《じょうげ》に動《うご》いたあと、一気《いっき》にウキが水中《すいちゅう》に引《ひ》き込《こ》まれるアタリだ。このときがアワセを入《い》れるタイミング！

ただし、コイの元気《げんき》がなくて、ウキがほんのわずかしか動《うご》かないこともある。そんなときは、「ウキが動《うご》いたな」と思《おも》ったらすぐにアワセを入《い》れてみよう。何度《なんど》もやっているうちに、コイがエサをくわえたときのアタリが見極《みきわ》められるようになってくるはずだ。

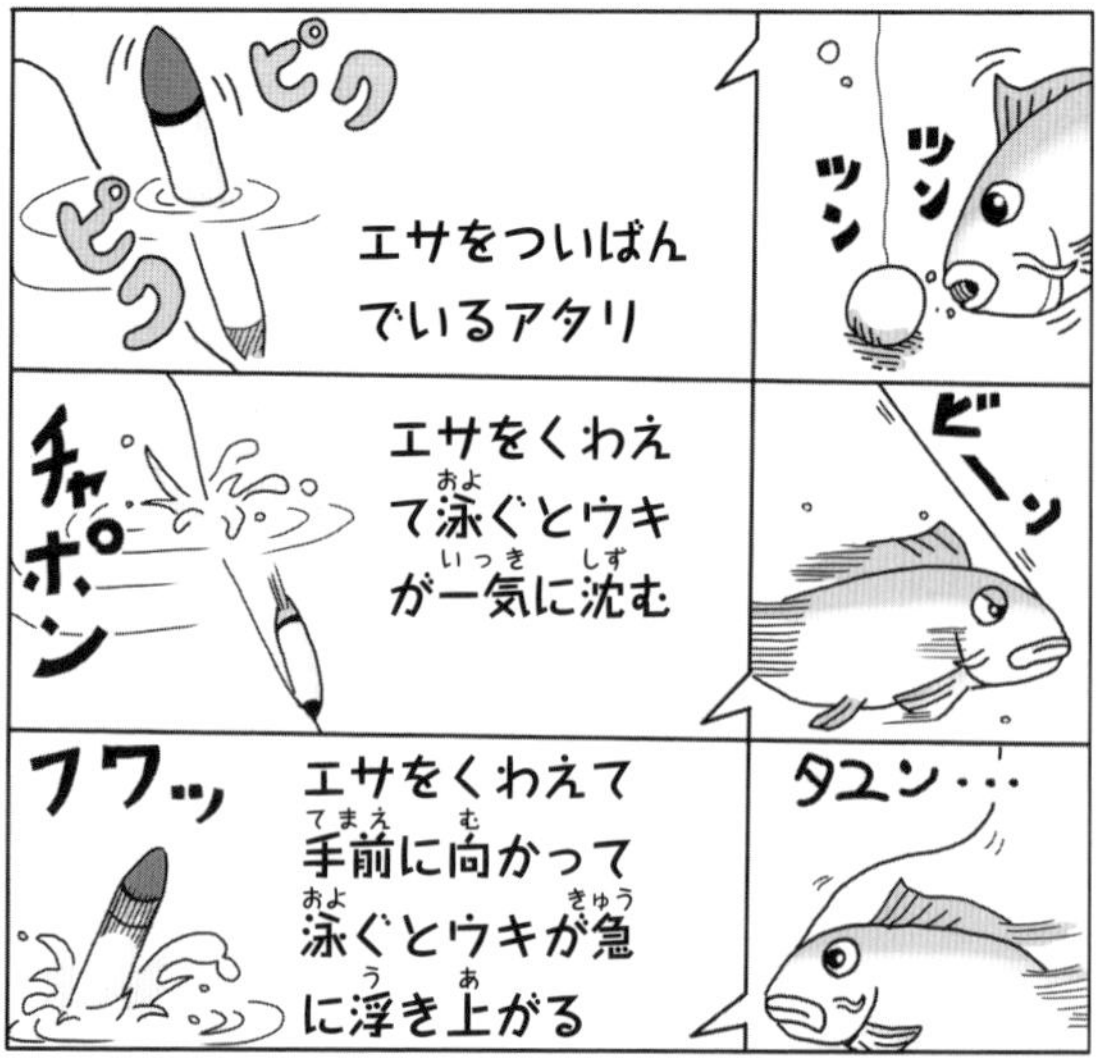
ピクピク
エサをついばんでいるアタリ
ツンツン
チャポン
エサをくわえて泳《およ》ぐとウキが一気《いっき》に沈《しず》む
ビーン
フワッ
エサをくわえて手前《てまえ》に向《む》かって泳《およ》ぐとウキが急《きゅう》に浮《う》き上《あ》がる
タユン…

◉ウキが動《うご》いたら竿《さお》を立《た》てる

キンギョ釣《つ》りのときよりも、しっかりと竿《さお》を斜《なな》め上《うえ》に立《た》てて、力強《ちからづよ》くアワセを入《い》れよう。素早《すばや》くアワセを入《い》れるには、肘《ひじ》から先《さき》だけを動《うご》かすのがコツだ。ハリがコイの口《くち》にかかれば、手元《てもと》にグッと重《おも》みを感《かん》じるはず。ここからが勝負《しょうぶ》だぞ！

肘《ひじ》から先《さき》だけの動《うご》きでアワセを入《い》れるのが基本《きほん》
大《おお》きすぎるアワセは危険《きけん》！
ひゅん
バシャ
ビクッ

魚《さかな》とのやり取《と》りがコイ釣《つ》りの醍醐味《だいごみ》！

アタリは、キンギョと比《くら》べると、かなりはっきり出《で》る。ウキが一気《いっき》に水中《すいちゅう》に引《ひ》き込《こ》まれたり、逆《ぎゃく》にウキが急《きゅう》に浮《う》き上《あ》がってきたりするから、すぐに竿《さお》を斜《なな》め上《うえ》に跳《は》ね上《あ》げてアワセを入《い》れよう。

ハリがかりしたあとが、コイ釣《つ》りの一番面白《いちばんおもしろ》いところ。強《つよ》い引《ひ》きに負《ま》けないように、竿《さお》を斜《なな》め上《うえ》に立《た》てた状態《じょうたい》で耐《た》えるのが基本《きほん》だ。竿《さお》を立《た》てすぎると折《お》れることがあるので注意《ちゅうい》しよう。

なかなか寄《よ》ってこなくても、焦《あせ》りは禁物《きんもつ》だ。竿《さお》を寝《ね》かせないように注意《ちゅうい》して耐《た》えれば、そのうちコイは必《かなら》ず水面《すいめん》まで浮《う》いてくる。暴《あば》れなくなったら網《あみ》ですくおう。

◉竿《さお》の角度《かくど》を保《たも》ってコイを寄《よ》せよう

　無理《むり》に引《ひ》き寄《よ》せようとすると、仕掛《しか》けが切《き》れたり、竿《さお》が折《お》れたりすることがある。竿《さお》の角度《かくど》をできるだけ一定《いってい》に保《たも》って、コイの引《ひ》きに耐《た》えよう。

　近《ちか》くまで寄《よ》ってきたら、網《あみ》で取《と》り込《こ》む。このとき、コイが頭《あたま》から網《あみ》に入《はい》るように誘導《ゆうどう》するのがコツだ。コイが網《あみ》に入《はい》ったら、竿先《さおさき》を下《さ》げて仕掛《しか》けをゆるめよう。

竿《さお》の下《した》のほうを握《にぎ》り、竿《さお》の弾力《だんりょく》を充分《じゅうぶん》にいかしてやり取《と》りすれば、大物《おおもの》だって必《かな》ず引《ひ》き寄《よ》せられるぞ！

◉ハリを外《はず》して水《みず》の中《なか》に戻《もど》してあげよう

　コイが網《あみ》に無事《ぶじ》、入《はい》ったら、ハリを外《はず》す。コイは取《と》り込《こ》んだあとも暴《あば》れるので、ハリが手《て》に刺《さ》さらないように注意《ちゅうい》しよう。ペンチを使《つか》うと安心《あんしん》だ。また、コイが半分《はんぶん》くらい水《みず》に浸《つ》かるように網《あみ》を入《いれ》れた状態《じょうたい》にすると、あまり暴《あば》れないということも覚《おぼ》えておこう。

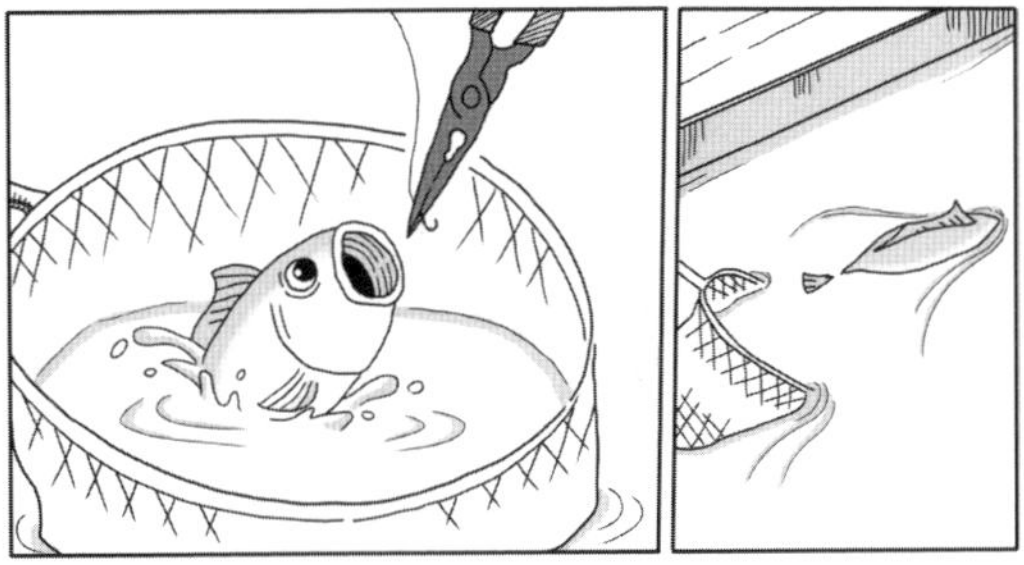

知《し》っていて損《そん》はない! ワンポイント・マメ知識《ちしき》

仕掛《しか》けが切《き》れたらどうする?

　仕掛《しか》けが絡《から》んでぐちゃぐちゃになったり、切《き》れてしまったりしたら、管理人《かんりにん》さんに交換《こうかん》してもらおう。ただし、有料《ゆうりょう》のところもある。

　一番《いちばん》いいのは、切《き》れたときの予備《よび》を含《ふく》め、自分《じぶん》で仕掛《しか》けを用意《ようい》すること。仕掛《しか》け作《づく》りは、イトの結《むす》び方《かた》を2～3種類《しゅるい》覚《おぼ》えれば可能《かのう》だ。118ページで紹介《しょうかい》しているから見《み》てね。

公園《こうえん》のコイ釣《つ》りにチャレンジしよう!

大《おお》きなコイが潜《ひそ》む公園《こうえん》の池《いけ》。ザリガニ釣《つ》りや小魚《こざかな》釣《つ》りも楽《たの》しめるけれど、力《ちから》いっぱい魚《さかな》とのやり取《と》りを楽《たの》しみたいなら、断然《だんぜん》こちら!

◉釣《つ》りができる公園《こうえん》はどこにある?

釣《つ》りができる公園《こうえん》のいくつかは、本書《ほんしょ》の後半《こうはん》で紹介《しょうかい》しているけれど、ほかにもたくさんある。電話《でんわ》で公園《こうえん》の管理事務所《かんりじむしょ》に問《と》い合《あ》わせたり、お父《とお》さん・お母《かあ》さんに手伝《てつだ》ってもらったりして探《さが》してみよう。

公園《こうえん》の釣《つ》りでとくに気《き》をつけたいのは、ルールを守《まも》り、マナーに気《き》を配《くば》ること。ルール違反《いはん》はいうまでもなく、イトやハリなどのゴミが増《ふ》えることで、釣《つ》り禁止《きんし》になってしまったところも、実際《じっさい》にあるんだよ。

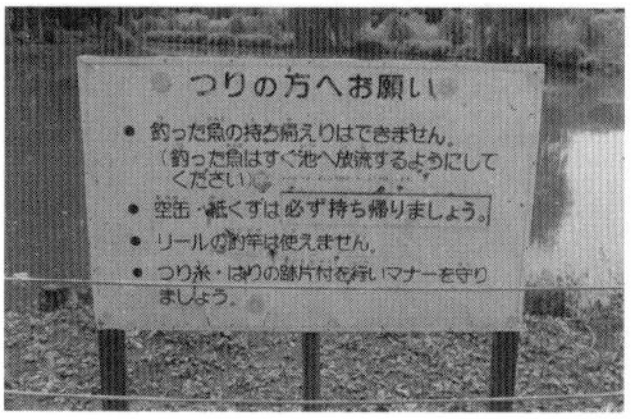

広々《ひろびろ》とした場所《ばしょ》で釣《つ》りができるのは、釣《つ》り堀《ぼり》にはない魅力《みりょく》。ルールは公園《こうえん》によって異《こと》なるけれど、リール竿《ざお》が使《つか》えないところはとても多《おお》いんだ

自然《しぜん》のなかで釣《つ》りを楽《たの》しもう!

釣《つ》り堀《ぼり》のコイ釣《つ》りを経験《けいけん》した人《ひと》に、ぜひトライしてほしいのが公園《こうえん》の池《いけ》。釣《つ》り堀《ぼり》のようにたくさんの魚《さかな》が放流《ほうりゅう》されているわけではないから、釣《つ》れないこともあるけれど、超《ちょう》大型《おおがた》のコイも狙《ねら》えるぞ。

公園《こうえん》の釣《つ》りには、自前《じまえ》の道具《どうぐ》やエサが必要《ひつよう》。釣《つ》り堀《ぼり》で使《つか》ったものと変《か》わらないけれど、竿《さお》は長《なが》め（3・6メートル前後《ぜんご》）のほうがオススメだ。

難《むずか》しいのはポイント選《えら》び。自分《じぶん》で釣《つ》れる場所《ばしょ》を見極《みきわ》めるには、何度《なんど》も通《かよ》って、コイのことや釣《つ》り場《ば》のことをよく理解《りかい》する必要《ひつよう》がある。一度《いちど》釣《つ》れたポイントでは、また釣《つ》れる可能性《かのうせい》が高《たか》いということも覚《おぼ》えておこうね。

◉公園《こうえん》の「よく釣《つ》れるポイント」を探《さが》そう!

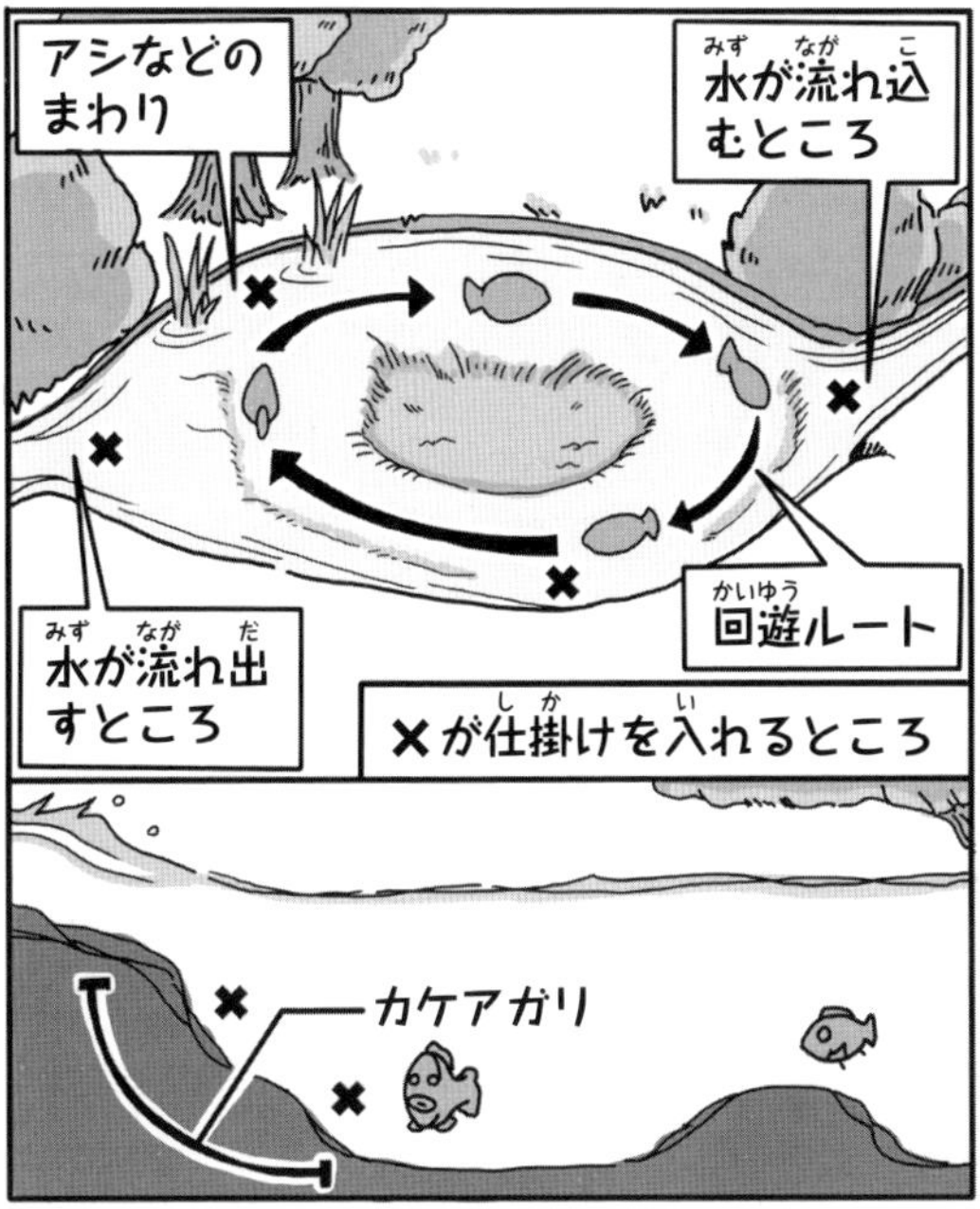

コイは池《いけ》のなかをぐるぐると泳《およ》ぎまわっていることが多《おお》い。これを「回遊《かいゆう》」などというんだけれど、その道筋《みちすじ》は、主《おも》に「カケアガリ」と呼《よ》ばれる、水底《みずぞこ》が急《きゅう》に深《ふか》くなる場所《ばしょ》だ。といっても、これを探《さが》し当《あ》てるのは難《むずか》しい。よく釣《つ》りにきているベテランの釣《つ》り人《びと》に、どこが釣《つ》れるか聞《き》いてみよう。

水《みず》が流《なが》れ込《こ》んでいる場所《ばしょ》は、暖《あたた》かい時期《じき》のいいポイントだ

◉自分《じぶん》で道具《どうぐ》を揃《そろ》えよう

竿《さお》、仕掛《しか》け、エサのほか、コイを取《と》り込《こ》む網《あみ》、エサを入《い》れるボウルが必要《ひつよう》。ほかに、椅子《いす》や竿掛《さおか》けがあると、楽《らく》に釣《つ》りができるぞ。最適《さいてき》な竿《さお》の長《なが》さは釣《つ》り場《ば》によって変《か》わるけれど、最初《さいしょ》は 3.6 メートル（12 尺《しゃく》）前後《ぜんご》が使《つか》いやすい。

コイ釣《つ》りに必要《ひつよう》な道具一式《どうぐいっしき》。これら全部《ぜんぶ》を揃《そろ》えなくてもいいけれど、網《あみ》は絶対《ぜったい》に持《も》っていこう。大型《おおがた》でも取《と》り込《こ》める、大《おお》きな網《あみ》がオススメだ

知《し》っていて損《そん》はない! ワンポイント・マメ知識《ちしき》

釣《つ》り道具《どうぐ》はいくらで揃《そろ》う?

コイ釣《つ》りの道具《どうぐ》は、それほど高《たか》くない。竿《さお》は1000円《えん》前後《ぜんご》で手《て》に入《はい》るし、仕掛《しか》けやエサを揃《そろ》えても、5000円《えん》ほどで買《か》えるはずだ。

ただし、1000円《えん》程度《ていど》で買《か》える安《やす》いセットのなかには、質《しつ》が悪《わる》いものもある。せっかく買《か》うなら、長《なが》く使《つか》えるものを選《えら》ぼう!

食《しょく》パンで釣《つ》れる!? 公園《こうえん》のコイ

釣《つ》り堀《ぼり》では使《つか》うエサが練《ね》りエサだけに決《き》められている。でも、公園《こうえん》の池《いけ》では、そうしたルールがないのが普通《ふつう》だ。

そこでぜひやってみてほしいのが、パンを使《つか》った釣《つ》り。食《しょく》パンをちぎってハリに付《つ》け、水面《すいめん》に浮《う》かせて待《ま》っていると、コイがパクッと食《く》いついてくるんだよ。

釣《つ》り場《ば》に着《つ》いたら、まずは小《ちい》さくちぎったパンを水面《すいめん》に投《な》げ、コイが食《た》べるか観察《かんさつ》する。パンをたくさん撒《ま》くと逆効果《ぎゃくこうか》になることもあるので、やめておこう。

コイが水面《すいめん》のパンを食《た》べはじめたら、ハリの付《つ》いたパンを投入《とうにゅう》。コイが食《く》いつく瞬間《しゅんかん》が見《み》えて、大興奮《だいこうふん》！　の釣《つ》りなんだ。

この釣《つ》り方《かた》は、「パンプカ」などと呼《よ》ばれる。公園《こうえん》以外《いがい》の池《いけ》や、川《かわ》の中《ちゅう》・下流域《かりゅういき》、用水路《ようすいろ》などでもよく釣《つ》れる方法《ほうほう》なんだよ。専用《せんよう》の仕《し》掛《か》けなども売《う》られているぞ。

ただし、水面《すいめん》に投《な》げたパンにコイがまったく反応《はんのう》しないときは、釣《つ》れないことが多《おお》い。また、ほかの釣《つ》り人《びと》、とくにヘラブナを狙《ねら》っている人《ひと》が迷惑《めいわく》がることがあるので、近《ちか》くではやらないようにしようね。

むしり…
ポイ!!
ポト
ザバン!!
よし　コイがいたぞ！
今度《こんど》は　ハリにパンを　つけて……
よし
ポイ!!
バチャ
バチャ
グ
グ
パンプカ　大成功《だいせいこう》！
ジャーン

PART 5

公園《こうえん》で小魚《こざかな》を釣《つ》ろう!

公園《こうえん》の池《いけ》で釣《つ》れる魚《さかな》は、ザリガニやコイ以外《いがい》にもいる。
クチボソやフナなどの小魚《こざかな》たちも格好《かっこう》の遊《あそ》び相手《あいて》だ。
自分《じぶん》で選《えら》んだポイントで釣《つ》れたときの喜《よろこ》びは
釣《つ》り堀《ぼり》ではなかなか味《あじ》わえないぞ!

公園《こうえん》の池《いけ》で釣《つ》れる小魚《こざかな》たち

地域《ちいき》によって、公園《こうえん》の池《いけ》にいる小魚《こざかな》はさまざま。ここで紹介《しょうかい》している魚《さかな》以外《いがい》に、自分《じぶん》の家《いえ》の近《ちか》くにはどんな小魚《こざかな》がいるのか調《しら》べてみよう!

◉いろんなところで釣《つ》れる身近《みぢか》な魚《さかな》【クチボソ】

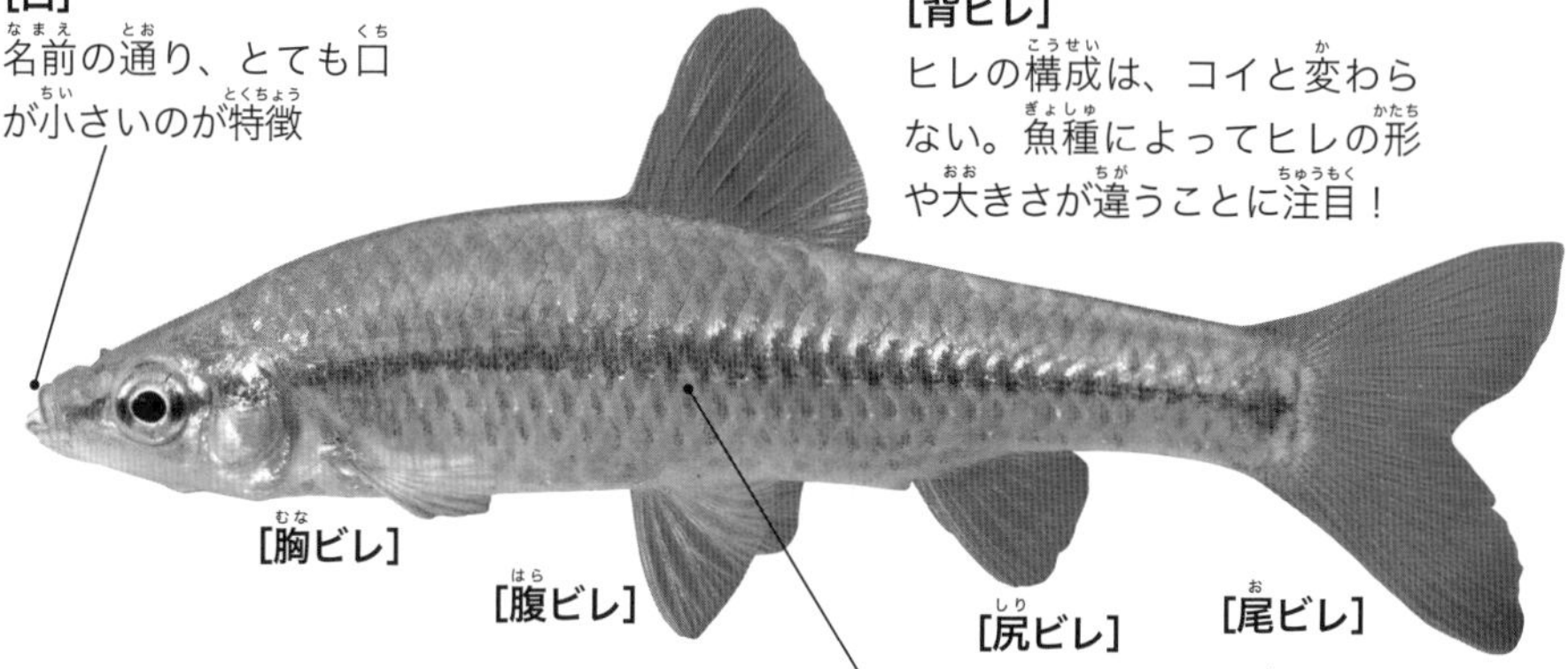

[口《くち》]
名前《なまえ》の通《とお》り、とても口《くち》が小《ちい》さいのが特徴《とくちょう》
[背《せ》ビレ]
ヒレの構成《こうせい》は、コイと変《か》わらない。魚種《ぎょしゅ》によってヒレの形《かたち》や大《おお》きさが違《ちが》うことに注目《ちゅうもく》！
[胸《むな》ビレ]
[腹《はら》ビレ]
[尻《しり》ビレ]
[尾《お》ビレ]
[体色《たいしょく》]
産卵期《さんらんき》が近《ちか》づくと、オスの体《からだ》の色《いろ》が変《か》わる小魚《こざかな》は多《おお》い。クチボソのオスは全身《ぜんしん》が黒《くろ》っぽくなる

「クチボソ」は、主《おも》に「モツゴ」という魚《さかな》を指《さ》す呼《よ》び名《な》。口《くち》が小《ちい》さい（細《ほそ》い）ことからきているんだ。汚《よご》れた水《みず》に強《つよ》く、体長《たいちょう》7～8センチまで成長《せいちょう》する。とてもよく似《に》た魚《さかな》にタモロコがいるけれど、クチボソより口《くち》が大《おお》きいのが特徴《とくちょう》だ。

小《ちい》さな池《いけ》にもいろいろな魚《さかな》がいる

淡水《たんすい》（池《いけ》や川《かわ》など）に住《す》む小魚《こざかな》は？と聞《き》かれて、何《なに》を思《おも》い浮《う》かべるかな？キンギョ？メダカ？これまで釣《つ》りに興味《きょうみ》がなかった人《ひと》は、小魚《こざかな》をあまり気《き》にしたことがなかったんじゃないかな？

公園《こうえん》の池《いけ》には、コイやザリガニ以外《いがい》に、さまざまな魚《さかな》が住《す》んでいる。クチボソ（モツゴ）、タモロコ、アブラハヤ、ウグイ、オイカワ、マブナ（ギンブナ）、タナゴの仲間《なかま》、ブルーギルといった具合《ぐあい》だ。

地域《ちいき》によって住《す》んでいる魚《さかな》は変《か》わるから、釣《つ》れたらぜひ、魚類図鑑《ぎょるいずかん》で名前《なまえ》や生態《せいたい》を調《しら》べてみてほしい。釣《つ》った魚《さかな》を持《も》ち帰《かえ》れる公園《こうえん》なら、家《いえ》で飼《か》ってみるのもオススメだぞ。

◉大《おお》きくなると30センチを超《こ》える！【マブナ】

「マブナ」とは一般的《いっぱんてき》に「ギンブナ」のことをいう。体長《たいちょう》30センチ以上《いじょう》にまで成長《せいちょう》するけれど、多《おお》くは20センチどまり。ギンブナはそのほとんどがメスで、ほかのフナの仲間《なかま》（キンブナやゲンゴロウブナなど）のオスと繁殖行動《はんしょくこうどう》をするんだよ。

◉釣《つ》るにはちょっと技術《ぎじゅつ》が必要《ひつよう》？【タナゴ】

タナゴは地域《ちいき》によって姿形《すがたかたち》が異《こと》なる仲間《なかま》がいて、その多《おお》くは日本原産《にほんげんさん》だ。体長《たいちょう》6～8センチ程度《ていど》で、繁殖期《はんしょくき》を迎《むか》えたオスは美《うつ》しい体色《たいしょく》になる。公園《こうえん》で釣《つ》れるのは、主《おも》に中国原産《ちゅうごくげんさん》のタイリクバラタナゴ（写真《しゃしん》）。日本原産《にほんげんさん》のタナゴより大《おお》きくなるんだ。

◉釣《つ》るのがとっても簡単《かんたん》な外来魚《がいらいぎょ》【ブルーギル】

ブルーギルは北米原産《ほくべいげんさん》で、1960年《ねん》に日本《にほん》に入《はい》ってきた魚《さかな》だ。食欲《しょくよく》がとても旺盛《おうせい》で、とくに昆虫類《こんちゅうるい》や魚《さかな》の卵《たまご》、小魚《こざかな》といった動物性《どうぶつせい》のエサをよく食《た》べる。繁殖力《はんしょくりょく》も強《つよ》く、ほかの魚《さかな》を追《お》いやってしまうので、特定外来生物《とくていがいらいせいぶつ》に指定《してい》されているんだ。釣《つ》るのは問題《もんだい》ないけれど、生《い》きたまま持《も》ち帰《かえ》るのは法律《ほうりつ》で禁止《きんし》されているんだよ。

知《し》っていて損《そん》はない！ ワンポイント・マメ知識《ちしき》

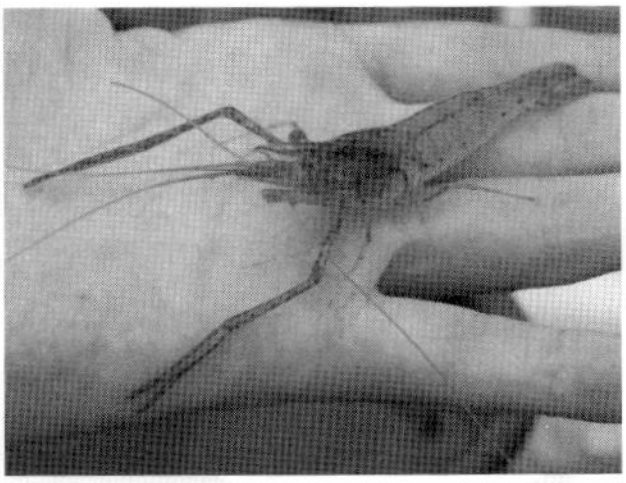

食《た》べておいしい テナガエビもいる！

地域《ちいき》によっては、公《こう》園《えん》の池《いけ》でテナガエビ釣《つ》りが楽《たの》しめる。ゴールデンウィークから梅雨《つゆ》明《あ》けにかけてが釣《つ》りやすいぞ。釣《つ》り道具《どうぐ》や仕《し》掛《か》けは小魚《こざかな》釣《つ》りのものと一緒《いっしょ》（玉《たま》ウキ仕掛《しか》け）でいいけれど、エサを水底《みずぞこ》に着《つ》けておくのがポイントだよ。

釣《つ》りに必要《ひつよう》な道具《どうぐ》を自分《じぶん》で用意《ようい》しよう！

小魚釣《こざかなつ》りに使《つか》われる竿《さお》や仕掛《しか》けは、キンギョ釣《つ》りの道具《どうぐ》に近《ちか》いものだけれど、釣《つ》ろうとする魚《さかな》などによって変《か》わる。まず基本《きほん》を知《し》っておこう。

◉小魚釣《こざかなつ》りに必要《ひつよう》な道具《どうぐ》

竿《さお》や仕掛《しか》け、エサ以外《いがい》に、椅子《いす》やバケツ、ハサミなどの道具《どうぐ》が必要《ひつよう》。すべて釣《つ》り専用《せんよう》のものを使《つか》う必要《ひつよう》はなく、100円均一《えんきんいつ》ショップで手《て》に入《い》れられるものも多《おお》いんだ。イトを切《き》るハサミの代《か》わりに爪切《つめき》りでもOK《オーケー》だよ。

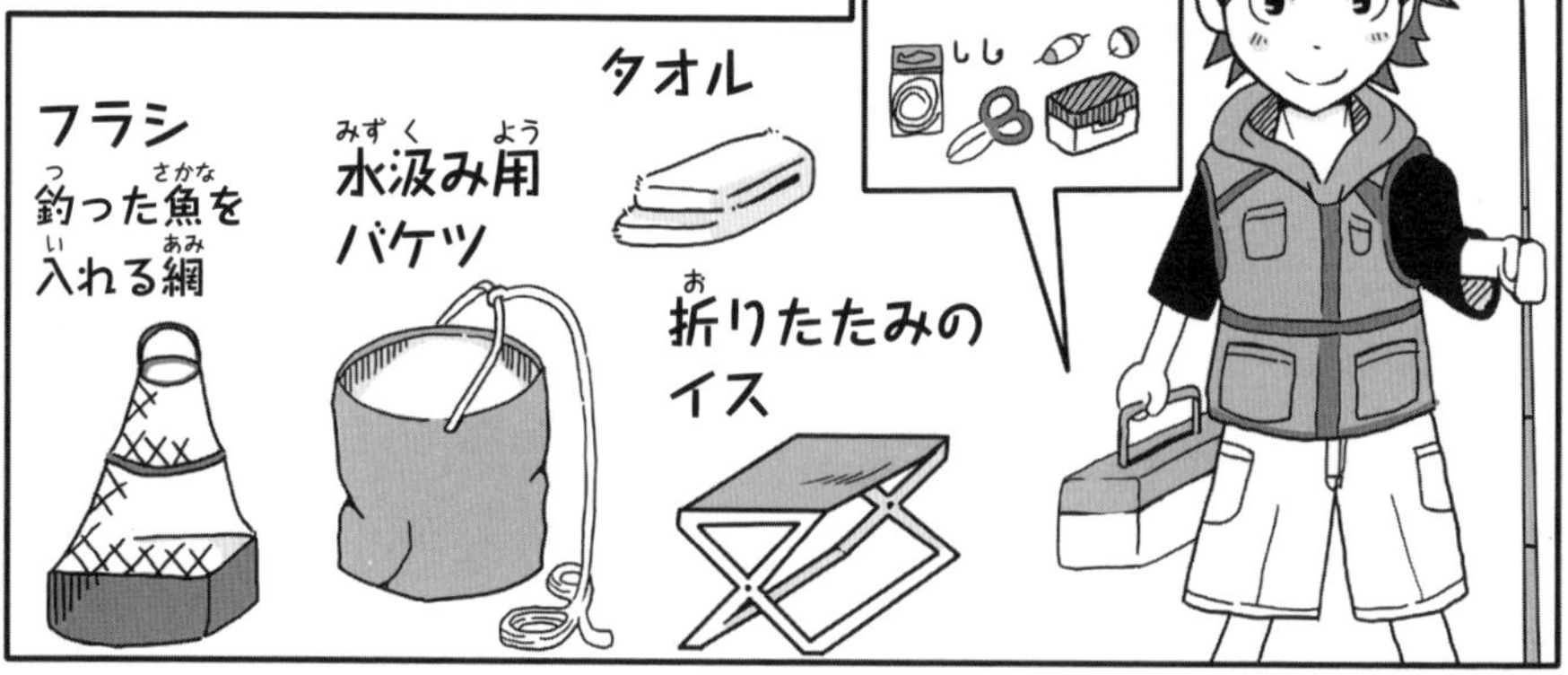

仕掛《しか》け入《い》れ
仕掛《しか》け（ハリ、ウキ、イト）小さなハサミ、エサ箱《ばこ》など
フラシ
釣《つ》った魚《さかな》を入《い》れる網《あみ》
水汲《みずく》み用《よう》バケツ
タオル
折《お》りたたみのイス

釣具店《つりぐてん》で説明《せつめい》を聞《き》き無駄《むだ》なく購入《こうにゅう》しよう

小魚《こざかな》釣《つ》り用《よう》の道具《どうぐ》は、キンギョ釣《つ》り用《よう》とほぼ同《おな》じ。ちょっと長《なが》め（1・2〜2・1メートル）の竿《さお》に、ウキの付《つ》いた仕掛《しか》けが基本《きほん》だ。

ここでは、小型《こがた》のマブナやブルーギルなどを釣《つ》るための道具《どうぐ》を紹介《しょうかい》するけれど、釣《つ》ろうとしている魚《さかな》や、釣《つ》り場《ば》の状況《じょうきょう》によって最適《さいてき》なものは変《か》わるから、購入時《こうにゅうじ》は、釣具《つりぐ》店《てん》でアドバイスをもらおう。

釣《つ》り場《ば》近《ちか》くの釣具店《つりぐてん》なら、いつ、どんな魚《さかな》が釣《つ》れるのか、どこがいいポイントかといった情報《じょうほう》も聞《き》き出《だ》すことができるはず。親切《しんせつ》にいろいろなことを教《おし》えてくれる釣具店《つりぐてん》を見《み》つければ、釣《つ》りの世界《せかい》がグッと広《ひろ》がるぞ！

◉小魚《こざかな》釣《つ》りの基本的《きほんてき》な仕掛《しか》け

　最初《さいしょ》のうちは安価《あんか》なグラスファイバー製《せい》の竿《さお》で充分《じゅうぶん》。長《なが》さは釣《つ》り場《ば》によるけれど、1.2 ~ 2.1 メートルが扱《あつか》いやすい。ミチイトはナイロン製《せい》の 1 号前後《ごうぜんご》が標準《ひょうじゅん》。細《ほそ》いほうが風《かぜ》などの影響《えいきょう》を受《う》けにくいけれど、傷《いた》むのも早《はや》い。仕掛《しか》けは、唐辛子《とうがらし》ウキを使《つか》ったものが一般的《いっぱんてき》。ハリは、練《ね》りエサを使《つか》うときはカエシのないもの、アカムシやサシといった生《い》きエサを使《つか》うときはカエシのあるものにする。

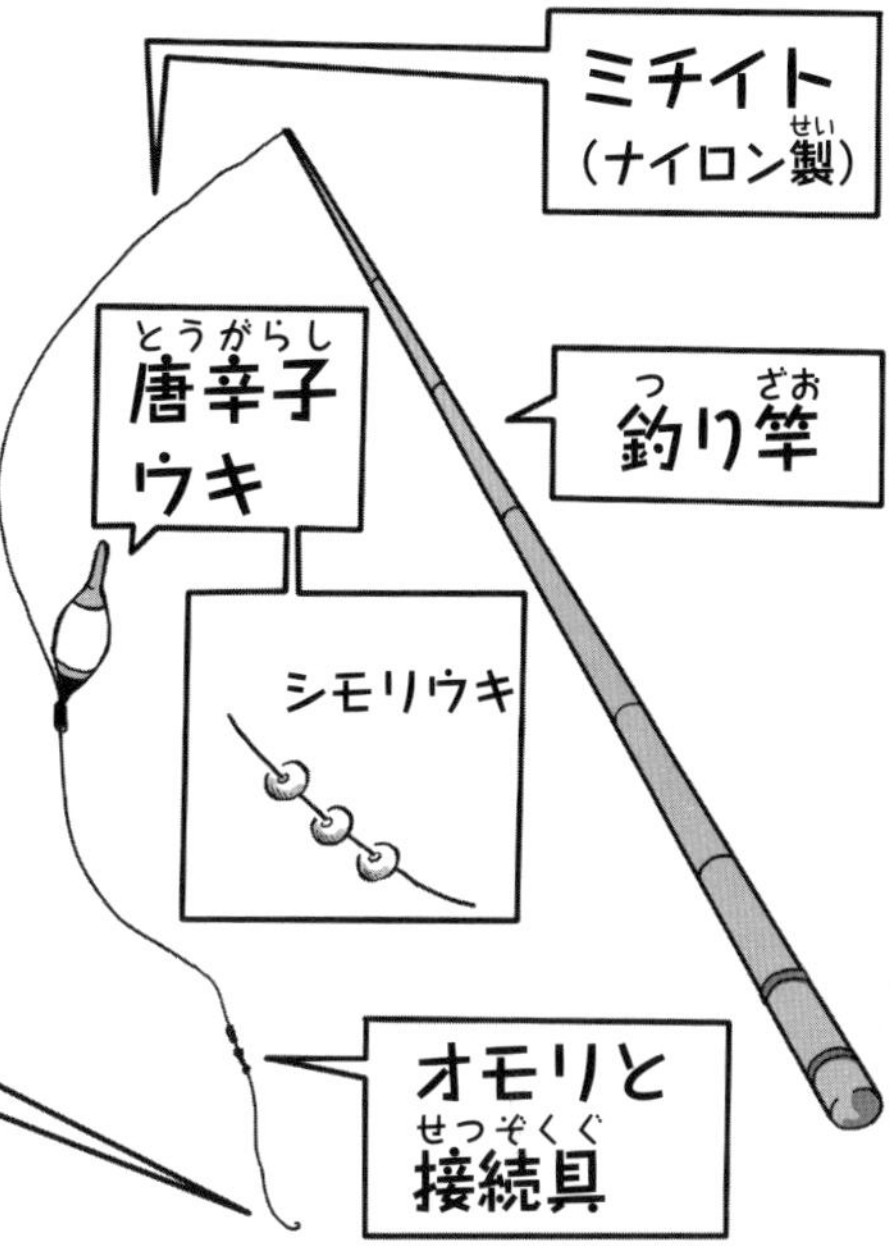

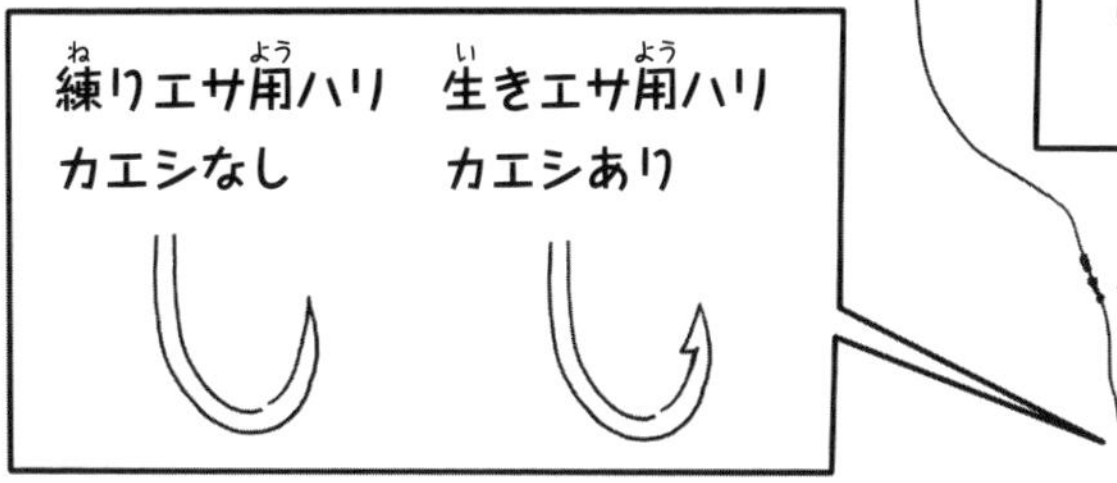

◉一般的《いっぱんてき》なウキは小《ちい》さな唐辛子《とうがらし》ウキ

　唐辛子《とうがらし》ウキは、ニジマス釣《つ》りでよく使《つか》われる玉《たま》ウキに比《くら》べて細長《ほそなが》く、下《した》に引《ひ》っ張《ぱ》られたときの抵抗《ていこう》が小《ちい》さいので大《おお》きく沈《しず》み込《こ》むのが特徴《とくちょう》。小《ちい》さなウキが連《つら》なったシモリウキは、仕掛《しか》けが横《よこ》に動《うご》いたのを察知《さっち》しやすいウキだ。

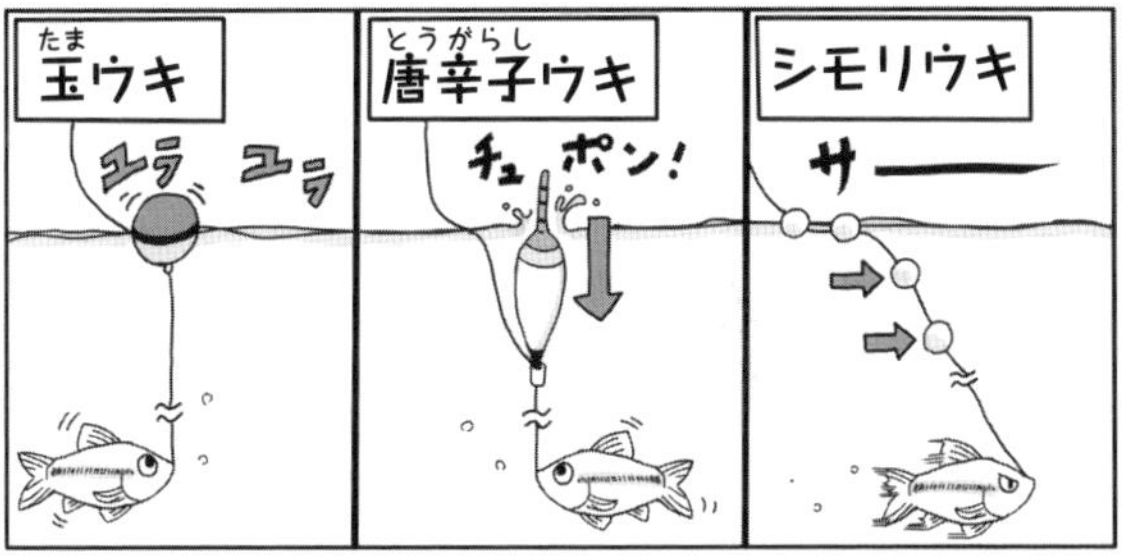

知《し》っていて損《そん》はない! ワンポイント・マメ知識《ちしき》

釣《つ》り場《ば》によっては安全装備《あんぜんそうび》が必須《ひっす》!

　公園《こうえん》の池《いけ》のなかには、足場《あしば》が高《たか》かったり、足元《あしもと》が滑《すべ》りやすかったりするところがある。また、多《おお》くの公園《こうえん》の池《いけ》は岸近《きしちか》くの水深《すいしん》を浅《あさ》くしているけれど、いきなり深《ふか》くなっているところも一部《いちぶ》にはある。ちょっと危《あぶ》ないな、と感《かん》じる場所《ばしょ》では、ライフベスト（救命胴衣《きゅうめいどうい》）を必《かなら》ず着用《ちゃくよう》しよう!

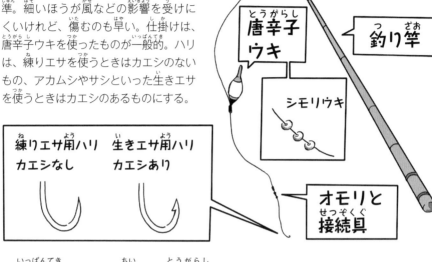

◉市販《しはん》の完成仕掛《かんせいしか》けではじめよう!

自分《じぶん》で釣《つ》ろうとしている魚《さかな》に最適《さいてき》な仕掛《しか》けを作《つく》るには経験《けいけん》が必要《ひつよう》。まずは「完成仕《かんせいし》掛《か》け」と呼《よ》ばれる、仕掛《しか》け一式《いっしき》が揃《そろ》ったセットを使《つか》ってみよう。自分《じぶん》で作《つく》るときも、これを参考《さんこう》にするといい。口《くち》の小《ちい》さなクチボソやタナゴを釣《つ》るときは、ハリ（ハリス付《つ》きハリ）だけを小《ちい》さなものに変《か》えよう。超《ちょう》繊細《せんさい》な「タナゴ仕掛《しか》け」もオススメだ。

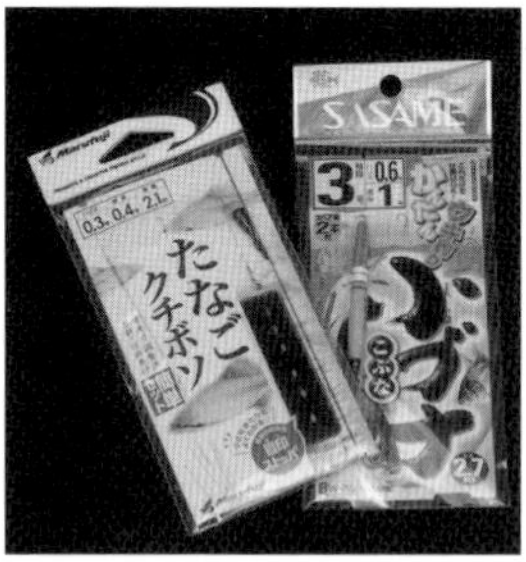
たなご
クチボソ
SASAME
完成仕掛《かんせいしか》けは釣《つ》ろうとする魚《さかな》に合《あ》わせていくつかのタイプがある。繊細《せんさい》な仕掛《しか》けはていねいに扱《あつか》おう

◉ウキの浮力《ふりょく》とオモリの重《おも》さを調整《ちょうせい》

自分《じぶん》で仕掛《しか》けを作《つく》るときは、ウキとオモリのバランスに気《き》を配《くば》ろう。ウキが浮《う》き過《す》ぎていると、アタリが伝《つた》わりにくく、風《かぜ》などでふらついてしまう。唐辛子《とうがらし》ウキなら、エサを付《つ》けたときに全体《ぜんたい》の2/3以上《いじょう》、沈《しず》んだ状態《じょうたい》にすると、アタリが大《おお》きく出《で》る。

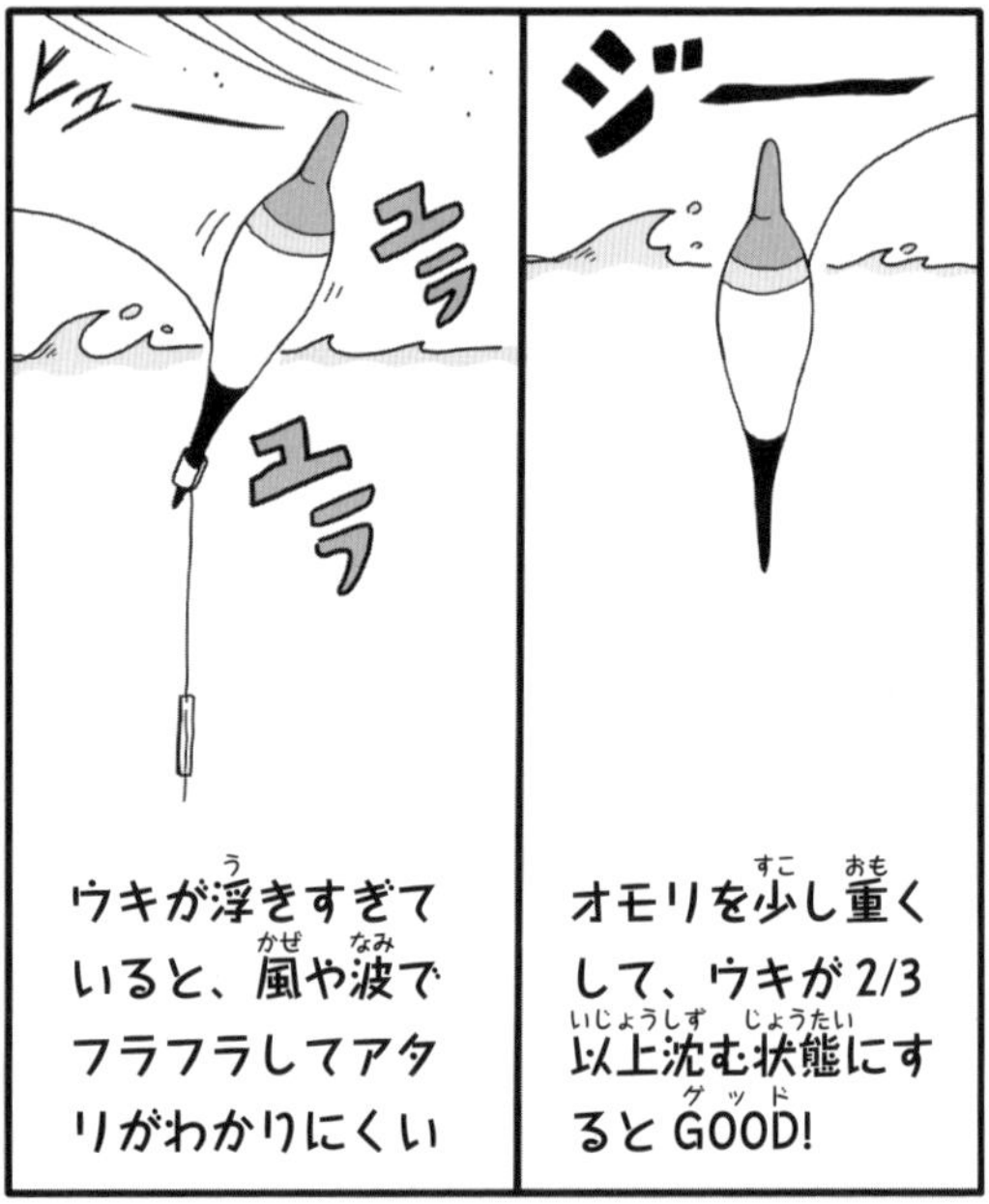
ヒュー
ユラ
ユラ
ウキが浮《う》きすぎていると、風《かぜ》や波《なみ》でフラフラしてアタリがわかりにくい
ジー
オモリを少《すこ》し重《おも》くして、ウキが2/3以上沈《いじょうしず》む状態《じょうたい》にするとGOOD《グッド》!

切《き》ってイトに巻《ま》きつける板《いた》オモリは、重《おも》さの調整《ちょうせい》が自在《じざい》にできる。厚《あつ》さが薄《うす》いものを選《えら》ぼう

バランスがとれた仕掛《しか》けを作《つく》ろう!

小魚《こざかな》のアタリはとても小《ちい》さい。これを見極《みきわ》めることが釣《つ》りのコツだ。そのためには、アタリがわかりやすい仕掛《しか》けを作《つく》ることが大切《たいせつ》になる。

アタリがわかりやすいというのは、ウキが大《おお》きく動《うご》くということ。大《おお》きいウキより小《ちい》さなウキのほうが浮力《ふりょく》が小《ちい》さいから、わずかな力《ちから》がかかるだけで大《おお》きく動《うご》いてくれるのはイメージできるかな?

また、同《おな》じウキでも、オモリをちょっと重《おも》くすれば、ウキの浮力《ふりょく》がなくなって、アタリが大《おお》きく出《で》るようになる。小《ちい》さなウキを使《つか》うこと以外《いがい》に、ウキ（浮力《ふりょく》）とオモリ（重量《じゅうりょう》）のバランスを調整《ちょうせい》することも大事《だいじ》だぞ。

◉仕掛《しか》けのセット方法《ほうほう》を覚《おぼ》えよう

オススメの竿《さお》は、畳《たた》んで短《みじか》くしまえる「振《ふ》り出《だ》し竿《さお》」。この竿《さお》の扱《あつか》い方《かた》を覚《おぼ》えるのが第一《だいいち》だ。伸《の》ばすときは先端《せんたん》から、畳《たた》むときは根元《ねもと》から。細《ほそ》い穂先《ほさき》は折《お》れやすいので注意《ちゅうい》して扱《あつか》おう。また、竿《さお》のキャップ（栓《せん》）はなくしやすいので、ポケットなどにしまうこと。

畳《たた》むときは、濡《ぬ》れタオルなどで汚《よご》れを拭《ふ》いておくと、竿《さお》をきれいに保《たも》てるぞ。

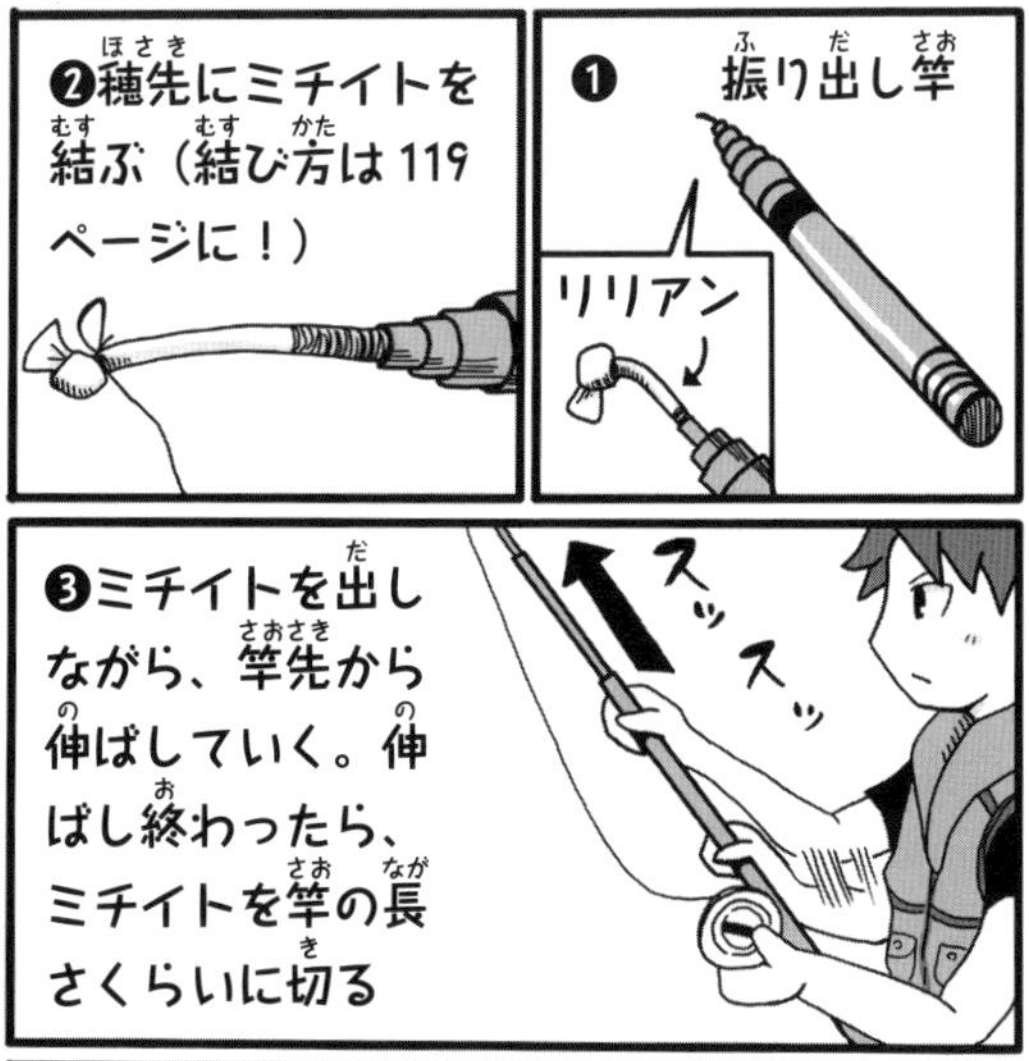
❶ 振《ふ》り出《だ》し竿《さお》
リリアン
❷穂先《ほさき》にミチイトを結《むす》ぶ（結《むす》び方《かた》は119ページに！）
❸ミチイトを出《だ》しながら、竿先《さおさき》から伸《の》ばしていく。伸《の》ばし終《お》わったら、ミチイトを竿《さお》の長《なが》さくらいに切《き》る
スッ
スッ

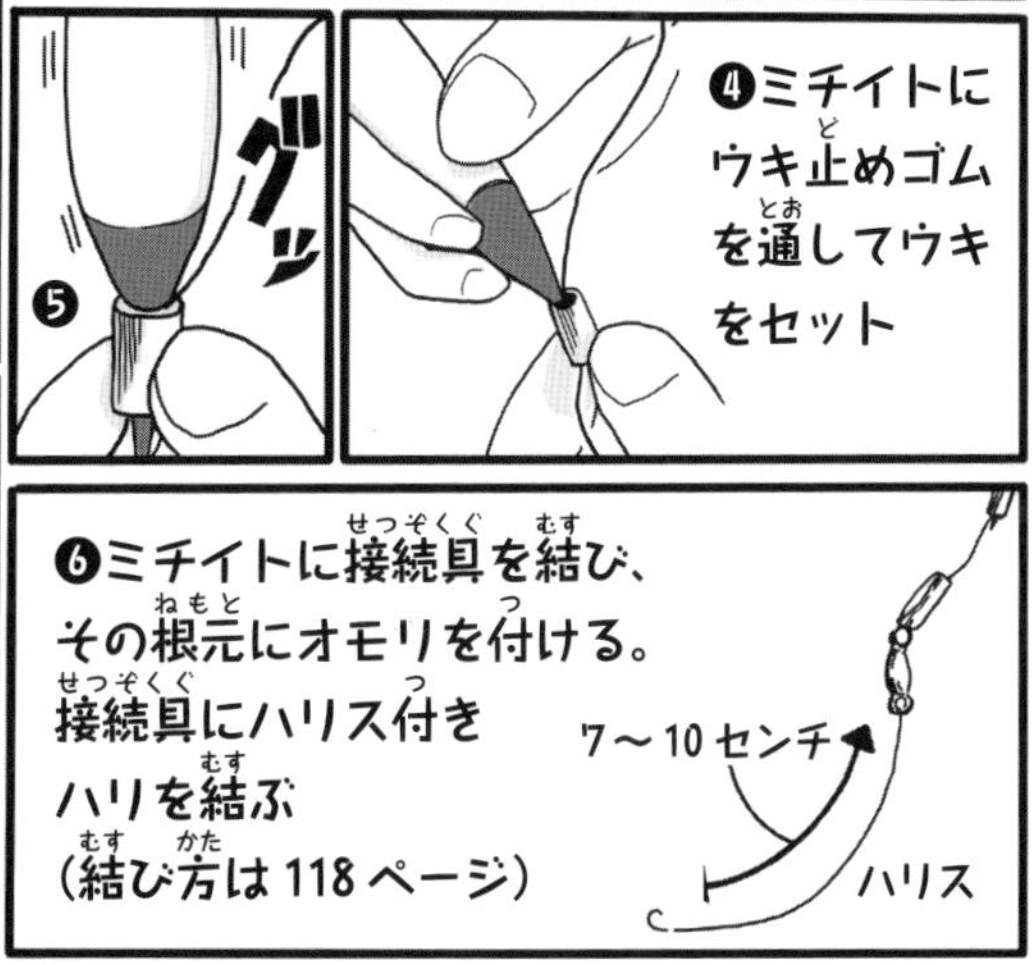
❹ミチイトにウキ止《ど》めゴムを通《とお》してウキをセット
❺
グッ
❻ミチイトに接続具《せつぞくぐ》を結《むす》び、その根元《ねもと》にオモリを付《つ》ける。接続具《せつぞくぐ》にハリス付《つ》きハリを結《むす》ぶ（結《むす》び方《かた》は118ページ）
7〜10センチ
ハリス

約《やく》1メートル
❼ウキ止《ど》めゴムの位置《いち》を変《か》え、ウキからハリまでの長《なが》さを1メートルくらいにしておく
スッ
❽竿《さお》を畳《たた》むときは、伸《の》ばすときとは逆《ぎゃく》に根元《ねもと》から！

知《し》っていて損《そん》はない！ ワンポイント・マメ知識《ちしき》

ハリの大《おお》きさがとっても大事《だいじ》！

ハリは大《おお》きいほうが丈夫《じょうぶ》で、しっかり口《くち》にかかる。でも、小魚《こざかな》釣《つ》りでは、まずハリが口《くち》のなかに入《はい》らないとはじまらない。アタリがあるのにエサだけ取《と》られているのなら、ハリを小《ちい》さくしてみよう。クチボソが相手《あいて》なら、1〜2号《ごう》という極小《ごくしょう》サイズがオススメだ。

大《おお》きすぎ……
パクッ

小魚《こざかな》たちは公園《こうえん》のどこにいる？

コイ釣《つ》りもそうだけれど、公園《こうえん》の池《いけ》は釣《つ》り堀《ぼり》ほど魚《さかな》が多《おお》くないから、ポイントを探《さが》す必要《ひつよう》がある。同《おな》じ釣《つ》り場《ば》に通《かよ》い続《つづ》けるのが一番《いちばん》だ。

◉岸《きし》の近《ちか》くや水路《すいろ》が釣《つ》りやすい

釣《つ》りやすいのは岸《きし》の近《ちか》く。細《ほそ》い水路《すいろ》などは、小魚《こざかな》たちが過《す》ごしやすいことにくわえ、釣《つ》りができる場所《ばしょ》も多《おお》い。水路《すいろ》では、水《みず》がゆっくりと流《なが》れている場所《ばしょ》を重点《じゅうてん》的《てき》に探《さぐ》ってみよう！

アシや岸近《きしちか》くの草《くさ》のまわり
水《みず》がゆっくり流《なが》れる水路《すいろ》
杭《くい》のまわり

水草《みずくさ》や藻《も》などのまわり

水草《みずくさ》や障害物《しょうがいぶつ》があるところを探《さが》そう

小魚《こざかな》の多《おお》くは、それほど速《はや》くは泳《およ》げないので、流《なが》れがあまりないところに群《む》れていることが多《おお》い。また、ほかの大型魚《おおがたぎょ》や鳥《とり》などに襲《おそ》われてもすぐ逃《に》げ込《こ》めるように、水草《みずくさ》や障害物《しょうがいぶつ》の近《ちか》くにいる。

大型魚《おおがたぎょ》がなかなか入《はい》り込《こ》めないような、水深《すいしん》の浅《あさ》い場所《ばしょ》や狭《せま》い水路《すいろ》は、小魚《こざかな》たちのパラダイス。とくに岸《きし》の近《ちか》くはいいポイントだよ。

魚種《ぎょしゅ》にもよるけれど、小魚《こざかな》の多《おお》くは温《あたた》かい水《みず》を好《この》む。そのため、寒《さむ》い時期《じき》はあまり泳《およ》ぎ回《まわ》らず、障害物《しょうがいぶつ》のまわりや水底近《みずそこちか》くでじっとしているものなんだ。オススメは、小魚《こざかな》が活発《かっぱつ》に動《うご》く初夏《しょか》〜秋《あき》。とくに夏以降《なついこう》が釣《つ》りやすいぞ。

◉小魚《こざかな》たちは障害物《しょうがいぶつ》の近《ちか》くが大好《だいす》き!

岸《きし》の近《ちか》くに杭《くい》などがあれば、その周囲《しゅうい》はとてもいい釣《つ》りのポイント。小魚《こざかな》はアシや水生植物《すいせいしょくぶつ》の間《あいだ》にも潜《ひそ》んでいるので、その近《ちか》くにエサを投入《とうにゅう》してみよう。小魚《こざかな》が活発《かっぱつ》に泳《およ》ぐ、水《みず》が温《あたた》かい時期《じき》は、川《かわ》などから水《みず》が流《なが》れ込《こ》んでいる場所《ばしょ》のまわりもよく釣《つ》れるぞ。

水生植物《すいせいしょくぶつ》などのまわりは、小魚《こざかな》たちが過《す》ごしやすい場所《ばしょ》。仕掛《しか》けを引《ひ》っかけないように注意《ちゅうい》して釣《つ》ろう

クチボソ
テナガエビ
ブルーギル
!
タナゴ
マブナ

◉季節《きせつ》で変《か》わる、魚《さかな》が好《この》む水深《すいしん》

水《みず》が温《あたた》かい時期《じき》は水面《すいめん》の近《ちか》くで泳《およ》ぎまわっている小魚《こざかな》も、水《みず》が冷《つめ》たくなって動《うご》きが悪《わる》くなると、水深《すいしん》の深《ふか》い場所《ばしょ》にいることが多《おお》くなる。なお、マブナは水底近《みずぞこちか》くのエサを食《た》べる習性《しゅうせい》があるので、季節《きせつ》に関《かか》わらず、深《ふか》い場所《ばしょ》にいることが多《おお》いんだ。

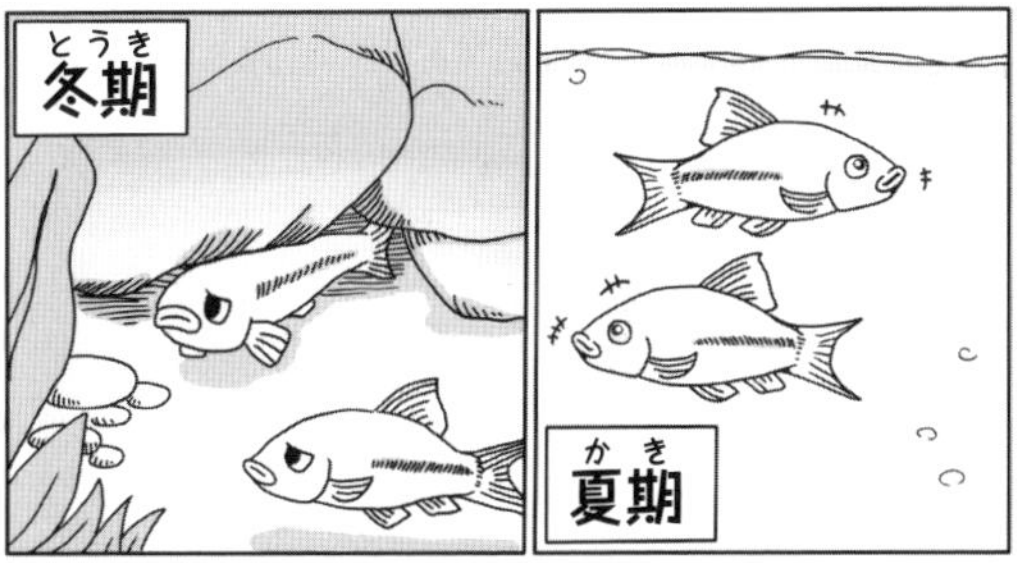

冬期《とうき》
夏期《かき》

知《し》っていて損《そん》はない! ワンポイント・マメ知識《ちしき》

ブオオオオ
オオオ

釣《つ》れている人《ひと》をよく観察《かんさつ》しよう!

自分《じぶん》の釣《つ》りに夢中《むちゅう》になるだけでなく、周囲《しゅうい》の釣《つ》り人《びと》を観察《かんさつ》するのも、上達《じょうたつ》するためのカギ。よく釣《つ》れている人《ひと》がいたら、自分《じぶん》とどう違《ちが》うのか考《かんが》えてみよう。場所《ばしょ》かな? 仕掛《しか》けかな? それともエサ? 話《はな》しかけてみると、たくさんの発見《はっけん》があるかもしれないぞ!

小魚《こざかな》たちを釣《つ》ってみよう!

道具《どうぐ》は揃《そろ》えた、小魚《こざかな》の居場所《いばしょ》もわかった! 水《みず》が温《あたた》かくて、魚《さかな》の機嫌《きげん》がいい時期《じき》なら、釣《つ》るのは難《むずか》しくない。自分《じぶん》の力《ちから》で釣《つ》った1匹《ぴき》は嬉《うれ》しいぞ!

◉小魚釣《こざかなつ》りに使《つか》われるエサ

エサは釣《つ》ろうとする魚《さかな》によって変《か》える必要《ひつよう》があるけれど、いろんな魚《さかな》が釣《つ》れるのは「アカムシ」。実《じつ》はこれ、ユスリカという蚊《か》の仲間《なかま》の幼虫《ようちゅう》なんだ。ほかに釣具店《つりぐてん》では「サシ」というエサも売《う》っている。こちらはイエバエの幼虫《ようちゅう》だ。食紅《しょくべに》で色付《いろづ》けした「紅《べに》サシ」なんていうのもあるよ。

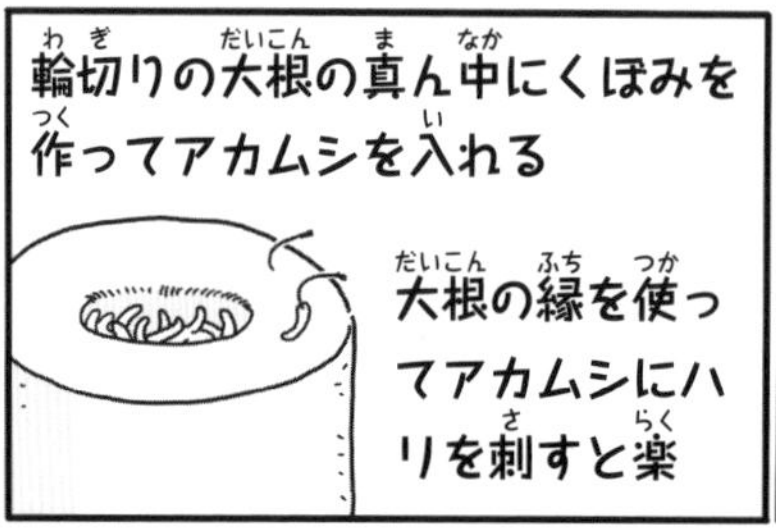

輪切《わぎ》りの大根《だいこん》の真《ま》ん中《なか》にくぼみを作《つく》ってアカムシを入《い》れる
大根《だいこん》の縁《ふち》を使《つか》ってアカムシにハリを刺《さ》すと楽《らく》

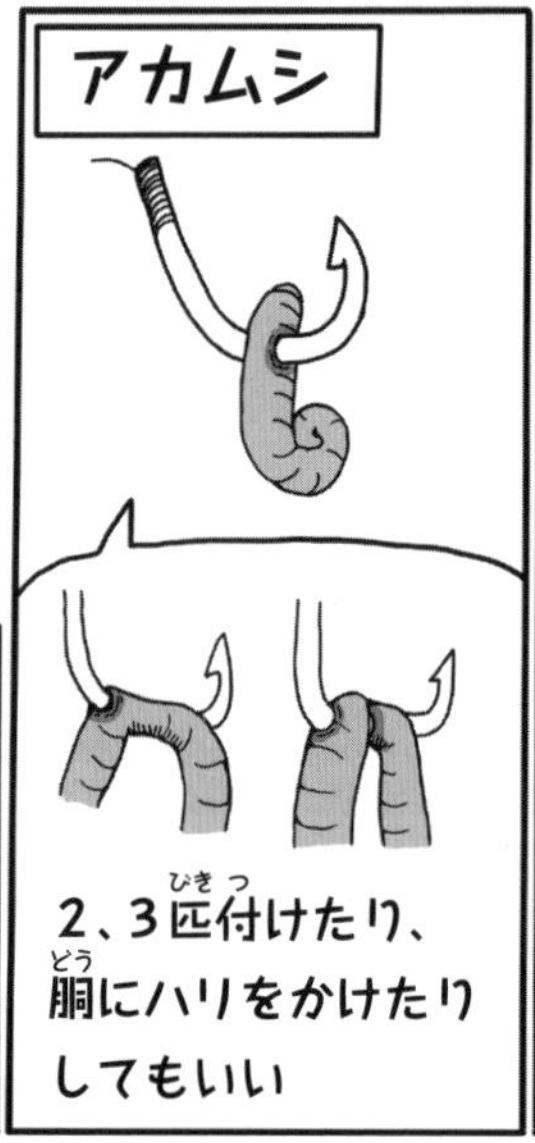

アカムシ
2、3匹《びき》付《つ》けたり、胴《どう》にハリをかけたりしてもいい

サシ
チョキン
下《した》を少《すこ》し切《き》ると匂《にお》いが出《で》て魚《さかな》が寄《よ》りやすい

小《ちい》さなアタリを見逃《みのが》すな!

小魚《こざかな》釣《つ》りの難《むずか》しさは、アタリの小《ちい》ささにある。でも、キンギョ釣《つ》りを体験《たいけん》したみんななら大丈夫《だいじょうぶ》。しばらくやれば、ウキの小《ちい》さな動《うご》きに気《き》づくことができるはずだ。

初《はじ》めて小魚《こざかな》釣《つ》りにチャレンジするなら、水《みず》が温《あたた》かい初夏《しょか》〜秋《あき》がオススメだ。この時期《じき》なら、多《おお》くの小魚《こざかな》が活発《かっぱつ》に動《うご》きまわるので、アタリも大《おお》きく出《で》るからだ。

釣《つ》り方《かた》によっても、アタリを大《おお》きくすることはできる。そのひとつが、すでに紹介《しょうかい》した「ウキの浮力調整《ふりょくちょうせい》」なのだけれど、ほかに、エサを選《えら》んだり、タナ（エサがある水深《すいしん》）を変《か》えたりすることも大切《たいせつ》なんだよ。

◉練《ね》りエサの使《つか》い方《かた》

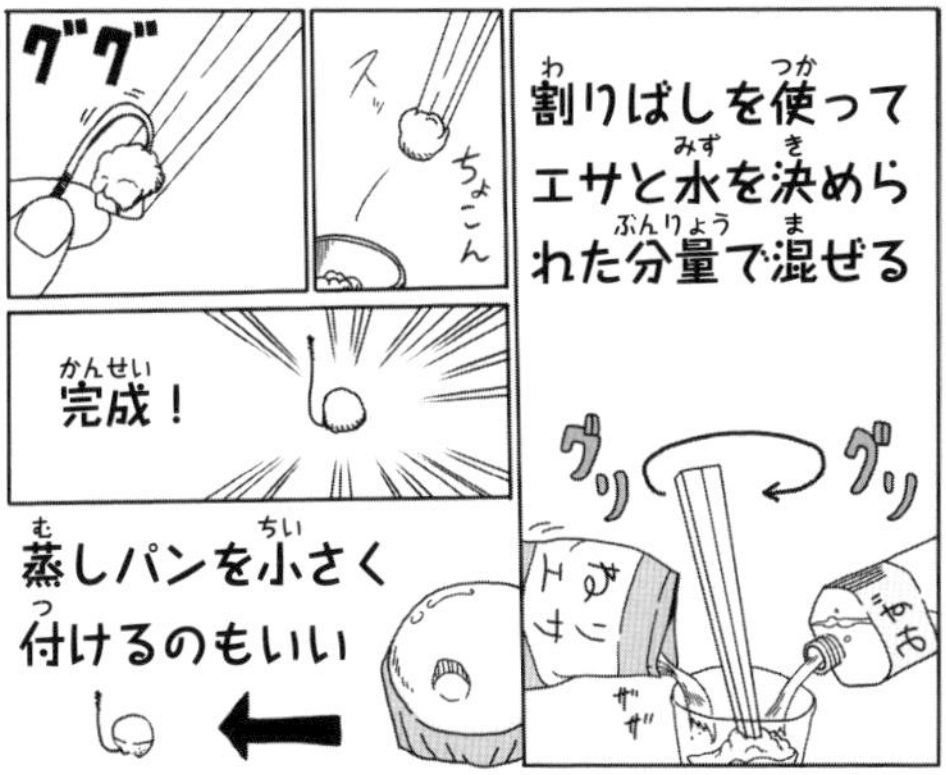

生《い》きたエサが苦手《にがて》な人《ひと》は、練《ね》りエサなどを使《つか》ってみよう。タナゴ釣《つ》り用《よう》のほか、マブナやコイ用《よう》の練《ね》りエサも使《つか》えるぞ。作《つく》り方《かた》は商品《しょうひん》ごとに異《こと》なるけれど、粉末状《ふんまつじょう》のエサに水《みず》を加《くわ》えて混《ま》ぜるのが一般的《いっぱんてき》だ。作《つく》ったエサは、ハリの先《さき》に引《ひ》っかける程度《ていど》に付《つ》けよう。手間《てま》がかからないのは、チューブに入《はい》った練《ね》りエサ。チューブからひねり出《だ》してハリに付《つ》ければいい。ほかに、蒸《む》しパンなどもよく釣《つ》れるぞ。

◉障害物《しょうがいぶつ》の近《ちか》くに仕掛《しか》けを入《い》れる

小魚《こざかな》は杭《くい》や水生植物《すいせいしょくぶつ》の近《ちか》くに群《む》れで潜《ひそ》んでいることが多《おお》い。そこに仕掛《しか》けを入《い》れて、エサを魚《さかな》の近《ちか》くに届《とど》けるのが、たくさん釣《つ》るコツだ。最初《さいしょ》のうちは、遠《とお》くを狙《ねら》わず、足元《あしもと》の近《ちか》くを探《さぐ》ってみよう。

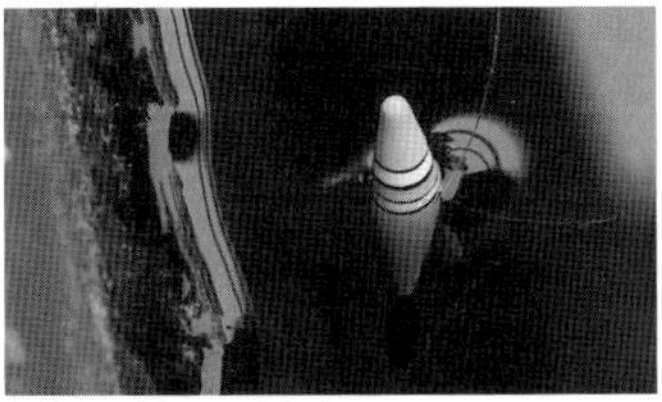
足元《あしもと》の近《ちか》くに仕掛《しか》けを入《い》れたほうが、ウキが見《み》やすいぞ

知《し》っていて損《そん》はない! ワンポイント・マメ知識《ちしき》

撒《ま》きエサで小魚《こざかな》を集《あつ》めよう!

練《ね》りエサをパラパラと水面《すいめん》に撒《ま》くと、小魚《こざかな》たちが集《あつ》まってくる。ハリに付《つ》けるのがアカムシやサシだとしても、練《ね》りエサを撒《ま》くことで、より効率《こうりつ》よく釣《つ》ることができるんだ。ただし、撒《ま》きすぎると大型魚《おおがたぎょ》が寄《よ》ってきて、小魚《こざかな》が逃《に》げてしまうこともある。様子《ようす》を見《み》ながら、少《すこ》しずつ撒《ま》こう。

◉ちょっと難《むずか》しい？ でも重要《じゅうよう》な「タナ」の取《と》り方《かた》

「タナ」とは、魚《さかな》が泳《およ》いでいる（エサを食《た》べる）水深《すいしん》のこと。つまり、「タナを取《と》る」とは、魚《さかな》がいる深《ふか》さに合《あ》わせてウキ下《した》を調整《ちょうせい》することだ。魚《さかな》が活発《かっぱつ》に泳《およ》ぐ時期《じき》はタナを浅《あさ》く、動《うご》きが悪《わる》いときは深《ふか》くするのが基本《きほん》になる。

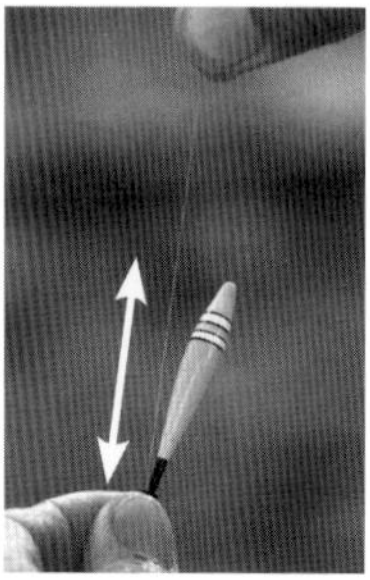

ウキ下《した》は5センチ刻《きざ》みくらいで変《か》えてみよう。ちょっとした差《さ》で釣《つ》れ具合《ぐあい》が変《か》わることもある

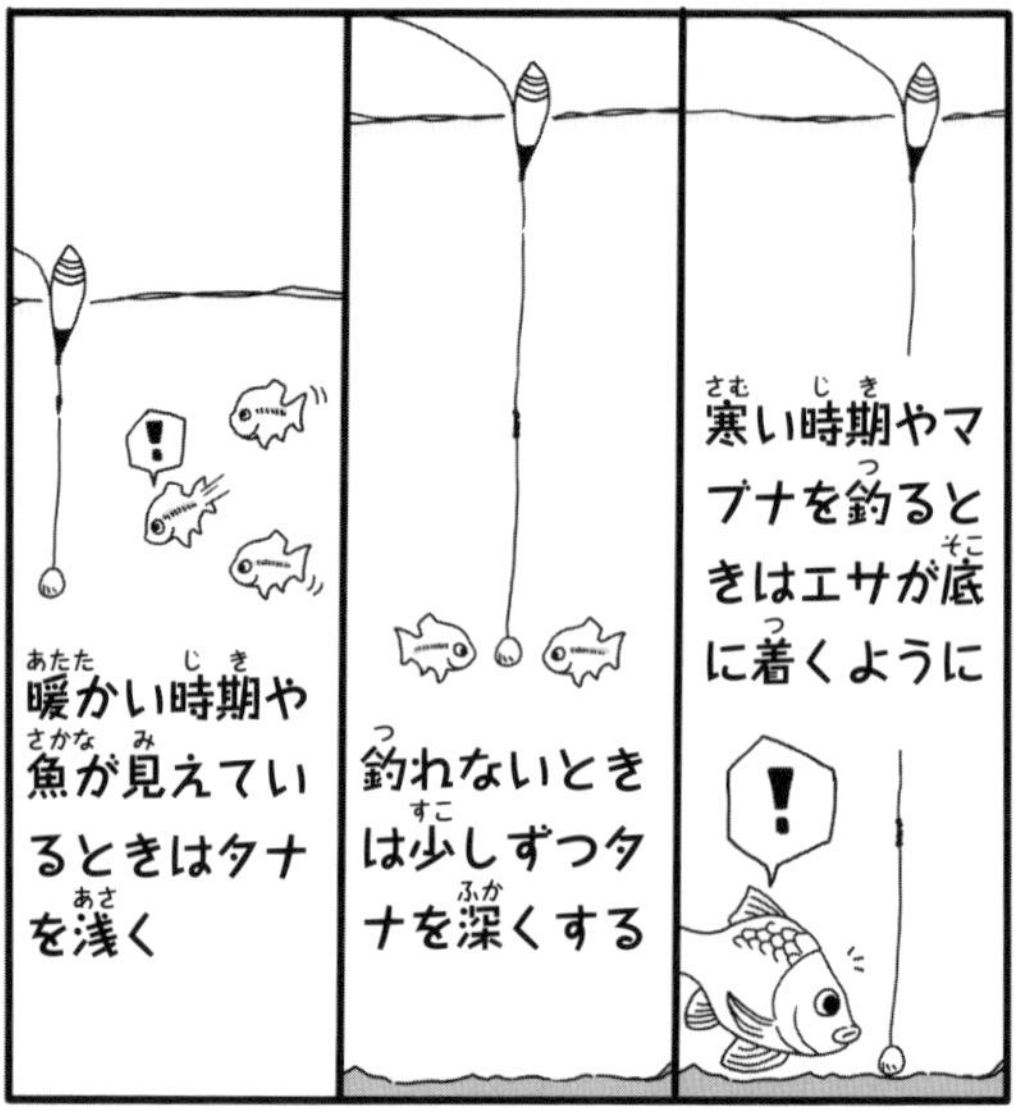
暖《あたた》かい時期《じき》や魚《さかな》が見《み》えているときはタナを浅《あさ》く
釣《つ》れないときは少《すこ》しずつタナを深《ふか》くする
寒《さむ》い時期《じき》やマブナを釣《つ》るときはエサが底《そこ》に着《つ》くように

◉ウキの小《ちい》さな動《うご》きをよく見《み》よう

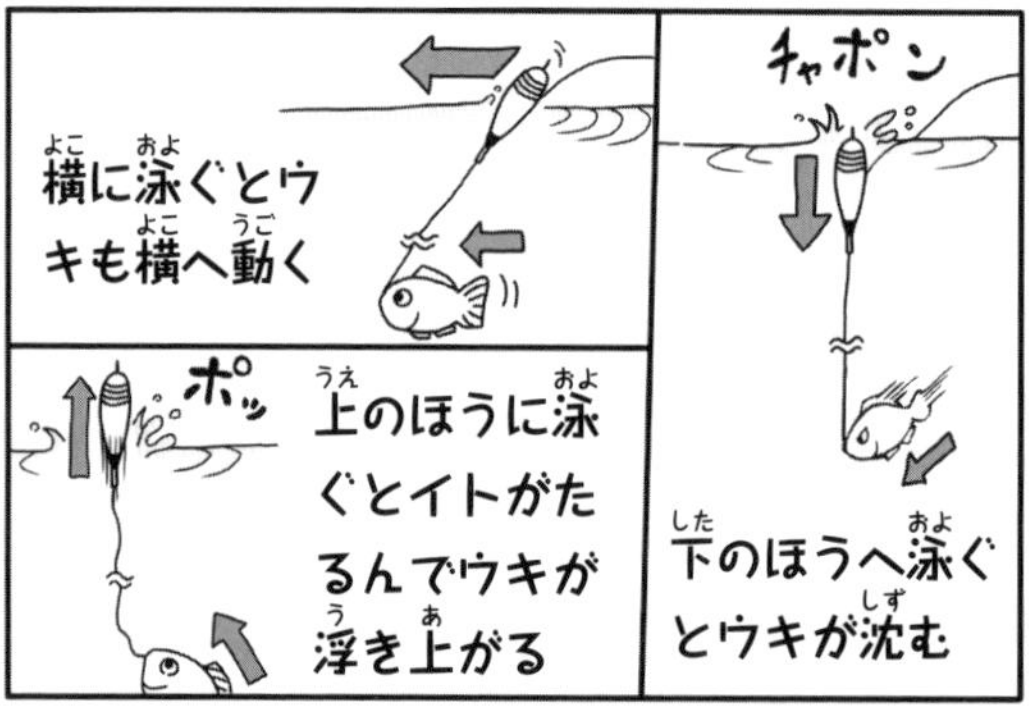
横《よこ》に泳《およ》ぐとウキも横《よこ》へ動《うご》く
チャポン
下《した》のほうへ泳《およ》ぐとウキが沈《しず》む
ポッ
上《うえ》のほうに泳《およ》ぐとイトがたるんでウキが浮《う》き上《あ》がる

魚《さかな》がエサ（ハリ）をくわえたあと、下《した》に泳《およ》ぐことでウキは大《おお》きく沈《しず》む。でも、泳《およ》ぐ方向《ほうこう》は下《した》ばかりではない。横《よこ》へ移動《いどう》すれば、ウキも同《おな》じく横《よこ》へ、水面方向《すいめんほうこう》に泳《およ》げばウキは浮《う》き上《あ》がる。さらに、エサをくわえたまま動《うご》かないときは、ウキにほとんどアタリが出《で》ない。どんな小《ちい》さな動《うご》きも見逃《みのが》さずに、アワセを入《い》れてみよう。

コイ釣《つ》りでは、エサを水底《みずぞこ》に着《つ》けておく「底釣《そこづ》り」が基《き》本《ほん》だということは、覚《おぼ》えているかな？ これに対《たい》して小魚《こざかな》釣《つ》りは、エサを水面《すいめん》〜水底《みずぞこ》の間《あいだ》に吊《つ》り下《さ》げておく「宙釣《ちゅうづ》り」という釣《つ》り方《かた》が基本《きほん》になる。

でも、宙釣《ちゅうづ》りといっても、ウキ下《した》（ウキからエサまでの長《なが》さ）は、どれくらいにすればいいんだろう？ これは実際《じっさい》に釣《つ》りをはじめて、様子《ようす》を見《み》ながら決《き》めるしかない。

魚《さかな》が水面近《すいめんちか》くを泳《およ》いでいるのが見《み》えるときは、ウキ下《した》10センチからはじめてもいいけれど、そうでなければ50センチくらいからやってみて、釣《つ》れなければじょじょに長《なが》くしてみよう。ただし、マブナなど、水底付近《みずぞこふきん》にいる魚《さかな》を釣《つ》りたいのなら、最初《さいしょ》からウキ下《した》を長《なが》くするほうがいい。

◉釣《つ》れないときは「誘《さそ》い」を入《い》れてみよう!

魚《さかな》はいるようなんだけれど、アタリがない。そんなときは、エサをちょっと動《うご》かして、魚《さかな》を誘《さそ》ってみよう。水中《すいちゅう》のエサを５センチほど引《ひ》っ張《ぱ》り上《あ》げ、そのあと、ゆっくり沈《しず》ませるというイメージだ。思《おも》わず食《く》いつく魚《さかな》がきっといるはず！

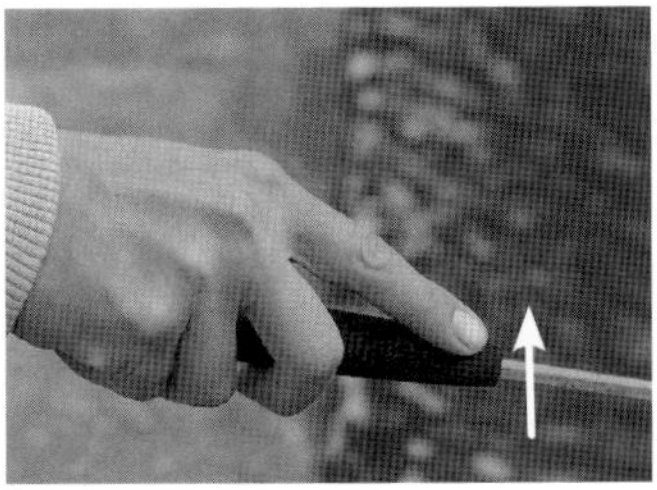

誘《さそ》いの動作《どうさ》は、たるんでいたミチイトが張《は》る程《てい》度《ど》。あまり大《おお》きく動《うご》かすと逆効《ぎゃくこう》果《か》になることがあるぞ

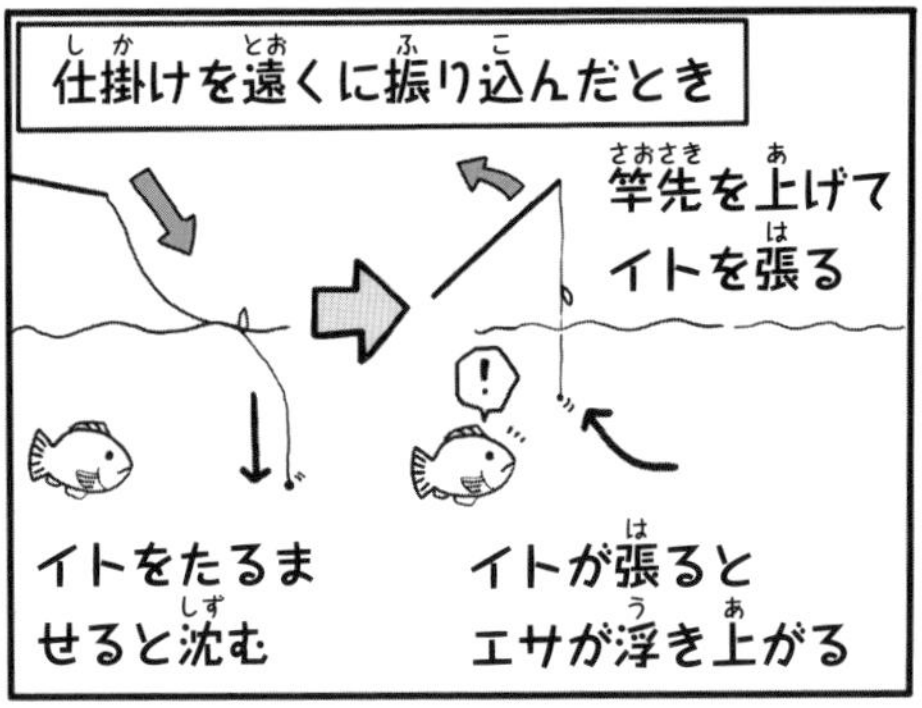

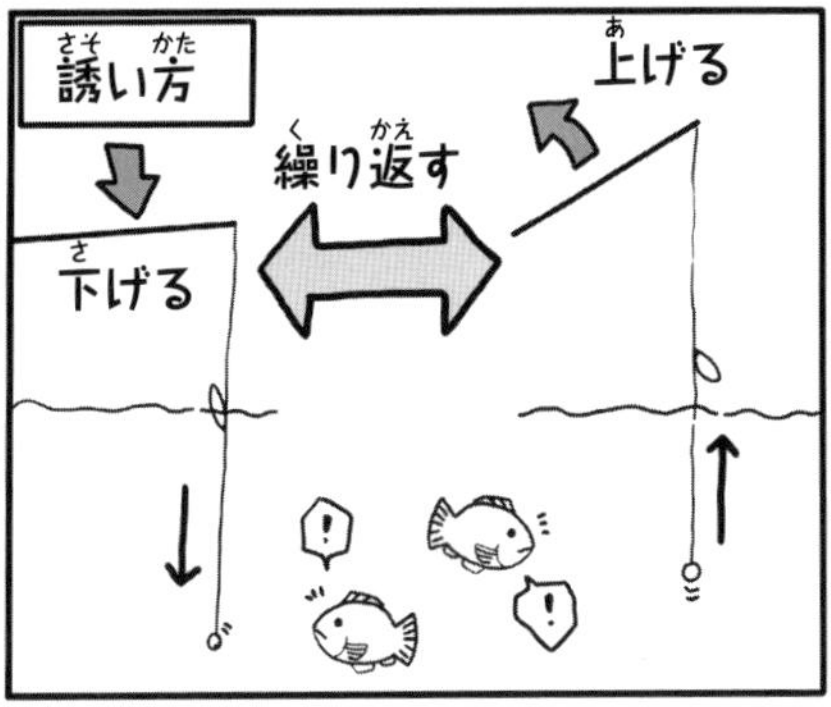

◉アワセは小《ちい》さく、素早《すばや》く入《い》れよう!

ウキが少《すこ》しでも動《うご》いたら、とにかくアワセを入《い》れてみよう。小魚《こざかな》が活発《かっぱつ》に泳《およ》ぐ時期《じき》は、エサを突《つ》っつくだけの小《ちい》さなアタリも多《おお》いけれど、続《つづ》けていくうちに、どんなアタリでアワセを入《い》ればいいのかわかってくるはず。アワセは、キンギョ釣《つ》りと同《おな》じく、小《ちい》さく、素早《すばや》く入《い》れるのが基本《きほん》だぞ。

知《し》っていて損《そん》はない! ワンポイント・マメ知識《ちしき》

釣《つ》った小魚《こざかな》を持《も》ち帰《かえ》るときの注意《ちゅうい》

まず第一《だいいち》に、その公園《こうえん》のルールとして、釣《つ》った魚《さかな》を持《も》ち帰《かえ》ってもいいのかどうかを確《かく》認《にん》。そのうえで、最初《さいしょ》から持《も》ち帰《かえ》るつもりがあるなら、エアレーターと、蓋《ふた》つきバケツを持《も》っていこう。とくに暑《あつ》い時期《じき》は、魚《さかな》が酸欠《さんけつ》になりやすいので、釣《つ》りをしている間《あいだ》も、バケツの水《みず》を入《い》れ替《か》えるなどするといい。

まだまだいるぞ！
手軽《てがる》に釣《つ》れる小魚《こざかな》たち

小魚《こざかな》の種類《しゅるい》はとても多《おお》く、地方色《ちほうしょく》も豊《ゆた》かだ。公《こう》園《えん》の池《いけ》などの手軽《てがる》な釣《つ》り場《ば》にかぎっても、ハヤ（ウグイ）やカワムツ、オイカワなど、さまざまな魚《さかな》が釣《つ》れることがある。

ちなみにオイカワは、地方《ちほう》によって呼《よ》び名《な》が変《か》わる。関東地方《かんとうちほう》では「ヤマベ」、関西地方《かんさいちほう》では「ハエ」「シラハエ」、長野県《ながのけん》では「ジンケン」などと呼《よ》ばれているよ。全国的《ぜんこくてき》に釣《つ》りの対象《たいしょう》として親《した》しまれているんだね。

釣《つ》り場《ば》を自然《しぜん》の川《かわ》や池《いけ》にまで広《ひろ》げれば、釣《つ》れる魚《さかな》はさらに増《ふ》える。たとえばワカサギは、氷《こおり》が張《は》った湖《みずうみ》の上《うえ》で釣《つ》るというイメージが強《つよ》いけれど、これまで紹介《しょうかい》した道《どう》具《ぐ》や仕掛《しか》けと同《おな》じようなもので、岸《きし》から釣《つ》れる場《ば》所《しょ》もあるんだ。

自分《じぶん》の釣《つ》り道具《どうぐ》があれば、いろんなところで釣《つ》りができる。自転車《じてんしゃ》で近《きん》所《じょ》の池《いけ》をまわったり、家《か》族旅行《ぞくりょこう》の途中《とちゅう》で見《み》つけた小川《おがわ》で釣《つ》りをしてみたり。こんな遊《あそ》び方《かた》も、釣《つ》りの楽《たの》しみのひとつだ。

ただし、自然《しぜん》の川《かわ》や池《いけ》は、足場《あしば》が悪《わる》いなどの危《き》険《けん》も潜《ひそ》んでいる。必《かなら》ずふたり以上《いじょう》で行《い》き、危《あぶ》ないところには立《た》ち入《い》らないようにしようね。

PART 6

オススメ釣《つ》り場《ば》30選《せん》

どんな魚《さかな》を、どんな方法《ほうほう》で釣《つ》るかがわかったら、
今《いま》すぐ釣《つ》り場《ば》に行《い》ってみよう。
ここで紹介《しょうかい》している釣《つ》り場《ば》は、どこも魅力的《みりょくてき》なところばかり。
家《いえ》の近所《きんじょ》の釣《つ》り堀《ぼり》や公園《こうえん》へ行《い》ってみるのが一番《いちばん》だけど
ちょっと遠出《とおで》して釣りをするのも楽《たの》しいぞ!

*データは2017年《ねん》5月《がつ》のものです。
ルールや料金《りょうきん》などが変更《へんこう》されることがありますので、事前にご確認《かくにん》ください。

マップへGO《ゴー》!
*掲載《けいさい》している釣《つ》り場《ば》は、左《ひだり》のGoogle《グーグル》マップに位置《いち》を記《しる》してあります。場所《ばしょ》の確認《かくにん》にご利用《りよう》ください。

浮間《うきま》つり堀公園《ぼりこうえん》

釣《つ》れる魚《さかな》

キンギョ

ザリガニ

[所在地《しょざいち》] 東京都北区浮間《とうきょうときたくうきま》 5-4-19 ☎ 03-3908-9275（北区土木部道路公園課公園河川係《きたくどぼくぶどうろこうえんかこうえんかせんかかり》）
[アクセス] JR 埼京線《さいきょうせん》・浮間舟渡駅《うきまふなどえき》から徒歩《とほ》 13 分《ぷん》
[料金《りょうきん》] 魚釣《さかなつ》り用《よう》の竿《さお》 200 円《えん》、エサ 100 円《えん》。ザリガニ釣《つ》り用《よう》の竿《さお》とエサ 50 円《えん》
[営業時間《えいぎょうじかん》] 9:00 ～ 17:00（7～8 月《がつ》は 8:30 ～ 18:00）
[休園日《きゅうえんび》] 12 月《がつ》 26 日《にち》～1 月《がつ》4 日《か》（ほかに臨時休園日《りんじきゅうえんび》あり） [駐車場《ちゅうしゃじょう》] なし

❶マンションなどが建《た》つ街《まち》の中《なか》にある。❷キンギョがたくさん！ マブナが釣《つ》れることもあるんだとか。❸自分《じぶん》でエサを持《も》ち込《こ》むことも可能《かのう》だけど、練《ね》りエサは使用《しよう》できない

❶

❸

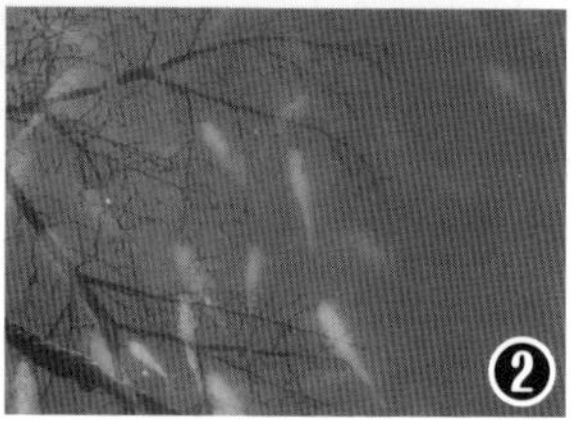
❷

お父さん、お母さんへ

ザリガニ釣りは持ち込み竿の使用不可。魚釣りは釣り竿・エサともに持ち込み可能だが、釣り竿は全長 3 メートル以内、エサは生きエサのみとなっている。ザリガニ釣りは初夏からスタートする。近隣に駐車場がなく、コインパーキングも少ないので、公共交通機関で行くことをオススメする。なお、浮間舟渡駅の北にある「浮間公園」でも釣りは可能。ただし、柵越しの釣りになる。

入場無料《にゅうじょうむりょう》！ 手《て》ぶらで釣《つ》りできる

「浮間《うきま》つり堀公園《ぼりこうえん》」は、北区《きたく》が管理《かんり》している釣《つ》り堀《ぼり》。入場《にゅうじょう》無料《むりょう》なので、自分《じぶん》で釣《つ》り竿《ざお》とエサを持《も》っていけば、無料《むりょう》で釣《つ》りが楽《たの》しめる。池《いけ》の周囲《しゅうい》はウッドデッキになっていて、釣《つ》りはとてもしやすい。

釣《つ》れるのはキンギョとザリガニ。キンギョを釣《つ》るのに自分《じぶん》でエサを用意《ようい》するなら、アカムシがオススメだ。練《ね》りエサは使《つか》えないので注意《ちゅうい》しよう。ザリガニ釣《つ》りの池《いけ》は初夏《しょか》からオープンする。

ウェブサイトへGO《ゴー》!

＊「浮間《うきま》つり堀公園《ぼりこうえん》」
ホームページ
(北区《きたく》)

あらかわ遊園《ゆうえん》

釣《つ》れる魚《さかな》

キンギョ

コイ

［所在地《しょざいち》］東京都《とうきょうと》荒川区《あらかわく》西尾久《にしおぐ》 6-35-11　☎ 03-3893-6003　［アクセス］都電荒川線《とでんあらかわせん》「荒川遊園地前《あらかわゆうえんちまえ》」下車《げしゃ》、徒歩《とほ》３分《ぷん》　［魚《さかな》つり広場利用料金《ひろばりようりょうきん》］４歳《さい》～中学生《ちゅうがくせい》：１日《にち》400 円《えん》、半日《はんにち》250 円《えん》。１時間《じかん》100 円《えん》、高校生以上《こうこうせいいじょう》：１日《にち》1,300 円《えん》、半日《はんにち》800 円《えん》、１時間《じかん》350 円《えん》。エサ代《だい》100 円《えん》　［営業時間《えいぎょうじかん》］9:00 ～ 16:30　［休園日《きゅうえんび》］火曜日《かようび》（詳細《しょうさい》は HP を参照《さんしょう》）　［駐車場《ちゅうしゃじょう》］あり（有料《ゆうりょう》／ 7:30 ～ 22:30）［その他《た》］園内《えんない》に売店《ばいてん》、食事《しょくじ》スペースあり

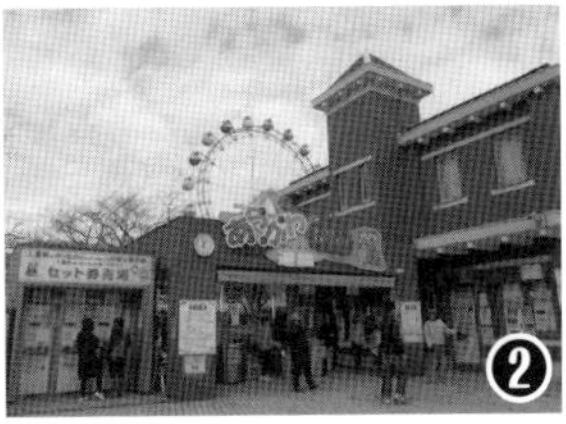

❶子《こ》どもたちに大人気《だいにんき》の「魚《さかな》つり広場《ひろば》」。きれいに整備《せいび》されている。❷「あらかわ遊園《ゆうえん》」のゲート。奥《おく》に見《み》えるのは観《かん》覧車《らんしゃ》だ。❸こちらはヘラブナの池《いけ》。高校生《こうこうせい》から利用《りょう》できる

お父さん、お母さんへ

キンギョ・コイ釣りは４歳以上から楽しめる。ヘラブナ池で釣りができるのは 16 歳以上で、釣り道具やエサは自分で用意しなければならない。いずれも釣った魚の持ち帰りは不可。なお、「魚つり広場」に行くには、別途、あらかわ遊園の入場料（大人 200 円、小・中学生 100 円）が必要。平日は、小・中学生は入場無料だ。「魚つり広場」利用料金には、親子券や回数券もある。

遊《あそ》び場《ば》がたくさん！ 遊園地《ゆうえんち》の中《なか》の釣《つ》り場《ば》

「あらかわ遊園《ゆうえん》」は観覧車《かんらんしゃ》・メリーゴーランドなどの乗《の》り物《もの》や、動物《どうぶつ》たちと触《ふ》れあえる広場《ひろば》がある遊園地《ゆうえんち》。そのなかの釣《つ》り堀《ぼり》が「魚《さかな》つり広場《ひろば》」だ。池《いけ》は3つに分《わ》かれていて、中学生《ちゅうがくせい》まではコイ池《いけ》（キンギョもいる）が利用《りよう》できる。釣《つ》り道具《どうぐ》はすべて借《か》りられるので、手《て》ぶらで釣《つ》りが楽《たの》しめるぞ。スタッフのおじさんたちは釣《つ》りのベテラン揃《ぞろ》いなので、わからないことがあったら聞《き》いてみよう。

ウェブサイトへGO《ゴー》!

＊「あらかわ遊園《ゆうえん》」ホームページ

つり堀《ぼり》 武蔵野園《むさしのえん》

釣《つ》れる魚《さかな》 コイ　マブナ　**ほか、ヘラブナ**

［所在地《しょざいち》］東京都杉並区大宮《とうきょうとすぎなみくおおみや》 2-22-3 和田掘公園《わだぼりこうえん》 ☎ 03-3312-2723 ［アクセス］京王《けいおう》井《い》の頭線《かしらせん》・永福町駅《えいふくちょうえき》から徒歩《とほ》 18 分《ふん》 ［料金《りょうきん》］子《こ》ども：30 分《ぶん》 400 円《えん》、1 時間《じかん》 500 円《えん》、2 時間《じかん》 800 円《えん》、半日《はんにち》 1,500 円《えん》。大人《おとな》：30 分《ぶん》 500 円《えん》、1 時間《じかん》 700 円《えん》、2 時間《じかん》 1,200 円《えん》、半日《はんにち》 1,900 円《えん》 ［休業日《きゅうぎょうび》］火曜日《かようび》（祝日《しゅくじつ》の場合《ばあい》は翌日休業《よくじつきゅうぎょう》）［営業時間《えいぎょうじかん》］9:00 ～。土日祝日《どにちしゅくじつ》 8:00 ～。終了時刻《しゅうりょうじこく》は時期《じき》により変動《へんどう》 ［駐車場《ちゅうしゃじょう》］和田堀公園《わだぼりこうえん》に駐車場《ちゅうしゃじょう》あり（有料《ゆうりょう》）

❶暖《あたた》かい時期《じき》の週末《しゅうまつ》は親子《おやこ》で釣《つ》りを楽《たの》しむ人《ひと》たちが多《おお》い。❷池《いけ》は５面《めん》。どの池《いけ》にもコイとマブナがいる。❸真《ま》っ赤《か》な建物《たてもの》が目印《めじるし》。忍者《にんじゃ》の自動販売《じどうはんばい》機《き》では何《なに》が買《か》えるのかな？

お父さん、お母さんへ

『孤独のグルメ』の撮影場所ともなった、食堂が併設された釣り堀。ランチを兼ねて訪れるのもオススメだ。釣り道具やエサ（生きエサ以外）の持ち込みは可能。使用できる釣り竿は全長 2.7 メートル以内。貸し竿は、オモリが軽いため、エサが沈む途中ですべて小魚に食べられてしまうことがある。板オモリなどを用意して、オモリの重さを増し、早めに深いタナに到達させるのが対処法だ。

公園《こうえん》の近《ちか》くにある昔《むかし》ながらの釣《つ》り堀《ぼり》

バーベキュー広場《ひろば》がある「和田堀公園《わだぼりこうえん》」のすぐ近《ちか》くにある「つり堀《ぼり》 武蔵野園《むさしのえん》」。池《いけ》は5つに分《わ》けられていて、どの池《いけ》にもコイとマブナ、ヘラブナが入《はい》っている。

釣《つ》り方《かた》の細《こま》かいルールはないので、足元《あしもと》を狙《ねら》ったり、ウキ下《した》を短《みじ》くしたりしてもOK《オーケー》。とはいえ、コイもマブナも「底釣《そこづ》り」のほうが釣《つ》りやすい。暑《あつ》い時期《じき》は、給水口《きゅうすいこう》付近《ふきん》や、日陰《ひかげ》になっているところを狙《ねら》ってみよう。

ウェブサイトへGO《ゴー》!

＊「つり堀《ぼり》 武蔵野《むさしの》園《えん》」ホームページ（yahoo!《ヤフー》 ロコ）

弁慶橋《べんけいばし》ボート場《じょう》

釣《つ》れる魚《さかな》

ほか、ウグイ、ブラックバスなど

[所在地《しょざいち》] 東京都千代田区紀尾井町《とうきょうとちよだくきおいちょう》 4-26　☎ 03-3238-0012 [アクセス] 地下鉄丸《ちかてつまる》の内線《うちせん》／銀座線《ぎんざせん》・赤坂見附駅《あかさかみつけえき》 D 出口《でぐち》から徒歩《とほ》 5 分《ふん》　[料金《りょうきん》] 釣《つ》り堀《ぼり》：小学生以下《しょうがくせいいか》 30 分《ぷん》 280 円《えん》、大人《おとな》 30 分《ぷん》 430 円《えん》。エサ・竿代各《さおだいかく》 100 円《えん》。ボート（2人乗《ふたりの》りの場合《ばあい》）：1時間《じかん》 2,500 円《えん》、1日《にち》 5,000 円《えん》　[休業日《きゅうぎょうび》] 水曜日《すいようび》　[営業時間《えいぎょうじかん》] 9:00 ～ 18:00（10 ～ 3月《がつ》は日没《にちぼつ》まで）。5～9月《がつ》の土日祝日《どにちしゅくじつ》：6:00 ～ 18:00　[駐車場《ちゅうしゃじょう》] 近隣《きんりん》にコインパーキングあり

❶桟橋《さんばし》の前《まえ》に広《ひろ》がるお濠《ほり》が釣《つ》り場《ば》になっている。❷手漕《てこ》ぎボートでポイントを探《さが》して釣《つ》るのも楽《たの》しいぞ！❸手軽《てがる》に楽《たの》しむなら桟橋《さんばし》から。転落《てんらく》しないように注意《ちゅうい》しようね

お父さん、お母さんへ

クルマで行く場合、管理人に利用しやすい駐車場を聞いておこう。周辺には上限料金が設定されていないコインパーキングもあるので注意。初心者にはイケスの釣りがオススメだ。ボートの釣りをする場合は、救命胴衣を正しく着用し、できるだけボート内で立ち上がらないようにすること。レストランはないので、長時間釣りをする場合は、食事の用意を忘れずに。

ボートからの釣《つ》りも楽《たの》しめる！

かつての江戸城《えどじょう》の外濠《そとぼり》を利用《りよう》した「弁慶橋《べんけいばし》ボート場《じょう》」。桟橋《さんばし》からの釣《つ》りに加《くわ》えて、ボートからの釣《つ》りも楽《たの》しめる。桟橋《さんばし》からはイケス（魚《さかな》を溜《た》めるところ）内《ない》に放流《ほうりゅう》されたウグイやコイのほか、冬季《とうき》はニジマスも釣《つ》れる。

ボートからは、ブラックバス狙《ねら》いのルアー釣《つ》りをする人《ひと》がほとんどだけど、コイや小魚《こざかな》をエサで釣《つ》ることも、もちろん可能《かのう》。ポイントを聞《き》いてトライしよう。

ウェブサイトへGO《ゴー》!

＊「弁慶橋《べんけいばし》ボート場《じょう》（弁慶《べんけい》フィッシングクラブ）」ホームページ

つりぼり金《きん》ちゃん

釣《つ》れる魚《さかな》

コイ

キンギョ

マブナ

ほか、ヘラブナなど

［所在地《しょざいち》］東京都江戸川区篠崎町《とうきょうとえどがわくしのざきちょう》 4-33-18 ☎ 03-3678-3722 ［アクセス］都営新宿線《とえいしんじゅくせん》・篠崎駅《しのざきえき》、JR 小岩駅《こいわえき》から京成《けいせい》バス「瑞江駅《みずええき》」「一之江駅《いちのええき》」「江戸川《えどがわ》スポーツランド」行《い》きバスに乗《の》り、「スポーツランド入《い》り口《ぐち》」バス停下車《ていげしゃ》 ［料金《りょうきん》］コイ釣《つ》り：大人《おとな》1時間《じかん》 780 円《えん》、子《こ》ども1時間《じかん》 620 円《えん》、親子《おやこ》（釣《つ》り竿《ざお》1本《ぼん》の場合《ばあい》）1時間《じかん》 880 円《えん》 ［休業日《きゅうぎょうび》］木《もく》・金曜日《きんようび》 ［営業時間《えいぎょうじかん》］13:00 ～ 19:00、土日祝日《どにちしゅくじつ》 10:00 ～ 19:00 ［駐車場《ちゅうしゃじょう》］あり（5台《だい》）

❶コイをはじめ、いろいろな魚《さかな》が放流《ほうりゅう》されている池《いけ》。釣《つ》った魚《さかな》は網《あみ》ですくって桶《おけ》の中《なか》へ入《い》れるシステム。❷キンギョ釣《つ》りやキンギョすくいもできるぞ。❸大《おお》きな看板《かんばん》が目印《めじるし》だ

お父さん、お母さんへ

コイ釣りの料金は、エサと貸し竿込み。ただし、生きエサは別料金になる。30 分から設定があり、延長は 10 分単位。性別・年齢で細かく分けられているので、詳細は要問い合わせ。キンギョ釣りは 10 分 200 円。金魚すくいは 1 回 150 円。キンギョは釣りなら 10 分、金魚すくいなら 1 回につき 1 匹、持ち帰ることができる。なお、店内ではキンギョの販売も行っている。

いろんな魚《さかな》が釣《つ》れる人気《にんき》の室内釣《しつないつ》り堀《ぼり》

普通《ふつう》の住宅《じゅうたく》と変《か》わらない大《おお》きさの建物《たてもの》が、なんと釣《つ》り堀《ぼり》！「つりぼり金《きん》ちゃん」は、都内《とない》では少《すく》なくなった室内釣《しつないつ》り堀《ぼり》のひとつだ。しかも「よく釣《つ》れる」と評判《ひょうばん》が高《たか》いから、みんなもきっと釣《つ》れるぞ！

池《いけ》の中《なか》には、コイはもちろんマブナ、ヘラブナ、キンギョもいる。それぞれ適《てき》したエサが違《ちが》うので、管理人《かんりにん》さんに釣《つ》り方《かた》を教《おし》えてもらおう。釣《つ》った魚《さかな》は点数《てんすう》に換算《かんざん》して、お菓子《かし》と交換《こうかん》してくれるぞ。

ウェブサイトへGO《ゴー》!

＊「つりぼり金《きん》ちゃん」ホームページ

伊藤園《いとうえん》

釣《つ》れる魚《さかな》

コイ キンギョ マブナ **ほか、ヘラブナ**

［所在地《しょざいち》］東京都清瀬市中里《とうきょうときよせしなかざと》6-492　☎042-491-0737［アクセス］JR 武蔵野線《むさしのせん》・東所沢駅《ひがしところざわえき》から徒歩《とほ》18分《ふん》　［料金《りょうきん》］雑魚《ざこ》（小魚《こざかな》）釣《つ》り：1時間《じかん》600円《えん》、2時間《じかん》1,100円《えん》、半日《はんにち》（4時間《じかん》）1,500円《えん》、1日《にち》2,500円《えん》。コイ釣《つ》り：2時間《じかん》1,000円《えん》、半日《はんにち》（4時間《じかん》）1,500円《えん》、1日《にち》2,500円《えん》　［休業日《きゅうぎょうび》］月曜日《げつようび》　［営業時間《えいぎょうじかん》］夏季《かき》：7:00～18:00、冬季《とうき》：8:00～17:00　［駐車場《ちゅうしゃじょう》］あり

❶キンギョやマブナなどが釣《つ》れる雑魚《ざこ》釣《つ》り池《いけ》。❷コイ釣《つ》り池《いけ》には、コイとヘラブナがいる。❸釣《つ》り竿《ざお》や網《あみ》のほか、竿《さお》掛《か》けやパラソルなども用意《ようい》されている。貸出無料《かしだしむりょう》だ

お父さん、お母さんへ

雑魚釣りは1時間につき2匹まで持ち帰ることができる。放流されている魚の種類が豊富なので、図鑑などを持っていくとより楽しめるはず。なお、清瀬金山緑地公園では、水遊びやバーベキューが楽しめるので、こちらと併せて楽しむのもオススメ。公園の脇を流れる柳瀬川でもオイカワなどが釣れるので、ある程度釣りの経験を積んだらぜひトライしてみたい。

コイにこだわる管理人《かんりにん》さんの釣《つ》り堀《ぼり》

清瀬市内最大《きよせしないさいだい》の公園《こうえん》「清瀬《きよせ》金山緑地公園《かなやまりょくちこうえん》」の近《ちか》くにある「伊藤園《いとうえん》」は、コイとヘラブナを中心《ちゅうしん》に、雑魚《ざこ》（小魚《こざかな》）の釣《つ》りが楽《たの》しめる釣《つ》り堀《ぼり》だ。

コイ池《いけ》にはコイとヘラブナが放流《ほうりゅう》されている。強《つよ》い引《ひ》きを味《あじ》わってほしいという思《おも》いから、大きなコイも放流《ほうりゅう》されているんだとか。雑魚《ざこ》釣《つ》り池《いけ》で釣《つ》れるのは、キンギョやマブナなど。管理人《かんりにん》さんが釣《つ》り方《かた》やポイントなどをていねいに教《おし》えてくれるぞ。

ウェブサイトへGO《ゴー》!

＊「伊藤園《いとうえん》」ホームページ

品川《しながわ》フィッシングガーデン

釣《つ》れる魚《さかな》

コイ

［所在地《しょざいち》］東京都港区高輪《とうきょうとみなとくたかなわ》 3-13-3 ☎ 070-5561-8289
［アクセス］JR・京急線《けいきゅうせん》・品川駅高輪口《しながわえきたかなわぐち》から徒歩《とほ》３分《ぷん》
［料金《りょうきん》（カッコ内《ない》は小学生以下《しょうがくせいいか》の料金《りょうきん》）］：1時間《じかん》790円《えん》（590円《えん》）、2時間《じかん》1,490円《えん》（1,080円《えん》）［休業日《きゅうぎょうび》］なし［営業時間《えいぎょうじかん》］平日《へいじつ》11:00～21:00、土日祝日《どにちしゅくじつ》9:00～21:00、冬季《とうき》は20:00まで ［駐車場《ちゅうしゃじょう》］なし ［その他《た》］釣《つ》り具《ぐ》、エサの持《も》ち込《こ》みは禁止《きんし》

❶駅《えき》から近《ちか》く、家族《かぞく》で気軽《きがる》に行《い》くことができる。❷池《いけ》はふたつに分《わ》かれている。手前《てまえ》の池《いけ》が浅《あさ》い。❸受付《うけつけ》は入《はい》ってすぐ。初《はじ》めての人《ひと》は、スタッフに釣《つ》り方《かた》などを教《おそ》わろう！

お父さん、お母さんへ

駐車場は近隣にあるが、都心とあって高いので、公共交通機関で行くのがオススメ。釣り堀の料金には、上記以外に３時間（大人2,190円・小学生以下1,590円）料金、延長料金の設定がある。貸し竿とエサのセットは400円、エサの追加は200円。土日祝日はスタッフが多いので、釣りの仕方を教えてもらうことが可能。なお、子どもだけの入場は不可となっている。

都会《とかい》のど真《ま》ん中《なか》で釣《つ》りを楽《たの》しもう！

「品川《しながわ》フィッシングガーデン」は、ショップやレストラン、ホテルがある「シナガワグース」の屋外《おくがい》プールを利用《りよう》した釣《つ》り堀《ぼり》だ。屋根《やね》のある場《ば》所《しょ》があるので、雨《あめ》の日《ひ》でも釣《つ》りができるぞ。

釣《つ》れる魚《さかな》はコイ。体長《たいちょう》は30センチくらいだ。釣《つ》り池《いけ》はふたつあり、それぞれの水深《すいしん》は1・5メートルと3メートル。なかなか釣《つ》れないときは、スタッフの人《ひと》に釣《つ》り方《かた》を教《おし》えてもらおう。

ウェブサイトへGO《ゴー》!

＊「品川《しながわ》フィッシングガーデン」ホームページ

キャッチ&《アンド》イート

釣《つ》れる魚《さかな》  ほか、ホンモロコ、オニテナガエビ

ニジマス（幼魚《ようぎょ》。季節《きせつ》による）

[所在地《しょざいち》] 東京都練馬区練馬《とうきょうとねりまくねりま》 1-35-1-106 ☎ 03-5912-0838

[アクセス] 西武鉄道池袋線《せいぶてつどういけぶくろせん》・豊島線《としません》、西武有楽町線《せいぶゆうらくちょうせん》、都営地下鉄大江戸線《とえいちかてつおおえどせん》・練馬駅《ねりまえき》から徒歩《とほ》３分《ぷん》

[料金《りょうきん》] １席《せき》１時間《じかん》1,000円《えん》 [休業日《きゅうぎょうび》] 年中無休《ねんじゅうむきゅう》 [営業時間《えいぎょうじかん》] 平日《へいじつ》15:00 ～ 23:00、土曜日《どようび》12:00 ～ 23:00、日曜祝日《にちようしゅくじつ》10:00 ～ 22:00 [駐車場《ちゅうしゃじょう》] なし

❶小魚《こざかな》釣《つ》りを手軽《てがる》に楽《たの》しめるのが魅力《みりょく》！❷まるで喫茶店《きっさてん》のような店内《てんない》に水槽《すいそう》がある。❸ホンモロコは、高級食材《こうきゅうしょくざい》のひとつに数《かぞ》えられる魚《さかな》。その美《お》味《い》しさを味《あじ》わってみよう

お父さん、お母さんへ

「つりぼりカフェ」と銘打っているように、ドリンクやフードも提供している。大人といっしょなら子どもの年齢制限はなく、小学校高学年程度であれば子どもだけの利用も可能だ。また、釣りをせずにカフェとして利用することもできる。なお、調理サービスの制限匹数は時期によって異なる。小さな釣り堀で、貸切になることもあるので、公式ブログをチェックしておこう。

自分《じぶん》が釣《つ》った魚《さかな》をその場《ば》で食《た》べられる

「キャッチ&《アンド》イート」とは、「釣《つ》って、食《た》べる」という意味《いみ》。その名《な》の通《とお》り、ここは釣《つ》った魚《さかな》を食《た》べられる、珍《めずら》しい室内《しつない》釣《つ》り堀《ぼり》だ。

釣《つ》れるのは主《おも》に「ホンモロコ」という小魚《こざかな》。クチボソに似《に》ているけれど、実《じつ》は希少《きしょう》な魚《さかな》なんだよ。釣《つ》ったホンモロコは、唐揚《からあ》げや天《てん》ぷらにしてくれる。ほかに「オニテナガエビ」というテナガエビの仲間《なかま》や、季節《きせつ》によってはニジマスの子《こ》どもも釣《つ》れるぞ。

ウェブサイトへGO《ゴー》!

＊「キャッチ&《アンド》イート」ブログ

としまえんフィッシングエリア

釣《つ》れる魚《さかな》

ニジマス

［所在地《しょざいち》］東京都《とうきょうと》練馬区《ねりまく》向山《こうやま》 3-25-1　☎ 03-3577-9978［アクセス］西武池袋線《せいぶいけぶくろせん》／都営《とえい》大江戸線《おおえどせん》・豊島園駅下車《としまえんえきげしゃ》　［料金《りょうきん》］土日祝日《どにちしゅくじつ》1時間《じかん》：一般《いっぱん》1,200円《えん》、女性《じょせい》・高校生《こうこうせい》1,000円《えん》、中学生《ちゅうがくせい》以下《いか》800円《えん》。平日《へいじつ》1時間《じかん》：一般《いっぱん》1,100円《えん》、女性《じょせい》・高校生《こうこうせい》900円《えん》、中学生《ちゅうがくせい》以下《いか》700円《えん》　［営業期間《えいぎょうきかん》］9月下旬《がつげじゅん》～5月上旬《がつじょうじゅん》　［営業時間《えいぎょうじかん》］7:00～19:00、土曜日《どようび》・特定日《とくていび》：7:00～22:00　［駐車場《ちゅうしゃじょう》］あり（有料《ゆうりょう》）

❶足場《あしば》がいいので、子《こ》どもでも安心《あんしん》して釣《つ》りができる。❷エサ釣《づ》りは流《なが》れるプールで。ほかにルアー・フライ釣《つ》り用《よう》の池《いけ》がたくさん！❸イワナの仲間《なかま》。いろんな魚《さかな》がいるぞ！

お父さん、お母さんへ

キッチンバサミを常備した、魚をさばく場所もあるので、釣れたらぜひ持って帰って食べてみよう。料金は1時間券のほか、2時間券、3時間券、6時間券がある。長時間の券のほうが、1時間あたりが割安になる。エサ釣り用の釣り竿と仕掛けのセットは600円から。エサは1パック200円で別途購入。なお、料金などは年度ごとに改定されることがあるので、事前にHPなどで確認しよう。

冬季限定《とうきげんてい》のニジマス釣《つ》り場《ば》

夏《なつ》はプール、冬《ふゆ》は釣《つ》り堀《ぼり》。「としまえんフィッシングエリア」は、いわゆる「プール釣《つ》り場《ば》」のひとつだ。隣《となり》はもちろん「豊島園《としまえん》」。遊園地《ゆうえんち》で遊《あそ》んだ帰《かえ》りに、釣《つ》りを楽《たの》しむのもいいね！

プールには、ニジマス以外《いがい》に、さまざまな仲間《なかま》が放流《ほうりゅう》されている。なかには体長《たいちょう》80センチを超《こ》える大物《おおもの》もいるから油断《ゆだん》は禁物《きんもつ》！　釣《つ》れないときは、面倒見《めんどうみ》のいい管理人《かんりにん》さんにいろいろ教《おし》えてもらおう。

ウェブサイトへGO《ゴー》!

＊「としまえんフィッシングエリア」ホームページ

隅田公園魚《すみだこうえんうお》つり場《ば》

釣《つ》れる魚《さかな》：ヘラブナ

[所在地《しょざいち》] 東京都墨田区向島《とうきょうとすみだくむこうじま》 2-1-1　☎ 03-3625-5495 [アクセス] 東武《とうぶ》スカイツリーライン・とうきょうスカイツリー駅《えき》から徒歩《とほ》 10 分《ぶん》。都営《とえい》バス「言問橋《ことといばし》」バス停《てい》から徒歩《とほ》 3 分《ぶん》 [料金《りょうきん》] 1 回《かい》（2 時間《じかん》）30 円《えん》（見学者《けんがくしゃ》は無料《むりょう》） [休業日《きゅうぎょうび》] 12 月《がつ》 29 日《にち》〜1 月 3 日《がつみっか》 [営業時間《えいぎょうじかん》] 4〜9 月《がつ》：10:00 〜 17:30、10 〜 3 月《がつ》：9:00 〜 16:30 まで [駐車場《ちゅうしゃじょう》] なし [その他《た》] 釣《つ》り具《ぐ》とエサは持参《じさん》

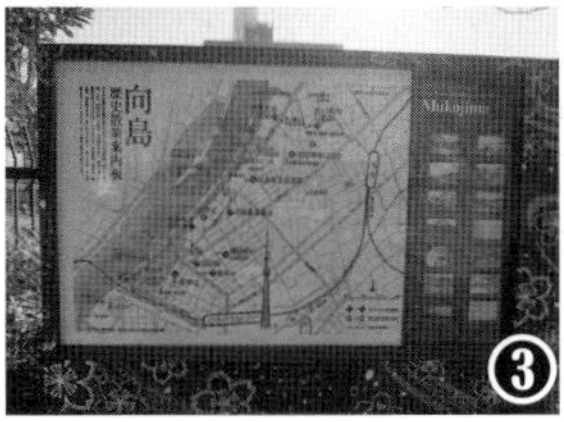

❶ひょうたん型《がた》の小《ちい》さな釣《つ》り池《いけ》がある。❷自動販売機《じどうはんばいき》で入場券《にゅうじょうけん》を購入《こうにゅう》。わからないことは管理人《かんりにん》さんに聞《き》こう。❸向島《むこうじま》は見《み》どころたくさん！ 街《まち》の散策《さんさく》も楽《たの》しもう

お父さん、お母さんへ

1 日の営業を、4 〜 9 月は 10:00 〜 12:00、13:00 〜 15:00、15:30 〜 17:30。10 〜 3 月は 9:00 〜 11:00、12:00 〜 14:00、14:30 〜 16:30 と、2 時間ごと、3 回にわけている。中途半端な時刻に行くと、すぐに終了時刻になってしまうので、上記の営業時間を覚えておこう。なお、近隣に駐車場はないので、公共交通機関を利用して訪れることをオススメする。

1回《かい》30円《えん》！ 子《こ》どものための釣《つ》り場《ば》

隅田川《すみだがわ》ぞいにある「隅田《すみだ》公園魚《こうえんうお》つり場《ば》」は、主《おも》に小《しょう》・中学生《ちゅうがくせい》を対象《たいしょう》にした墨田《すみだ》区営《くえい》の釣《つ》り場《ば》だ（大人《おとな》も利用《りよう》可能《かのう》）。釣《つ》れる魚《さかな》はヘラブナだけなので、ちょっと難《むずか》しいけれど、暖《あたた》かい時期《じき》ならきっと釣れる！

道具《どうぐ》の貸《か》し出《だ》しはないので、自分《じぶん》で用意《ようい》する必要《ひつよう》がある。竿《さお》は3メートル以内《いない》、ハリはカエシのないものを使《つか》うのがルールだ。春《はる》〜秋《あき》の暖《あたた》かい時期《じき》が釣《つ》りやすいぞ。

ウェブサイトへGO《ゴー》!

＊「隅田公園魚《すみだこうえんうお》つり場《ば》」ホームページ(墨田区《すみだく》HP内《ない》)

平和《へいわ》の森公園《もりこうえん》

釣《つ》れる魚《さかな》

ザリガニ　クチボソ　タナゴ　コイ

ほか、ヘラブナなど

[所在地《しょざいち》] 東京都大田区平和《とうきょうとおおたくへいわ》の森公園《もりこうえん》2-1　☎03-3766-1607
[アクセス] JR 京浜東北線《けいひんとうほくせん》・大森駅《おおもりえき》から森ヶ崎行《もりがさきい》きバスで「平和島駅《へいわじまえき》」バス停下車《ていげしゃ》。徒歩《とほ》10 分《ぶん》。京浜急行《けいひんきゅうこう》・平和島駅《へいわじまえき》から徒歩《とほ》13 分《ぶん》　[入園料《にゅうえんりょう》] 無料《むりょう》　[休園日《きゅうえんび》] なし
[駐車場《ちゅうしゃじょう》] あり（有料《ゆうりょう》／ 30 分《ぶん》100 円《えん》）
[その他《た》] リール竿使用禁止《ざおしようきんし》、釣《つ》った魚《さかな》の持《も》ち帰《かえ》り禁止《きんし》

❶広《ひろ》い釣《つ》りデッキがある「ひょうたん池《いけ》」。❷水路状《すいろじょう》になっている場所《ばしょ》は、小魚釣《こざかなつ》りにオススメだ。❸小魚釣《こざかなつ》りを楽しむ人《ひと》たちがたくさん。クチボソやタナゴが釣《つ》れるぞ！

お父さん、お母さんへ

小魚釣りは水路、ザリガニなどはアシが群生している浅い場所、コイは「釣りデッキ」からが釣りやすい。釣りデッキの前に、釣りのルールが書かれた看板が立っているので、必ず確認しておこう。なお、フィールドアスレチックは 9:30 ～ 15:00 が入場時間。年末年始と月曜日（祝日の場合は翌日）休業。使用料は高校生以上＝ 360 円、小・中学生＝ 100 円。

きれいなデッキから釣《つ》りが楽《たの》しめる！

「平和《へいわ》の森公園《もりこうえん》」は、フィールドアスレチックやテニスコートなどがある大田区内《おおたくない》最《さい》大級《だいきゅう》の公園《こうえん》だ。近《ちか》くには「平《へい》和島《わじま》公園《こうえん》プール」や「大森《おおもり》ふるさとの浜辺《はまべ》公園《こうえん》」があるので、ほかの遊《あそ》びとあわせて釣《つ》りを楽《たの》しむことができる。
　釣《つ》りができる「ひょうたん池《いけ》」は、公園《こうえん》の中央部《ちゅうおうぶ》にある。広《ひろ》い「釣《つ》りデッキ」では、クチボソやタナゴなどの小魚《こざかな》に、コイ、ヘラブナなどを釣《つ》ることができるぞ。

ウェブサイトへGO《ゴー》!

＊「平和《へいわ》の森公園《もりこうえん》」ホームページ（大田《おおた》区《く》HP 内《ない》）

見次公園《みつぎこうえん》

釣《つ》れる魚《さかな》

ザリガニ　クチボソ　タナゴ　コイ　ほか、ヘラブナなど

[所在地《しょざいち》] 東京都板橋区前野町《とうきょうといたばしくまえのちょう》4-59 ☎03-3579-2525（板橋区《いたばしく》 土木部《どぼくぶ》 みどりと公園課《こうえんか》）
[アクセス] 都営三田線《とえいみたせん》・志村坂上駅《しむらさかうええき》から徒歩《とほ》5分《ふん》
[入園料《にゅうえんりょう》] 無料《むりょう》　[休園日《きゅうえんび》] 月曜日《げつようび》（祝日《しゅくじつ》の場合《ばあい》は翌日《よくじつ》）は釣《つ》り禁止《きんし》
[駐車場《ちゅうしゃじょう》] 近隣《きんりん》にコインパーキングあり
[その他《た》] 夜釣《よづ》り禁止《きんし》、リール竿使用禁止《ざおしようきんし》

❶ヘラブナ釣《つ》りでも人気《にんき》の見《み》次公園《つぎこうえん》。❷アシなどのまわりは小魚《こざかな》釣《つ》りのいいポイント。柵《さく》の内側《うちがわ》に入《はい》るときは、池《いけ》に落《お》ちないように注意《ちゅうい》しよう。❸大型《おおがた》のコイも釣《つ》れるぞ！

お父さん、お母さんへ

ヘラブナ釣りの人が多いので、とくにコイを釣る際は、迷惑にならないよう、少し離れて釣りをしたほうがいい。コイはパンをエサにした釣り方でも釣れるが、撒いたパンに水鳥が集まってしまうことが多いので、練りエサのほうが無難。近隣に釣具店はないので、事前に用意しておくこと。なお、4月1日～10月31日の土日祝日は貸しボートが利用可能（ボートからの釣りは不可）。

ボートにも乗《の》れる緑豊《みどりゆた》かな公園《こうえん》

駅《えき》から歩《ある》いて5分《ふん》ほどのところにある「見次公園《みつぎこうえん》」は、ヘラブナ釣《つ》りの名所《めいしょ》として知《し》られている。春《はる》～秋《あき》は、小魚《こざかな》や大《おお》きなコイも釣《つ》りやすいので、釣《つ》りをはじめたばかりのみんなにもオススメだ。

小魚《こざかな》釣《つ》りはアシなどのまわりがいいポイント。コイ釣《つ》りは岸《きし》ぎりぎりにエサを投入《とうにゅう》してみよう。ベテランの人《ひと》たちは柵《さく》を超《こ》えて釣《つ》りをしているけど、安全《あんぜん》のため、できるだけ入《はい》らないようにしよう。

ウェブサイトへGO《ゴー》!

＊「見次公園《みつぎこうえん》」ホームページ（板橋区《いたばしく》HP内《ない》）

S fish《エス フィッシュ》

釣《つ》れる魚《さかな》

キンギョ

コイ

[所在地《しょざいち》] 埼玉県川越市池辺《さいたまけんかわごえしいけのべ》 373-1　☎049-293-3129　[アクセス] 関越自動車道《かんえつじどうしゃどう》・川越《かわごえ》IC から７分《ふん》 [料金《りょうきん》] キンギョ：1 時間《じかん》 600円《えん》、２時間《じかん》 1,000円《えん》。ファミリー池《いけ》：1 時間《じかん》 500円《えん》、２時間《じかん》 1,000円《えん》、３時間《じかん》 1,300円《えん》、１日《にち》 1,500円《えん》。大鯉池《おおごいいけ》：１時間《じかん》 700円《えん》、２時間《じかん》 1,200円《えん》、３時間《じかん》 1,500円《えん》、１日《にち》 1,800円《えん》。釣《つ》り竿《ざお》とエサのセット：100円《えん》 [休業日《きゅうぎょうび》] 水曜日《すいようび》(年末年始《ねんまつねんし》は要《よう》問《と》い合《あ》わせ) [営業時間《えいぎょうじかん》] 9:00 ～ 18:00　[駐車場《ちゅうしゃじょう》] あり

❶小型《こがた》のコイが中心《ちゅうしん》の「ファミリー池《いけ》」。最初《さいしょ》はこちらがオススメ！ ❷室内《しつない》のキンギョ釣《つ》り堀《ぼり》。冬《ふゆ》の寒《さむ》い時期《じき》でも快適《かいてき》だ。❸「大鯉池《おおごいいけ》」では大型のコイを狙《ねら》えるぞ！

お父さん、お母さんへ

川越ICから近いので、クルマで行くのがオススメ。公共交通機関を利用する場合は、西武新宿線・南大塚駅が最寄りだ(1.7キロ・徒歩20分)。釣りができるのは小学生以上。釣った魚は、陸上に上げたり、手で触ったりせずにハリを外すのがルール。魚が暴れているときに無理して外そうとすると、手にハリが刺さるなどすることがあるので、魚がおとなしくなってから外そう。

元気《げんき》なコイの引《ひ》きを手軽《てがる》に味《あじ》わえる！

「S fish《エス フィッシュ》」はコイ釣《つ》りがメインの釣《つ》り堀《ぼり》。「ファミリー池《いけ》」には小型《こがた》～中型《ちゅうがた》、「大鯉池《おおごいいけ》」には大型《おおがた》のコイが放流《ほうりゅう》されている。釣《つ》りやすいのは「ファミリー池《いけ》」だけど、エサを選《えら》べば（持《も》ち込《こ》み可能《かのう》）「大鯉池《おおごいいけ》」もよく釣《つ》れる。ただし、釣《つ》り竿《ざお》や仕掛《しか》けは自《じ》分《ぶん》で用意《ようい》する必要《ひつよう》がある。

キンギョの釣《つ》り堀《ぼり》は室内《しつない》で冷暖房完備《れいだんぼうかんび》。水《みず》の透明度《とうめいど》が高《たか》いので、キンギョがエサをくわえるところも見《み》られるぞ。

ウェブサイトへGO《ゴー》!

＊「S fish《エス フィッシュ》」ホームページ

鳥羽井沼自然公園《とばいぬましぜんこうえん》

釣《つ》れる魚《さかな》

クチボソ

タナゴ

マブナ

コイ

ほか、ヘラブナなど

［所在地《しょざいち》］埼玉県川島町鳥羽井新田《さいたまけんかわしまちょうとばいしんでん》266　☎049-291-0884［アクセス］首都圏中央《しゅとけんちゅうおう》連絡自動車道《れんらくじどうしゃどう》・川越《かわごえ》IC、もしくは桶川北本《おけがわきたもと》ICからクルマで20分《ぷん》。［料金《りょうきん》］子《こ》ども：1日《にち》300円《えん》、半日《はんにち》（12:00から）200円《えん》。大人《おとな》：1日《にち》800円《えん》、半日《はんにち》（12:00から）500円《えん》。［休業日《きゅうぎょうび》］年中無休《ねんじゅうむきゅう》　［営業時間《えいぎょうじかん》］4～9月《がつ》5:00～18:00、10～3月《がつ》6:00～17:00　［駐車場《ちゅうしゃじょう》］あり［その他《た》］釣《つ》り竿《ざお》などの貸《か》し出《だ》しなし

❶小魚釣《こざかなつ》りが楽《たの》しめる。水路《すいろ》付近《ふきん》がオススメのポイントだ。❷もう一方《いっぽう》の池《いけ》は釣《つ》り台《だい》が完備《かんび》され、ヘラブナ釣《つ》りの人《ひと》が多《おお》い。❸釣《つ》り場《ば》の敷地内《しきちない》にある「川島民具展示館《かわしまみんぐてんじかん》」

お父さん、お母さんへ

最寄駅はJR高崎線・北本駅だが、歩くには遠い。駐車場には充分なスペースがあるので、クルマで行くのがオススメだ。荒川サイクリングロードの中間地点にあたるので、サイクリングを兼ねて訪れるのもいい。食堂は、場内にはないが、隣接して1軒、沖縄料理店がある。管理している「芳康いちじく園」ではイチジクを販売するほか、11月第2土日にイチジク狩りも楽しめる。

ふたつの池《いけ》がある広々《ひろびろ》した釣《つ》り場《ば》

「鳥羽井沼自然公園《とばいぬましぜんこうえん》」は、すぐ脇《わき》を荒川《あらかわ》が流《なが》れる大《おお》きな有《ゆう》料《りょう》釣《つ》り場《ば》。ヘラブナ釣《つ》りの人《ひと》が多《おお》いけれど、小魚《こざかな》やコイを狙《ねら》う釣《つ》り人《びと》もよく訪《おとず》れる。

ひょうたん型《がた》の大《おお》きな池《いけ》はふたつに分《わ》けられている。ひとつは釣《つ》り台《だい》が完備《かんび》された、ヘラブナ釣《つ》り専用《せんよう》の池《いけ》。もうひとつの池《いけ》は自然《しぜん》の状態《じょうたい》を残《のこ》してあって、小魚《こざかな》やマブナ、コイなどを釣《つ》るにはこちらがオススメだ。特《とく》に用水路《ようすいろ》の流《なが》れ込《こ》み付近《ふきん》は要《よう》チェック！

ウェブサイトへGO《ゴー》!

＊「鳥羽井沼自然《とばいぬましぜん》公園《こうえん》」ホームページ（芳康《ほうこう》いちじく園《えん》）

上尾丸山公園《あげおまるやまこうえん》

釣《つ》れる魚《さかな》

クチボソ

ブルーギル

コイ

ほか、ヘラブナなど

［所在地《しょざいち》］埼玉県上尾市平方《さいたまけんあげおしひらかた》 3326　☎048-781-0163（丸山公園管理事務所《まるやまこうえんかんりじむしょ》）［アクセス］JR 高崎線《たかさきせん》・上尾駅西口《あげおえきにしぐち》から市内循環《しないじゅんかん》バス「ぐるっとくん」平方循環《ひらかたじゅんかん》で「丸山公園《まるやまこうえん》南口《みなみぐち》」もしくは「自然学習館《しぜんがくしゅうかん》」バス停下車《ていげしゃ》

［入園料《にゅうえんりょう》］無料《むりょう》　［休園日《きゅうえんび》］なし　［駐車場《ちゅうしゃじょう》］あり（6～20 時《じ》）

［その他《た》］リール竿使用禁止《ざおしようきんし》、釣《つ》った魚《さかな》の持《も》ち帰《かえ》り禁止《きんし》

❶大池《おおいけ》はほぼ全面《ぜんめん》で釣《つ》りが可能《かのう》。竿《さお》を立《た》てたときに木《き》の枝《えだ》が邪魔《じゃま》にならないところを選《えら》ぼう。❷池中央《いけちゅうおう》にある噴水《ふんすい》の近《ちか》くはいいポイントだ。❸大《おお》きなコイが足元《あしもと》でも釣《つ》れる！

お父さん、お母さんへ

水温が高くなる時期は、修景池からの流れ込みや、噴水の近くが好ポイント。噴水の周囲は水深が深いので、寒い時期もいいポイントになる。練りエサの使用は可能だが、エサを大量に撒くことについては自粛を求められている。小魚、コイともに、足元狙いがオススメだ。なお、バーベキュー場は上尾市に在住・在職・在学の人にかぎり利用可能。事前に利用者登録が必要だ。

遊具《ゆうぐ》もたくさん！ 一日遊《いちにちあそ》べる公園《こうえん》

木製《もくせい》の遊具《ゆうぐ》や自然学習館《しぜんがくしゅうかん》、天文台《てんもんだい》、バーベキュースペースがある「上尾丸山公園《あげおまるやまこうえん》」は地元《じもと》で大人気《だいにんき》の公園《こうえん》だ。

釣《つ》りができるのは「大池《おおいけ》」。小《ちい》さな「修景池《しゅうけいいけ》」では、釣《つ》りはできないけど、エサやりが可能《かのう》だ。大池《おおいけ》では、ベテランの釣《つ》り人《びと》だけでなく、たくさんの子《こ》どもたちも釣《つ》りを楽《たの》しんでいる。暖《あたた》かい時期《じき》は足元《あしもと》の近《ちか》くを狙《ねら》ってみよう。小魚《こざかな》たちはもちろん、大《おお》きなコイも、きっと釣《つ》れるはず！

ウェブサイトへGO《ゴー》!

＊「上尾丸山公園《あげおまるやまこうえん》」ホームページ(上尾市《あげおし》HP 内《ない》)

水城公園《すいじょうこうえん》

釣《つ》れる魚《さかな》

クチボソ

コイ

ほか、ヘラブナなど

[所在地《しょざいち》] 埼玉県行田市水城公園《さいたまけんぎょうだしすいじょうこうえん》 1249　☎048-556-1111（行田市都市計画課《ぎょうだしとしけいかくか》） [アクセス] 秩父鉄道《ちちぶてつどう》・行田市駅《ぎょうだしえき》から徒歩《とほ》 15 分《ふん》。JR 高崎線《たかさきせん》・行田駅《ぎょうだえき》から市内循環《しないじゅんかん》バス西循環《にしじゅんかん》バス左回《ひだりまわ》りコースなどで「水城公園《すいじょうこうえん》」バス停下車《ていげしゃ》

[入園料《にゅうえんりょう》] 無料《むりょう》　[休園日《きゅうえんび》] なし　[駐車場《ちゅうしゃじょう》] あり

[その他《た》] リール竿使用禁止《ざおしようきんし》、釣《つ》った魚《さかな》の持《も》ち帰《かえ》り禁止《きんし》

❶ヘラブナ釣《つ》りの人《ひと》でにぎわうしのぶ池《いけ》。❷池《いけ》の東側《ひがしがわ》は道《どう》路《ろ》に面《めん》している。❸南側《みなみがわ》の一角《いっかく》に群生している古代蓮《こだいはす》。1,400 年以上前《ねんいじょうまえ》のタネが自然《しぜん》に発芽《はつが》したものなんだとか

お父さん、お母さんへ

広い駐車場があるが、満車になることもしばしば。忍城跡（行田市郷土博物館）にも駐車場がある。忍城見学を兼ねるのもいいアイデアだ。釣りができるのは「しのぶ池」。西側の池にも魚はいるが、こちらでの釣りはできない。ポイントは足元。浅いが、小魚やコイを釣るには問題ない。東側の道路沿いが比較的空いているが、後ろを歩く人にハリなどを引っ掛けないよう注意しよう。

気持《きも》ちのいい公園《こうえん》でのんびり釣《つ》りできる

関東七名城《かんとうしちめいじょう》のひとつに数《かぞ》えられる「忍城《おしじょう》」の近《ちか》くにある「水城公園《すいじょうこうえん》」は、忍城《おしじょう》のお堀《ほり》の一部《いちぶ》を利用《りよう》した公園《こうえん》だ。芝生《しばふ》の「自由広場《じゆうひろば》」などがあって散策《さんさく》が楽《たの》しめ、7月中旬《がつちゅうじゅん》～8月下旬《がつげじゅん》になると古代蓮《こだいはす》が花《はな》を咲《さ》かせる。

「しのぶ池《いけ》」と名付《なづ》けられた池《いけ》では、コイや小魚《こざかな》が釣《つ》れる。暖《あたた》かい時期《じき》、足元《あしもと》の近《ちか》くに練《ね》りエサなどをパラパラと撒《ま》くと、小《ちい》さなエビの仲間《なかま》もたくさん寄《よ》ってくるぞ。

ウェブサイトへGO《ゴー》!

＊「水城公園《すいじょうこうえん》」ホームページ（「さいたまなび」内《ない》）

別所沼公園《べっしょぬまこうえん》

釣《つ》れる魚《さかな》

クチボソ　コイ　テナガエビ

ほか、ヘラブナなど

[所在地《しょざいち》] 埼玉県《さいたまけん》さいたま市《し》南区別所《みなみくべっしょ》4-12-10　☎048-711-2290
[アクセス] JR 埼京線《さいきょうせん》・中浦和駅《なかうらわえき》から徒歩《とほ》5 分《ふん》。JR 東北本線《とうほくほんせん》・浦和駅《うらわえき》から国際興業《こくさいこうぎょう》バス「浦《うら》10・浦《うら》11・志《し》01」に乗《の》り「別所沼公園《べっしょぬまこうえん》」バス停下車《ていげしゃ》
[入園料《にゅうえんりょう》] 無料《むりょう》　[休園日《きゅうえんび》] なし　[駐車場《ちゅうしゃじょう》] あり（20 台程度《だいていど》）
[その他《た》] リール竿使用禁止《ざおしようきんし》、ルアー釣《つ》り禁止《きんし》

❶池《いけ》の周囲《しゅうい》にはメタセコイアの巨木《きょぼく》が立《た》ち並《なら》ぶ。❷コイやヘラブナ、小魚《こざかな》が釣《つ》れるぞ！❸昭和初期《しょうわしょき》の詩人《しじん》・立原道造《たちはらみちぞう》が設計《せっけい》したヒヤシンスハウスは、公園《こうえん》のシンボルのひとつ

お父さん、お母さんへ

駐車スペースが狭いので、満車の場合は近隣のコインパーキングを利用のこと。釣りやすいのはコイと小魚。クチボソ釣りは、足元にパラパラと練りエサを落としてみて、寄ってくるのを確認してからはじめよう。コイやフナも、足元狙いのほうが釣りやすい。テナガエビは初夏以降がシーズンだ。ザリガニもいると思われるが、透明度が低いので狙って釣るのは難しい。

巨木《きょぼく》が立《た》ち並《なら》ぶ緑《みどり》が溢《あふ》れる公園《こうえん》

中浦和駅《なかうらわえき》から歩《ある》いて約《やく》5分《ふん》、浦和《うらわ》の街中《まちなか》にある「別所沼公園《べっしょぬまこうえん》」は、遊具《ゆうぐ》が並《なら》ぶ「児童広場《じどうひろば》」や「多目的広場《たもくてきひろば》」などがある公園《こうえん》。池《いけ》を取《と》り囲《かこ》む巨木《きょぼく》はメタセコイア（アケボノスギ）だ。

噴水《ふんすい》のある大《おお》きな別所沼《べっしょぬま》では、いろいろな魚《さかな》を釣《つ》ることができる。ベテランの釣《つ》り人《びと》はヘラブナを狙《ねら》っているけど、釣《つ》りやすいのはコイや小魚《こざかな》。暖《あたた》かい時期《じき》なら、どちらも足元《あしもと》の近《ちか》くで釣《つ》れるよ。

ウェブサイトへGO《ゴー》!

＊「別所沼公園《べっしょぬまこうえん》」ホームページ（「さいたま公園《こうえん》ナビ」内《ない》）

大崎公園《おおさきこうえん》

釣《つ》れる魚《さかな》

ザリガニ

クチボソ

［所在地《しょざいち》］埼玉県《さいたまけん》さいたま市緑区大崎《しみどりくおおさき》3170-1 ☎048-878-2882（大崎公園子供動物園《おおさきこうえんこどもどうぶつえん》）［アクセス］JR東北本線《とうほくほんせん》・浦和駅《うらわえき》、埼玉高速鉄道埼玉《さいたまこうそくてつどうさいたま》スタジアム線《せん》・浦和美園駅《うらわみそのえき》、JR武蔵野線《むさしのせん》・東川口駅《ひがしかわぐちえき》、JR武蔵野線《むさしのせん》・東浦和駅《ひがしうらわえき》から、国際興業《こくさいこうぎょう》バス「浦《うら》01」「浦《うら》02」「浦《うら》09」路線《ろせん》で「大崎園芸植物園《おおさきえんげいしょくぶつえん》」バス停下車《ていげしゃ》。徒歩《とほ》5分《ふん》［入園料《にゅうえんりょう》］無料《むりょう》［休園日《きゅうえんび》］なし［駐車場《ちゅうしゃじょう》］あり［その他《た》］リール竿使用禁止《ざおしようきんし》、釣《つ》った魚《さかな》（ザリガニを含《ふく》む）の持《も》ち帰《かえ》り禁止《きんし》

❶釣《つ》り池《いけ》には小魚《こざかな》がたくさん！ 水深《すいしん》が浅《あさ》いので、短《みじか》い釣《つ》り竿《ざお》でも大丈夫《だいじょうぶ》だ。❷看板《かんばん》に書《か》かれたルールを確認《かくにん》してから遊《あそ》ぼう。❸レッサーパンダがいる子供動物園《こどもどうぶつえん》も大人気《だいにんき》！

❶

❸

❷

お父さん、お母さんへ

釣り池では、大人も釣りが可能だが、あくまで子ども優先。そのため、コイやヘラブナなどはおらず、クチボソがほとんどだ。夏以降、大きくなってからのほうが釣りやすい。また、水が澄んでいるのでザリガニ釣りも楽しめる。子供動物園は月曜日（祝日の場合は翌日）と年末年始休業。10～16時開園。動物園内の「どうぶつひろば」は時期によって営業日・時間が変わるのでHPを参照。

子《こ》ども優先《ゆうせん》の池《いけ》で思《おも》いっきり遊《あそ》ぼう！

「大崎公園《おおさきこうえん》」は芝生《しばふ》が広《ひろ》がるきれいな公園《こうえん》だ。園内《えんない》にはレッサーパンダやリスなどがいる「子供動物園《こどもどうぶつえん》」があり、「どうぶつひろば」ではヤギやアヒルなどと触《ふ》れ合《あ》うこともできる。

釣《つ》り池《いけ》で釣《つ》れるのはクチボソとザリガニ。クチボソはできるだけ小《ちい》さいハリを使《つか》うと釣《つ》りやすい。なお、釣《つ》り池《いけ》はアズマヒキガエルの産卵場所《さんらんばしょ》となっている。卵《たまご》やオタマジャクシも観察《かんさつ》できるぞ。

ウェブサイトへGO《ゴー》!

＊「大崎公園《おおさきこうえん》」ホームページ（さいたま市《し》HP内《ない》）

西城沼公園《にしじょうぬまこうえん》

釣《つ》れる魚《さかな》

ほか、ヘラブナなど

[所在地《しょざいち》] 埼玉県蓮田市城《さいたまけんはすだしじょう》 637-1　☎ 048-769-4142

[アクセス] JR 東北本線《とうほくほんせん》・蓮田駅東口《はすだえきひがしぐち》から朝日《あさひ》バス「菖蒲仲橋《しょうぶなかはし》」もしくは「パルシー」行《い》きバスで「西城沼公園《にしじょうぬまこうえん》」バス停下車《ていげしゃ》。徒歩《とほ》 4 分《ぷん》

[入園料《にゅうえんりょう》] 無料《むりょう》　[休園日《きゅうえんび》] なし　[駐車場《ちゅうしゃじょう》] あり（70 台程度《だいていど》）

[その他《た》] リール竿使用禁止《ざおしようきんし》、ルアー釣《つ》り禁止《きんし》

❶こじんまりとした池《いけ》だが、大《おお》きなコイも潜《ひそ》んでいる。❷ベテランの釣《つ》り人《びと》はヘラブナ狙《ねら》い。タナゴ釣《つ》りの人《ひと》もいる。❸ブルーギルなどの小魚《こざかな》は足元《あしもと》の近《ちか》くで釣《つ》れるぞ！

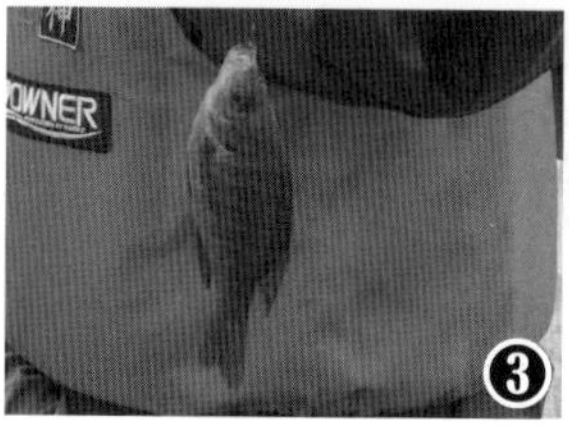

お父さん、お母さんへ

小魚を釣るなら水生植物が生えている周りがオススメ。コイはパンでも釣れるが、パンの撒きエサはほかの釣り人の迷惑になることがあるので、混雑しているときは控えよう。練りエサの釣りなら、そうした問題はない。岸ぎわにやってくるコイを釣るなら、岸から距離をおいて竿を出すといい。バーベキュー（ガスコンロ使用）も可能だが、事前に市役所で許可をとる必要がある。

木製《もくせい》アスレチックもある、きれいな公園《こうえん》

西城沼《にしじょうぬま》を中心《ちゅうしん》に作《つく》られた「西城沼公園《にしじょうぬまこうえん》」。公園《こうえん》の奥《おく》には、大《おお》きな木製《もくせい》のフィールドアスレチックやローラー滑《すべ》り台《だい》がある。夏《なつ》は「じゃぶじゃぶ川《かわ》」での水遊《みずあそ》びもできるぞ。

西城沼《にしじょうぬま》にはヘラブナ釣《つ》りの人《ひと》が多《おお》く、春《はる》・秋《あき》の釣《つ》りシーズンは釣《つ》り人《びと》でいっぱいになるほど。また、タナゴやクチボソを釣《つ》るベテラン釣《つ》り人《びと》の姿《すがた》もよく見《み》かける。簡単《かんたん》なのはブルーギル釣《つ》り。アカムシやサシで釣《つ》ってみよう。

ウェブサイトへGO《ゴー》!

＊「西城沼公園《にしじょうぬまこうえん》」ホームページ（「さいたまなび」内《ない》）

小畔川《こあぜがわ》

釣《つ》れる魚《さかな》

コイ

マブナ

ブルーギル

ほか、オイカワ、ナマズ、ブラックバスなど

[所在地《しょざいち》] 埼玉県川越市伊勢原町《さいたまけんかわごえしいせはらちょう》 3-3　☎ 042-973-2389（入間漁業協同組合《いるまぎょぎょうきょうどうくみあい》）[アクセス] 東武東上線《とうぶとうじょうせん》・鶴ヶ島駅《つるがしまえき》から東武《とうぶ》バス・いせはら団地《だんち》行《い》きバスで「おいせ橋《ばし》」バス停下車《ていげしゃ》。[遊漁料《ゆうぎょりょう》] 雑魚《ざこ》（コイ、マブナ、オイカワなど）日釣《ひづ》り券《けん》400円《えん》（現場販売《げんばはんばい》500円《えん》。釣《つ》る魚《さかな》や釣《つ》り方《かた》によって異《こと》なる）[遊漁期間《ゆうぎょきかん》] 雑魚釣《ざこつ》りは通年釣《つうねんつ》り可能《かのう》（釣《つ》る魚《さかな》によって異《こと》なる）[駐車場《ちゅうしゃじょう》] あり

❶御伊勢塚公園横《おいせづかこうえんよこ》の小畔川《こあぜがわ》。夏《なつ》は水遊《みずあそ》びをする子《こ》どもたちがたくさんいる。❷水深《すいしん》が浅《あさ》く、水《みず》は透明《とうめい》だ。魚《さかな》が泳《およ》いでいる姿《すがた》が見《み》えるはず！❸こんなに大《おお》きなコイもいるぞ

お父さん、お母さんへ

上記所在地、および下記 QR コードは御伊勢塚公園のもの。公園から降りた川沿いに駐車スペースがある。小畔川は漁業協同組合が管理している川なので、高校生以上は遊漁料が必要だ。販売店は狭山市、入間市、飯能市にある。近隣では販売していないので、詳細を入間漁業協同組合に問い合わせのこと。なお、埼玉県内では、ブルーギルやブラックバスなどの再放流が禁止されている。

夏《なつ》は水遊《みずあそ》びもできるよく整備《せいび》された川《かわ》

埼玉県飯能市《さいたまけんはんのうし》の宮沢湖《みやざわこ》から流《なが》れ出《で》る「小畔川《こあぜがわ》」。オイカワやマブナ、コイなどが釣《つ》れる川《かわ》として知《し》られている。コイを釣《つ》るなら、パンをエサにした「パンプカ」がいい。コイを見《み》つけたら釣《つ》り開始《かいし》！

川《かわ》の長《なが》さは20キロほどあるけれど、みんなへのオススメは御伊勢塚公園《おいせづかこうえん》のあたり。水《すい》深《しん》がとても浅《あさ》く、夏《なつ》は水遊《みずあそ》びもできるぞ。ただし、雨《あめ》のあとなど、増水《ぞうすい》しているときは近《ちか》づかないようにしようね。

ウェブサイトへGO《ゴー》!

＊「御伊勢塚公園《おいせづかこうえん》」ホームページ（「さいたまなび」内《ない》）

釣《つり》パラダイス

釣《つ》れる魚《さかな》

コイ　ニジマス　タナゴ　ブルーギル

ほか、ヘラブナ、ブラックバスなど

[所在地《しょざいち》] 千葉県山武市大木《ちばけんさんむしおおぎ》 470-1　☎ 043-444-6000 [アクセス] JR 総武線《そうぶせん》・八街駅《やちまたえき》から千葉《ちば》フラワーバス「成東駅《なるとうえき》」行《い》きで「沖渡入口《おきわたしいりぐち》」バス停下車《ていげしゃ》。徒歩《とほ》 10 分《ぷん》 [料金《りょうきん》] コイ：2時間《じかん》 1,500 円《えん》、半日《はんにち》 3,000 円《えん》、1 日《にち》 4,500 円《えん》。ニジマス：1 時間《じかん》 1,500 円《えん》、半日《はんにち》 3,000 円《えん》、1 日《にち》 4,500 円《えん》。釣《つ》り竿《ざお》レンタル（エサ代込《だいこ》み）300 円《えん》 [休業日《きゅうぎょうび》] 年中無休《ねんじゅうむきゅう》（トラウトの営業《えいぎょう》は秋《あき》～春《はる》） [営業時間《えいぎょうじかん》] 6:00 ～ 18:00（平日《へいじつ》 6:30 ～） [駐車場《ちゅうしゃじょう》] あり

❶いろいろな魚《さかな》が釣《つ》れる釣《つ》り場《ば》だけれど、初《はじ》めての人《ひと》にオススメするのはコイ釣《つ》り。❷コイ釣《つ》り池《いけ》は４面《めん》ある。足元《あしもと》がいいポイントだ。❸こんな大《おお》きなコイも釣《つ》れるぞ！

お父さん、お母さんへ

バス＋徒歩でも行けるが、クルマのほうが楽。コイ釣り堀は放流量が多く、初めての人でも釣れる可能性がとても高い。ウキ下の規定（ルール）はないが、やはり底釣りのほうが釣りやすいので、きちんとウキ下を調整するといい。ニジマスはルアー・フライ釣りがメインだが、エサ釣りが可能な池もある。ニジマス釣りの営業時期は状況によって変わるので要確認のこと。

初《はじ》めての人《ひと》でも大型《おおがた》コイが釣《つ》れる！

「釣《つり》パラダイス」は、コイ釣《つ》り池《いけ》のほか、トラウト（ニジマスなど）池《いけ》、ヘラブナ池《いけ》、ブラックバス池《いけ》などがあり、さまざまな釣《つ》りが楽《たの》しめる釣《つ》り場《ば》。繊細《せんさい》なヘラブナ釣《つ》りや、トラウト、ブラックバス狙《ねら》いのルアー釣《つ》りなどに挑戦《ちょうせん》したい人《ひと》にもオススメだ。

コイ釣《つ》りは短時間《たんじかん》でも釣《つ》れる可能性《かのうせい》がとても高《たか》く、体長《たいちょう》70センチを超《こ》える大型《おおがた》も放流《ほうりゅう》されている。大型《おおがた》は管理棟《かんりとう》の横《よこ》にある池《いけ》が有望《ゆうぼう》だぞ。

ウェブサイトへGO《ゴー》!

＊「釣《つり》パラダイス」ホームページ

フィッシュランド丸宮《まるみや》

釣《つ》れる魚《さかな》

コイ　キンギョ　ザリガニ

ほか、ナマズ、ソウギョなど

［所在地《しょざいち》］千葉県《ちばけん》君津市《きみつし》杢師《もくし》1-11-1　☎0439-50-3355［アクセス］JR 内房線《うちぼうせん》・君津駅《きみつえき》から徒歩《とほ》22 分《ふん》。［料金《りょうきん》（貸《か》し竿《ざお》・エサを含《ふく》む）］大池《おおいけ》：1 時間《じかん》1,100 円《えん》、延長《えんちょう》30 分《ぶん》300 円《えん》。小池《しょういけ》：1 時間《じかん》850 円《えん》、延長《えんちょう》30 分《ぶん》300 円《えん》。MIX《ミックス》池《いけ》：1 時間《じかん》950 円《えん》、延長《えんちょう》30 分《ぶん》300 円《えん》［休業日《きゅうぎょうび》］年中無休《ねんじゅうむきゅう》［営業時間《えいぎょうじかん》］冬季《とうき》8:30 ～ 19:00、夏季《かき》8:30 ～ 19:30［駐車場《ちゅうしゃじょう》］あり［その他《た》］釣《つ》り竿《ざお》、エサ（練《ね》りエサのみ）の持《も》ち込《こ》み可能《かのう》

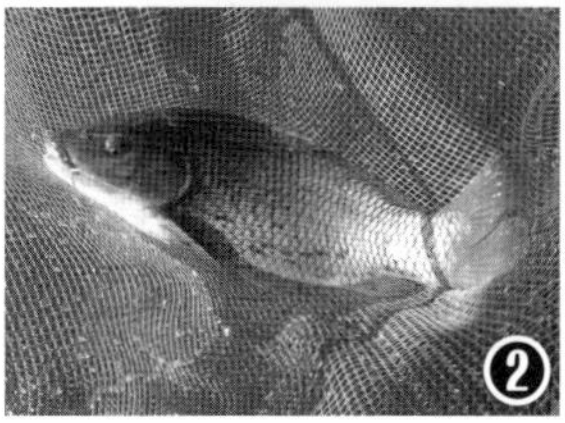

❶ドーム内《ない》は冬《ふゆ》でも暖《あたた》か。雨《あめ》の日《ひ》でも遊《あそ》べるぞ！❷「大池《おおいけ》」では 70 センチを超《こ》えるコイも釣《つ》れる。❸観賞魚《かんしょうぎょ》や錦《にしき》ゴイにくわえ、魚《さかな》を飼育《しいく》するための用品《ようひん》も販売《はんばい》している

お父さん、お母さんへ

駅から歩いていけない距離ではないが、クルマで行くほうが楽。館山自動車道・木更津南 IC、もしくは君津 IC が最寄りのインターチェンジになる。季節や天候を問わず楽しめる室内釣り堀とはいえ、やはり水温が上がってくる春先以降が釣りやすい。ホームページが充実しており、釣り池の深さや釣り方のコツなども紹介されているので、そちらも参考にするといい。

冬《ふゆ》でも暖《あたた》かい！大型《おおがた》ドーム釣《つ》り堀《ぼり》

「フィッシュランド丸宮《まるみや》」は、コイ、キンギョ、ナマズ、ソウギョ（中国原産《ちゅうごくげんさん》のコイの仲間《なかま》）などが釣《つ》れる室内《しつない》釣《つ》り堀《ぼり》だ。ほかにキンギョすくいやザリガニ釣《つ》りも楽《たの》しめる。

池《いけ》は大型《おおがた》のコイが中心《ちゅうしん》の「大池《おおいけ》」、小型《こがた》のコイとキンギョがいる「小池《しょういけ》」、釣《つ》った魚《さかな》から1匹《ぴき》を持《も》ち帰《かえ》れる「MIX池《ミックスいけ》」の3つに分《わ》かれている。一番《いちばん》釣《つ》りやすいのは「小池《しょういけ》」。慣《な》れてきたら「大池《おおいけ》」に挑戦《ちょうせん》してみよう！

ウェブサイトへGO《ゴー》!

＊「フィッシュランド丸宮《まるみや》」ホームページ

座間養魚場《ざまようぎょじょう》

釣《つ》れる魚《さかな》

コイ

ニジマス

ほか、ヘラブナ

[所在地《しょざいち》] 千葉県柏市大井《ちばけんかしわしおおい》 1375　☎ 04-7192-1733 [アクセス] JR 常磐線《じょうばんせん》・柏駅東口《かしわえきひがしぐち》から阪東《ばんどう》バス「大津ヶ丘団地《おおつがおかだんち》」行《い》きバスで「エリカ前《まえ》」バス停下車《ていげしゃ》。徒歩《とほ》 8 分《ぶん》 [料金《りょうきん》（カッコ内《ない》は女性《じょせい》・小学生料金《しょうがくせいりょうきん》）] 1 時間《じかん》 800 円《えん》（500 円《えん》）、延長《えんちょう》 1 時間《じかん》 500 円《えん》（500 円《えん》）、4 時間《じかん》 2,160 円《えん》（1,890 円《えん》）。釣《つ》り竿《ざお》レンタル 150 円《えん》。エサ代《だい》 50 円《えん》 [休業日《きゅうぎょうび》] 1月1日《がつついたち》 [営業時間《えいぎょうじかん》] 8:00 ～ 17:00（5～8 月《がつ》の土日祝日《どにちしゅくじつ》は～ 18:00） [駐車場《ちゅうしゃじょう》] あり

❶雨《あめ》でも釣《つ》りが楽《たの》しめる広《ひろ》い室内釣《しつないつ》り堀《ぼり》だ。❷貸《か》し竿《ざお》があるので手《て》ぶらでも OK《オーケー》。タナは正確《せいかく》に！❸釣《つ》れるのは色《いろ》ゴイとヘラブナ。色《いろ》ゴイを釣《つ》るとポイントがもらえるぞ

❶

お父さん、お母さんへ

１日料金（大人＝ 3,240 円、女性・小学生以下＝ 2,700 円）あり。コイ釣りは底釣りのみで、足元を釣るのは禁止。タナの調整ができなければ管理人にお願いしよう。エサ・釣り竿ともに持ち込み可能だが、エサは練りエサのみ可、２メートル以下の竿は使用禁止となっている。ニジマス釣り場は９月中旬～６月下旬営業。ルアー・フライ釣り専用で、料金は屋内釣り堀とは別だ。

❸

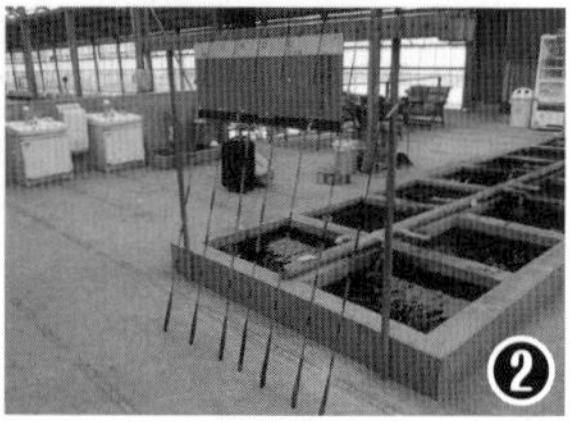

❷

色《いろ》ゴイが釣《つ》れる！広《ひろ》い室内釣《しつないつ》り堀《ぼり》

「座間養魚場《ざまようぎょじょう》」は、手賀沼《てがぬま》の近《ちか》くにある、とても広《ひろ》い室内《しつない》釣《つ》り堀《ぼり》。釣《つ》れるのは緋鯉《ひごい》（赤《あか》いコイ）などの「色《いろ》ゴイ」とヘラブナだ。屋外《おくがい》にはニジマスなどが釣《つ》れる（ルアー・フライ釣《つ》り）トラウト池《いけ》もある。

色《いろ》ゴイを釣《つ》ると１匹《ぴき》につき20ポイントもらえ、ポイントに応《おう》じてお菓子《かし》と交換《こうかん》できる。ヘラブナはポイントがつかないけど、体長《たいちょう》30センチほどもある大《おお》きな魚《さかな》が多《おお》いので、強《つよ》い引《ひ》きを味《あじ》わえるぞ。

ウェブサイトへGO《ゴー》!

＊「座間養魚場《ざまようぎょじょう》」ホームページ

道野辺《みちのべ》つり堀《ぼり》センター

釣《つ》れる魚《さかな》  **ほか、ヘラブナ**

コイ

［所在地《しょざいち》］千葉県鎌ケ谷市東道野辺《ちばけんかまがやしひがしみちのべ》 3-8-16　☎ 047-443-2963
［アクセス］北総鉄道《ほくそうてつどう》・新鎌ヶ谷駅《しんかまがやえき》からききょう号南線《ごうみなみせん》・鎌ヶ谷大仏《かまがやだいぶつ》行《い》きバスで「道野辺《みちのべ》小学校《しょうがっこう》」バス停下車《ていげしゃ》。徒歩《とほ》２分《ふん》［料金《りょうきん》］コイ釣《つ》り：子《こ》ども半日《はんにち》600円《えん》、１日《にち》700円《えん》。大人《おとな》半日《はんにち》800円《えん》、１日《にち》1,000円《えん》［休業日《きゅうぎょうび》］月曜日《げつようび》（祝日《しゅくじつ》の場合《ばあい》は翌日休業《よくじつきゅうぎょう》）
［営業時間《えいぎょうじかん》］8:00～16:30（11～3月《がつ》は 8:00～16:00）［駐車場《ちゅうしゃじょう》］あり

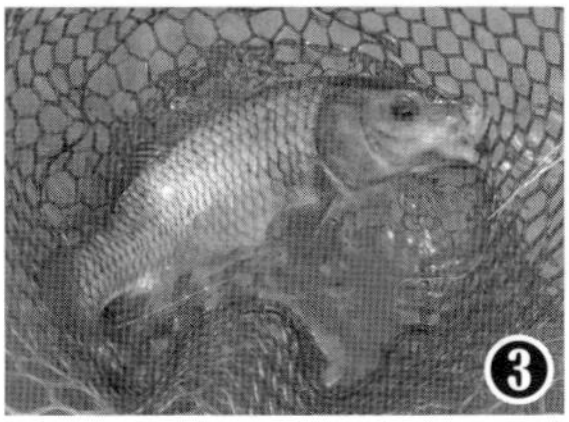

❶住宅街《じゅうたくがい》のなかにあるとは思《おも》えない、広《ひろ》い釣《つ》り堀《ぼり》。❷コイ釣《つ》りの池《いけ》には桟橋《さんばし》がある。このまわりはいいポイントだ。❸ 40 センチ程度《ていど》のコイがたくさん放流《ほうりゅう》されているぞ

お父さん、お母さんへ

半日料金は、午前の部が 8:00～13:00、午後の部は 11:00～終了時刻。貸し竿とエサはそれぞれ 50 円。道具などの持ち込みは可能だが、エサは練りエサのみとなっている。また、釣り方は底釣りのみだ。ヘラブナの池は別料金で、半日 1,000 円、1 日 1,500 円。駐車場のスペースは充分にあるが、入り口から場内への道路が狭いので、注意して走行すること。

料金《りょうきん》が安《やす》い！ 穴場的《あなばてき》な釣《つ》り堀《ぼり》

「道野辺《みちのべ》つり堀《ぼり》センター」は、コイとヘラブナの釣《つ》り堀《ぼり》。ホームページなどがないため、あまり知《し》られていないが、料金《りょうきん》が安《やす》いので、とても利用《りよう》しやすい。

池《いけ》はふたつあり、コイが釣《つ》れるのは手前《てまえ》の池《いけ》。奥《おく》にあるのはヘラブナ釣《つ》りの池《いけ》だ。時期《じき》によって釣《つ》りやすい場所《ばしょ》は変《か》わるけれど、桟橋《さんばし》の近《ちか》くは人気《にんき》のポイント。底釣《そこづ》りのみのルールなので、ウキ下《した》をしっかり調整《ちょうせい》しようね。

ウェブサイトへGO《ゴー》!

＊「道野辺《みちのべ》つり堀《ぼり》センター」（「589 本舗《ほんぽ》」ブログ内《ない》）

釣堀《つりぼり》 三村園《みむらえん》

釣《つ》れる魚《さかな》

コイ

キンギョ

[所在地《しょざいち》] 千葉県松戸市新松戸南《ちばけんまつどししんまつどみなみ》3-352　☎047-341-1973

[アクセス] JR常磐線《じょうばんせん》・馬橋駅《まばしえき》、もしくはJR武蔵野線《むさしのせん》・新松戸駅《しんまつどえき》から、松戸新京成《まつどしんけいせい》バス・「新《しん》2」路線《ろせん》で「三村新町《みむらしんまち》」バス停下車《ていげしゃ》。徒歩《とほ》1分《ぷん》 [料金《りょうきん》（釣《つ》り竿《ざお》・エサ付《つ》き] 1時間《じかん》500円《えん》、延長《えんちょう》1分《ぷん》10円《えん》 [休業日《きゅうぎょうび》] 年中無休《ねんじゅうむきゅう》 [営業時間《えいぎょうじかん》] 7:00～日没《にちぼつ》（春《はる》・夏《なつ》は18:00ごろまで、秋《あき》・冬《ふゆ》は16:00ごろまで） [駐車場《ちゅうしゃじょう》] あり

❶池《いけ》は5つ。4つにコイが入《はい》っていて、もうひとつはキンギョだ。浅《あさ》いから魚《さかな》の姿《すがた》が見《み》えるよ！❷キンギョが釣《つ》れる水槽《すいそう》もある。❸歴史《れきし》を感《かん》じさせる看板《かんばん》。食堂《しょくどう》もあるぞ

❶

❸

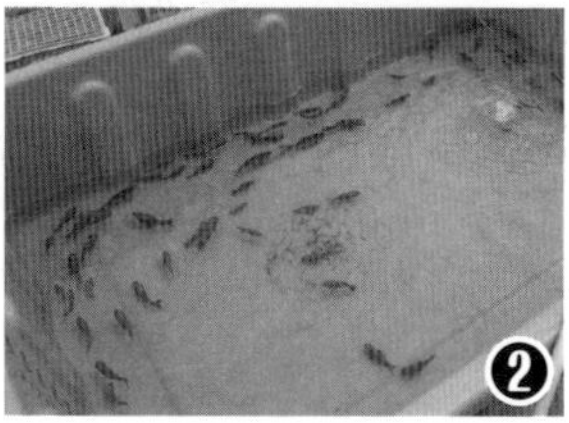
❷

お父さん、お母さんへ

住宅街のなかにある老舗の釣り堀が、近年、ファミリー向けにリニューアル。池はひとつが5×10メートルほどと小規模で、水深も浅いので、万一の落水などでも大事故になりにくい。小学校高学年以上なら、子どもたちだけで訪れても危険度の低い釣り堀だといえる。食堂（11:00～20:00営業・水曜日定休）が併設されているので、食事がてら釣りを楽しむのもいい。

安心《あんしん》して釣《つ》りできるこぢんまりとした池《いけ》

「釣堀《つりぼり》 三村園《みむらえん》」は、50年《ねん》以上前《いじょうまえ》から営業《えいぎょう》している釣《つ》り堀《ぼり》。以前《いぜん》はヘラブナも放流《ほうりゅう》していたけれど、現在《げんざい》はコイとキンギョになっている。

コイとキンギョが放流《ほうりゅう》されている5つの池《いけ》は水深《すいしん》が浅《あさ》いので、魚《さかな》の姿《すがた》を見《み》ながら釣《つ》ることができるぞ。3つある青《あお》い水槽《すいそう》は、キンギョの釣《つ》り堀《ぼり》。コイは2匹《ひき》で1点《てん》、キンギョは1匹《ぴき》で1点《てん》と、釣《つ》った魚《さかな》を点数《てんすう》に換算《かんざん》してお菓子《かし》や飲《の》み物《もの》と交換《こうかん》してくれる。

ウェブサイトへGO《ゴー》!

＊「三村園《みむらえん》」フェイスブックページ

浅間池《せんげんいけ》

釣《つ》れる魚《さかな》

マブナ　クチボソ　ブルーギル　コイ

ほか、ヘラブナなど

[所在地《しょざいち》] 千葉県成田市松崎《ちばけんなりたしまつざき》　☎0476-20-1562（松戸市役所《まつどしやくしょ》 公園緑地課《こうえんりょくちか》）
[アクセス] JR 成田線《なりたせん》・下総松崎《しもうさまつざき》から徒歩《とほ》 20 分《ぷん》。
[入園料《にゅうえんりょう》] 無料《むりょう》　[休園日《きゅうえんび》] なし
[駐車場《ちゅうしゃじょう》] あり（5台程度《だいていど》）
[その他《た》] リール竿使用禁止《ざおしようきんし》、ルアー釣《つ》り禁止《きんし》、ゴミは持《も》ち帰《かえ》ること

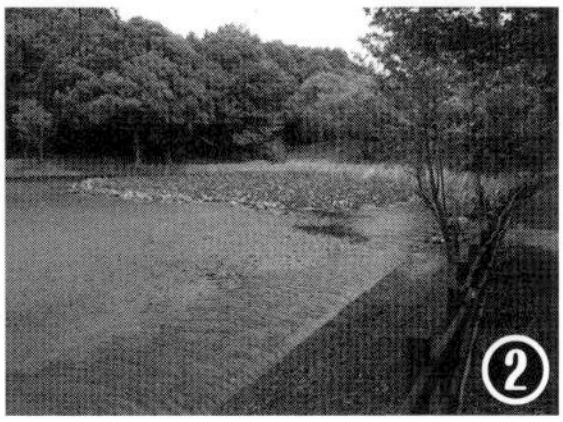

❶オススメは上《うえ》の池《いけ》。大《おお》きなコイもいるぞ！❷下《した》の池《いけ》にはヘラブナ釣《つ》りの人《ひと》が多《おお》い。こちらもフナやコイが釣《つ》れる。❸元気《げんき》なマブナ。アカムシのほか、練《ね》りエサでも釣《つ》れる

お父さん、お母さんへ

トイレや水道などがない、いわゆる野池だが、足場がいいので子どもでも安心して遊べる。駅から遠いので、クルマで行くほうが楽。ただし駐車スペースはあまり広くない。所在地の番地がなく、場所がわかりにくいので、P.81 に記載の QR コードからマップを参照のこと。トイレは訪れる前に済ませておこう。また、地元の人たちが管理している釣り場なので、ゴミは必ず持ち帰ること！

自然豊《しぜんゆた》かな野池《のいけ》にマブナやコイが泳《およ》ぐ

農業用水《のうぎょうようすい》のため池《いけ》として作《つく》られた「浅間池《せんげんいけ》」は、地元《じもと》の釣《つ》り人《びと》たちに広《ひろ》く親《した》しまれている。池《いけ》は2段《だん》になっていて、下《した》の池《いけ》はヘラブナ釣《つ》りの人《ひと》が多《おお》いけど、どちらもコイやマブナが釣《つ》れるよ。

オススメは上《うえ》の池《いけ》。アシなどが生《は》え、小魚《こざかな》たちの格好《かっこう》の住《す》み家《か》になっている。スイレンが薄《うす》いピンク色《いろ》の花《はな》を咲《さ》かせる初夏《しょか》からが、釣《つ》りのベストシーズン。緑《みどり》に囲《かこ》まれて、のんびり釣《つ》りを楽《たの》しもう！

動画《どうが》サイトへGO《ゴー》!

＊You Tube 動画《どうが》「コイ釣《つ》り八十八ヶ《はちじゅうはちか》所《しょ》」#6

草柳園《そうやぎえん》フィッシングセンター

釣《つ》れる魚《さかな》

［所在地《しょざいち》］神奈川県《かながわけん》大和市《やまとし》上草柳《かみそうやぎ》1021　☎046-261-2958［アクセス］相鉄線《そうてつせん》・相模大塚駅《さがみおおつかえき》から徒歩《とほ》10分《ぷん》　［料金《りょうきん》］金魚池《きんぎょいけ》＝1時間《じかん》800円《えん》。コイ池《いけ》＝1時間《じかん》1,100円《えん》、半日《はんにち》（4時間《じかん》）2,500円《えん》、1日《にち》3,600円《えん》。＊貸《か》し竿《ざお》・エサ込《こ》み。追加《ついか》のエサは1個《こ》100円《えん》［休業日《きゅうぎょうび》］木曜日《もくようび》（祝日《しゅくじつ》の場合《ばあい》は営業《えいぎょう》）、12月《がつ》29日《にち》～31日《にち》、1月2日《がつふつか》～4日《よっか》［営業時間《えいぎょうじかん》］8:00～17:00（4～9月《がつ》の土日祝日《どにちしゅくじつ》は17:30まで）［駐車場《ちゅうしゃじょう》］あり

❶屋外《おくがい》のキンギョ釣《つ》り堀《ぼり》。休日《きゅうじつ》はたくさんの子《こ》どもたちがやってくる。❷チョウザメへのエサやりもできるぞ。❸管理棟《かんりとう》の中《なか》には食堂《しょくどう》もある。川魚《かわざかな》の料理《りょうり》も食《た》べられるぞ

お父さん、お母さんへ

小さな子どもにはキンギョ釣りがオススメだが、屋外なので暖かい時期のほうが断然釣りやすい。技術的にはむしろコイ釣りのほうが簡単。大物を釣りたいなら、ぜひコイ釣りをやってみよう。なお、ニジマス池は竿1本500円で、釣ったニジマスを1キロ2,700円計算で買い取るシステムとなっている。駐車場は広いが、休日は満車になることもしばしばだ。

キンギョにコイ、ニジマスも釣《つ》れる！

「草柳園《そうやぎえん》フィッシングセンター」は、さまざまな魚《さかな》が釣《つ》れる人気《にんき》の釣《つ》り堀《ぼり》だ。キンギョ、コイ、ニジマスのエサ釣《づ》りに加《くわ》え、コイ・ニジマス・チョウザメがいっしょに入《はい》っている池《いけ》でエサやりをすることもできるぞ。

ニジマス釣《つ》りは、釣《つ》ったぶんだけ買《か》い取《と》るシステム。調理《ちょうり》してもらって食堂《しょくどう》で食《た》べることもできるぞ。また、キンギョは1時間《じかん》につき1匹《ぴき》、持《も》ち帰《かえ》ることができる。

ウェブサイトへGO《ゴー》!

＊「草柳園《そうやぎえん》フィッシングセンター」ホームページ

早戸川国際《はやとがわこくさい》マス釣《つ》り場《ば》

釣《つ》れる魚《さかな》

ニジマス

[所在地《しょざいち》] 神奈川県相模原市緑区鳥屋《かながわけんさがみはらしみどりくとや》 3627 ☎ 042-785-0704［アクセス］JR 横浜線《よこはません》・京王線《けいおうせん》・橋本駅北口《はしもとえききたぐち》から「鳥居原《とりいはら》ふれあいの館《いえ》」行《い》きバスで「鳥屋《とや》」バス停下車《ていげしゃ》。小田急線《おだきゅうせん》・本厚木駅北口《ほんあつぎえききたぐち》から「宮ヶ瀬《みやがせ》」行《い》きバスで終点下車《しゅうてんげしゃ》。バス停《てい》への送迎《そうげい》あり（要《よう》電話連絡《でんわれんらく》）［料金《りょうきん》］1日《にち》3,300円《えん》。貸《か》し竿《ざお》300円《えん》、エサ＝イクラ 300円《えん》、ブドウ虫《むし》500円《えん》［休業日《きゅうぎょうび》］年中無休《ねんじゅうむきゅう》［営業時間《えいぎょうじかん》］6:00 ～ 17:00［駐車場《ちゅうしゃじょう》］あり

❶自然《しぜん》の川《かわ》を積《つ》み石《いし》でせき止《と》めた「川《かわ》タイプ」のニジマス釣《つ》り場《ば》だ。❷水《みず》が澄《す》んでいるから魚《さかな》が丸見《まるみ》え！❸受付《うけつけ》の管理棟《かんりとう》。レストランではニジマス料理《りょうり》も食《た》べられる

お父さん、お母さんへ

上記料金は一般釣り場。大人（中学生以上）４名以上で１区画を借りきる「貸切釣場」もあり、こちらは小学以下が無料になる。また、隣接する下流側の「リヴァスポット早戸」は、ルアー・フライ・テンカラ（日本の毛バリ釣り）専用の釣り場となっている。バス停への送迎は、事前の電話連絡が必要。なお、自然の川を利用しているので、台風などの災害時には休業する場合がある。

自然《しぜん》の川《かわ》を利用《りよう》したニジマス釣《つ》り場《ば》

自然《しぜん》の川《かわ》を整備《せいび》した、全長《ぜんちょう》1・3キロもの規模《きぼ》がある「早戸川国際《はやとがわこくさい》マス釣《つ》り場《ば》」。透明《とうめい》な水《みず》の中《なか》を泳《およ》ぐ魚《さかな》の姿《すがた》が見《み》えて大興奮《だいこうふん》！山《やま》の中《なか》にあるので、冬《ふゆ》はちょっと寒《さむ》いけど、春以降《はるいこう》はたくさんの人《ひと》が釣《つ》りにやってくる。

一般《いっぱん》釣《つ》り場《ば》では、毎週《まいしゅう》土曜日《どようび》午前《ごぜん》9時《じ》30分《ぷん》の放流《ほうりゅう》で、イワナ、サクラマスなど、珍《めずら》しいマスの仲間《なかま》たちが放流《ほうりゅう》されるので、放流情報《ほうりゅうじょうほう》をチェックして出《で》かけよう！

ウェブサイトへGO《ゴー》!

＊「早戸川国際《はやとがわこくさい》マス釣《つ》り場《ば》」ホームページ

つくば釣《つ》り堀《ぼり》センター

釣《つ》れる魚《さかな》  ほか、アオウオ

コイ

［所在地《しょざいち》］茨城県《いばらぎけん》つくば市西栗山《しにしくりやま》7　☎090-1797-7875

［アクセス］つくばエクスプレス・みらい平駅《だいらえき》から関東鉄道《かんとうてつどう》・谷田部車庫《やたべしゃこ》行きバスで「畔橋《あざばし》」バス停下車《ていげしゃ》。徒歩《とほ》3分《ぷん》

［料金《りょうきん》］1時間《じかん》1,000円《えん》、延長《えんちょう》1時間《じかん》500円《えん》。貸《か》し竿《ざお》（エサ付《つ》き）500円《えん》

［休業日《きゅうぎょうび》］金曜日《きんようび》［営業時間《えいぎょうじかん》］8:00～18:00　［駐車場《ちゅうしゃじょう》］あり

❶池《いけ》は2面《めん》。中型以上《ちゅうがたいじょう》のコイとアオウオが放流《ほうりゅう》されている。❷管理人《かんりにん》さんがていねいに教《おし》えてくれるから初《はじ》めてでも釣《つ》れる！❸強《つよ》い引《ひ》きを味《あじ》わわせてくれる元気《げんき》な魚《さかな》ばかりだ

お父さん、お母さんへ

現地へは、上記のアクセス方法のほか、つくばエクスプレス・みどりの駅からタクシーを使う方法（料金はおおよそ2メーター程度）もある。クルマでは、常磐道・谷田部ICから10分。近隣に食堂などはないが、コンビニエンスストアはある。のんびり釣りを楽しむなら、食べ物を用意していくといい。バーベキューにも対応してくれるので、希望する場合は事前に問い合わせよう。

元気《げんき》で引《ひ》きのいいコイが釣《つ》れる！

「つくば釣《つ》り堀《ぼり》センター」は、コイの強《つよ》い引《ひ》きを手軽《てがる》に味《あじ》わえる釣《つ》り堀《ぼり》だ。中型以上《ちゅうがたいじょう》のコイにくわえて、アオウオ（ソウギョ同様《どうよう》、中国原産《ちゅうごくげんさん》のコイの仲間《なかま》）も放流《ほうりゅう》されている。

釣《つ》り道具《どうぐ》やエサの持《も》ち込《こ》みも可能《かのう》だが、最初《さいしょ》はレンタルでトライ。ウキ下《した》の調整《ちょうせい》などは管理人《かんりにん》さんがしっかりやってくれる。その他《ほか》、エサの付《つ》け方《かた》やポイントなども教《おし》えてもらえるから、初《はじ》めての人《ひと》でもきっと釣《つ》れるぞ！

ウェブサイトへGO《ゴー》！

＊「つくば釣《つ》り堀《ぼり》センター」ブログ

近藤沼《こんどうぬま》

釣《つ》れる魚《さかな》

ほか、ヘラブナ、ワカサギ
ブラックバスなど

［所在地《しょざいち》］群馬県館林市下三林町《ぐんまけんたてばやししもみばやしちょう》 1628　☎0276-74-7488（近藤沼漁業協同組合《こんどうぬまぎょぎょうきょうどうくみあい》・吉田《よしだ》）［アクセス］東武伊勢崎線《とうぶいせざきせん》・館林駅《たてばやしえき》からつつじ観光《かんこう》バス・赤岩渡船行《あかいわとせんい》きバスで「下《しも》三林長良神社前《みばやしながらじんじゃまえ》」バス停下車《ていげしゃ》。徒歩《とほ》 10 分《ぶん》。東武伊勢崎線《とうぶいせざきせん》・茂林寺前駅《もりんじまええき》から徒歩《とほ》 37 分《ふん》［遊漁料《ゆうぎょりょう》］大人《おとな》 1 日《にち》 500 円《えん》、1 年《ねん》 8,000 円《えん》。中学生以下無料《ちゅうがくせいいかむりょう》［遊漁期間《ゆうぎょきかん》］ワカサギは 10 月 1 日《がつついたち》～3 月《がつ》 31 日《にち》。それ以外《いがい》は通年《つうねん》。［駐車場《ちゅうしゃじょう》］あり

❶３つの区域《くいき》に分《わ》かれている近藤沼《こんどうぬま》。❷桟橋《さんばし》が設置《せっち》されているので、とても釣《つ》りがしやすい。❸池《いけ》のまわりを取《と》り囲《かこ》む近藤沼公園《こんどうぬまこうえん》には遊具《ゆうぐ》がたくさんあるぞ！

①

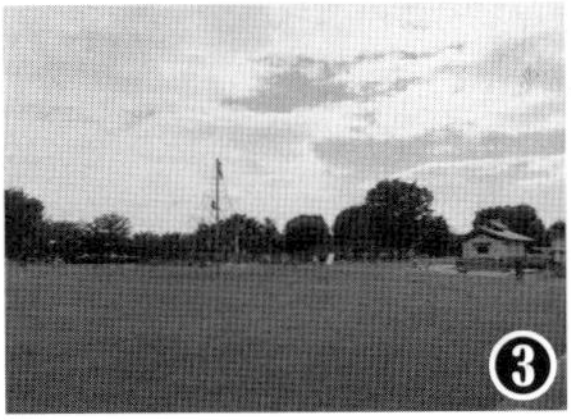
③

②

お父さん、お母さんへ

遊漁券の取扱所は近藤沼漁業協同組合に問い合わせのこと。上記、遊漁料や遊漁期間以外に、持ち帰れる魚のサイズや釣り方などのルールがあるので、近藤沼漁業協同組合の HP（http://www.gunfish.jp/kumisyo/kondosyo.htm）のなかにある遊漁規則も確認しておこう。なお、桟橋のほかに、ヘラブナ釣りの人が設置した釣り台があるが、こちらは利用しないこと。

公園《こうえん》に隣接《りんせつ》している大人気《だいにんき》の釣《つ》り場《ば》

「近藤沼公園《こんどうぬまこうえん》」の目《め》の前《まえ》にある「近藤沼《こんどうぬま》」。漁業協同組合《ぎょぎょうきょうどうくみあい》によって、コイやヘラブナ、ワカサギなどが放流《ほうりゅう》され、ほかにブラックバスなどもいる。釣《つ》りは桟橋《さんばし》からがオススメだ。岸《きし》から釣《つ》りができるところもあるけれど、足場《あしば》が良《よ》くないところでは、ライフベストを着用《ちゃくよう》しよう。

公園《こうえん》には、「芝生広場《しばふひろば》」や「じゃぶじゃぶ池《いけ》」など、遊《あそ》べる場所《ばしょ》がいっぱい。散策《さんさく》も楽《たの》しめるぞ。

ウェブサイトへGO《ゴー》!

＊「近藤沼公園《こんどうぬまこうえん》」ホームページ（「ぐんまなび」内《ない》）

子どもに教えるためにも知っておきたい

お父さん・お母さんのための釣り知識

安全な釣りのための必要な服装・装備

釣りにかぎらず、子どもを野外で遊ばせる際に気をつけたいのが転倒などによるケガ。釣り堀ならあまり問題はないが、足場の悪い釣り場では、滑りにくい靴底のシューズを履くようにしたい。夏場の釣り堀や公園では、ビーチサンダルで遊ぶ子どもの姿をよく見かけるが、ケガをしやすいので、最低でもつま先を保護できるスポーツサンダルの着用をオススメする。

もっとも、体の柔らかい子どもは、転んでも擦り傷程度で、捻挫や骨折にはなりにくい。シューズ選びは、むしろお父さん・お母さんのほうが大切かもしれない。

つぎに気を配りたいのは悪天候への対応。雨が降ったり、寒くなったら釣りをやめればいいのだが、夢中になってそのまま釣りを続けてしまう子どもも多い。雨具は用意しておこう。登山用などの本格的なものがベストだが、短時間、雨をしのぐだけならコンビニエンスストアなどで売られているビニールのカッパでもいい。

秋～春は、寒くなったときのために、薄手のセーターなどの

夏は日除け、冬は防寒に帽子を着用しよう。目を守るサングラスは、水面の光の反射を抑える「偏光グラス」がベスト

エサを付けたり、仕掛けを作ったりするのに、軍手ではやりづらい。指先がカットされた、釣り用の手袋がオススメだ

天然の池や湖では、長靴があるといい。また、足場が悪い場所もあるので、濡れても滑りにくい靴底のシューズを選ぼう

雨が降る可能性があるのなら、雨具は必須だ。また、急に冷え込んだときのために、フリースなどの防寒着も用意しよう

防寒着を1着用意しておこう。天候に関わらず、体調が悪くなったときにも着用できる。

釣り堀では必要ないが、公園の池でも、足場が悪かったり、足元から深くなったりしているところでは、ライフベストを用意しよう。タイプはさまざまだが、体のサイズに合ったものを選ぶのが第一だ

ライフベストを着用する

水まわりの遊びでは、落水（水に落ちること）の危険がつきまとう。本書で紹介している釣りを楽しむのに、落水の危険性が高い場所に行く必要はまずないが、あり得ないことが起きるのが「事故」というもの。足場が悪い、足元から水深が深い、足場が高くて落水したときに岸に上がりづらい、あるいは、釣り場が川で、流れが速いなど、少しでも危険を感じる場所では、ライフベスト（浮力体入りのベスト）を着用しよう。もちろん、危険度が高い場所にはそもそも行かない、ということを前提としてほしい。

ライフベストは釣具店で販売している。夏になるとホームセンターでも買うことができるはずだ。浮力が充分にあり、体にフィットするものを選ぼう。同時に、実際に着用する際は、ベルトなどを確実に締めることを忘れずに。暑いとついついルーズに着たくなるが、それではライフジャケット本来の性能が発揮できない。

また、これはむしろ大人向けの注意となるが、釣具店で売られている収納ポケットの多いライフベストを着用している人をよく見かける。便利ではあるのだが、ここにたくさんの道具を入れておくと（とくにルアー釣りをする人に多い）、そのぶん、ライフベストの浮力は失われる。そもそもライフベストは、落水したときに頭（口）が水面から出るように浮力を設定している。具体的には10kgそこそこの浮力しかないことを頭に入れておこう。

釣り堀でも、山間のニジマス釣り場では蚊・ブユなどに悩まされることがある。虫除けスプレーは必需品のひとつだ

そのほか、用意しておきたいのは帽子やサングラス。サングラスは、日差しを避けるというより、目に仕掛けなどがぶつかったときの保護という意味合いが重要だ。次ページでも触れるが、とくにリール付きの竿で仕掛けを投げる釣り方（投げ釣り・ルアー・フライ釣り）では必ず着用してほしい。

服装以外では、虫除け、日除け対策も必要。虫除けスプレーや日焼け止めを使用する以前に、長袖・長ズボンの着用を基本としよう。ケガの防止にも役に立つ。

薄着になる暑い時期は日焼けにも注意。日焼け止めを用意しよう。ただし、日焼け止めの成分は魚が嫌がるという話も

釣り場でのケガや事故に対処する

　ケガや虫刺されは、野外での遊びにつきもの。それぞれに対応できるよう、簡単なファーストエイド（救急医療）キットを用意しておこう。ちなみに、ハチに刺された場合は、体質によってアナフィラキシー（アレルギー反応の一種）が起きることがあるので、すぐに病院へ行くことをオススメする。

　釣り特有のトラブルとしては、落水と、ハリが体に刺さることのふたつが挙げられる。

　落水したときに大切なのは、落水した本人はもとより、周囲の人も慌てずに対処することだ。助けにいこうとして飛び込み、自らが命を落とすという事故が、現実に起きている。助ける側の人は、まず落水者に声をかけて落ち着かせよう。もっとも、きちんとライフベストを着用していれば、大事故にはなりにくい。

　ハリが刺さるトラブルは、本書で紹介している釣りでは、まず起こり得ないが、ルアー・フライ釣りなどでは散見される。なかには、隣の人のルアーやフライが体に刺さったというケースもある。

　写真でハリの抜き方を解説しているが、刺さって時間が経つと筋肉が収縮して抜きにくくなるので、深く刺さったり、目などの近くに刺さったりしたときは、すぐに病院へ行こう。

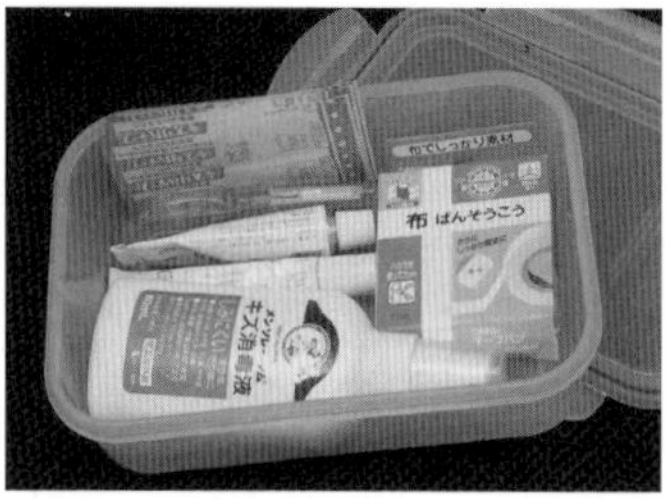

消毒薬や絆創膏、虫刺されの薬などは、防水性の高い密閉容器などに入れて持っていくといい

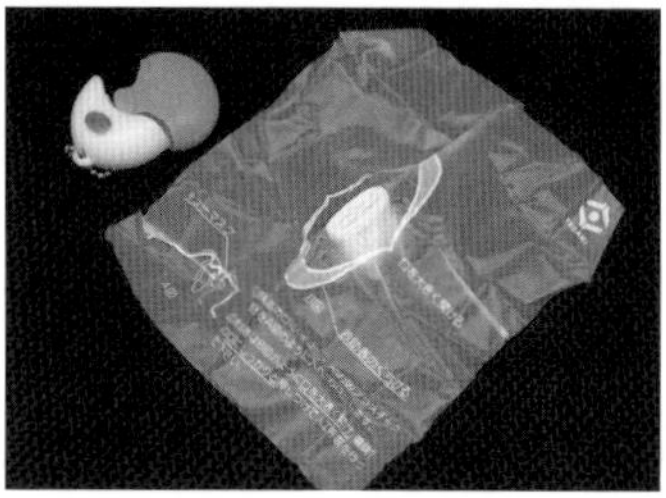

水まわりの遊びでは、落水の危険性がゼロではない。人工呼吸法を覚え、それに必要な道具を用意しておこう

体にハリが刺さったときの対処法

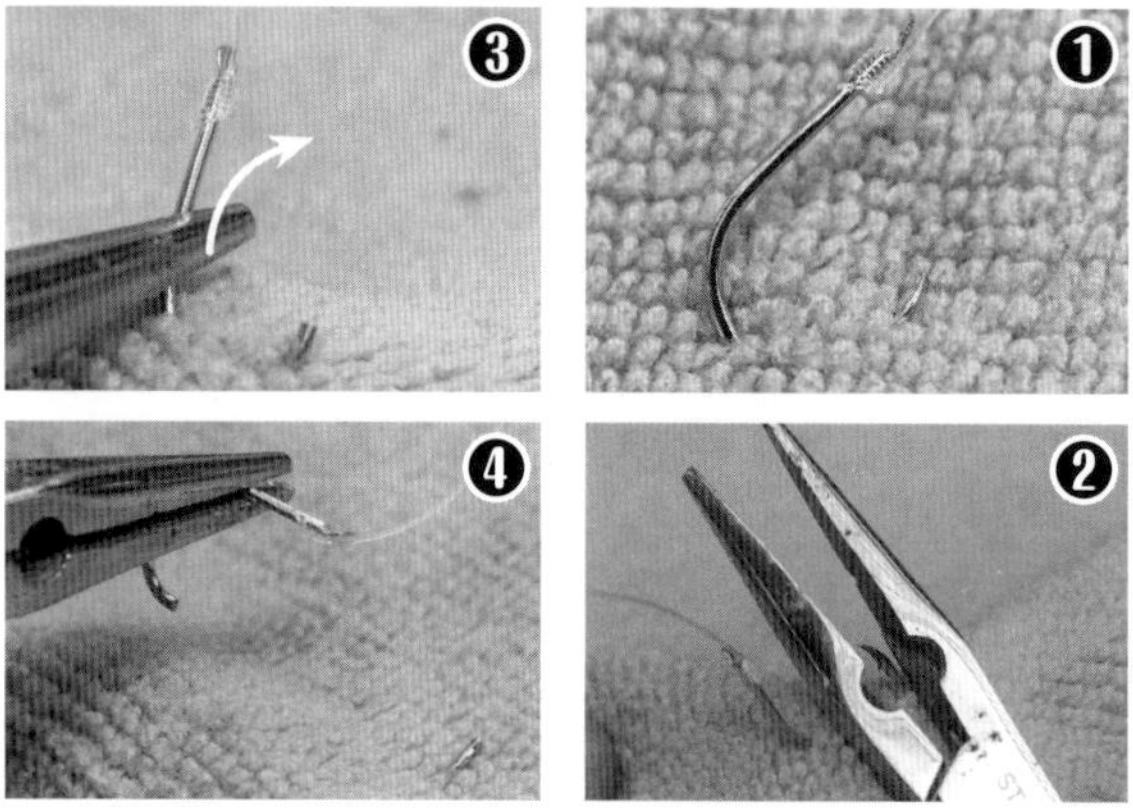

❶カエシのあるハリが刺さった状態（写真では体の代わりにタオルを使用）。❷カエシの下をワイヤーカッター付きのペンチなどでカットする。カエシ部分が皮膚の外に出ていなければ、少し押し込んでカエシを出す。❸ハリの軸をペンチでつまみ、回転させるようにして抜く。❹抜けた状態。傷口を処置し、必要なら病院で診てもらおう。なお、ハリが目などの重要な器官の近くに刺さった場合は、自分で対処しようとせず、刺さったハリが動いて傷口が広がらないよう、上から絆創膏などを貼っておき、病院へすぐに行くこと

知っておきたい釣りのルール

釣りをする場所それぞれに、釣りのルールというものがある。ルールをきちんと守って、釣りを楽しみたい。

釣り堀であれば、ルールは受付の近くに張り出されていることがほとんどなので、それを確認すればいい。持ち込みの道具やエサなどに関するルールは、事前に電話などで問い合わせておこう。一部には、小さな子どもの入場ができない釣り場もあるから、行ってみてガッカリ、ということにならないよう、下調べは必要だ。

公園には、釣りができるところとそうでないところがあるのは、すでに紹介したとおり。そして、釣りが可能だとしても、いくつかのルールがあるのが普通だ。なかには、漁業協同組合が管理しており、遊漁料を払う必要があるところもある。

加えて、ルール上は問題がなくても、事実上釣りがしにくいというケースもある。その一例は、ヘラブナ釣り師がたくさんいる公園。ハイシーズンになると釣り師がずらっと並び、子どもとワイワイ、楽しく釣りをできる環境とは言い難い。これればかりは、実際に行ってみないとわからないのが辛いところだ。

天然の池や川については、漁業協同組合が管理しているところがほとんど。シーズンや料金が決められているので、確認しておこう。コイや小魚を釣るのにも遊漁券が必要なところは多いものだ。

都道府県条例でも、釣りに関するいくつかのルールが決められている。例えば、釣りはいいが投網はダメとか、外来生物の再放流禁止といったものだ（つまり、釣ったら殺さなければならない）。また、ほぼ全国で、内水面（琵琶湖と霞ヶ浦をのぞく湖・池・川）の釣りは日の出〜日の入りにかぎるとされているということも覚えておこう。

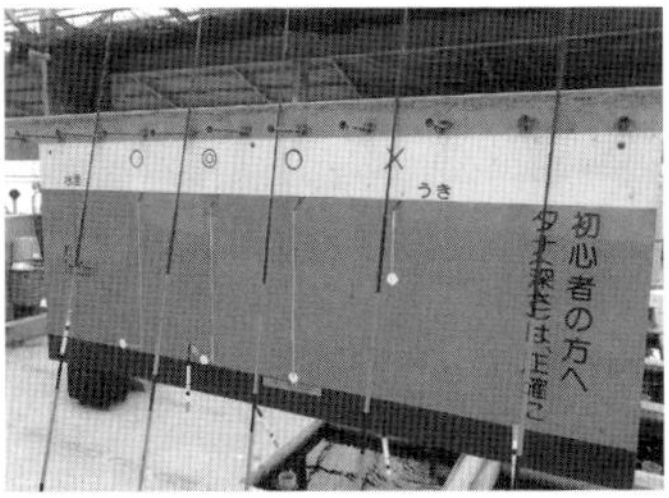

コイの釣り堀でよくあるのが「タナの制限」。多くはエサが水底に着いている「底釣り」にしなければならない

公園では、釣り人以外に迷惑がかからないようにするためのルールがある。ルアー・フライ釣り禁止のところが多い

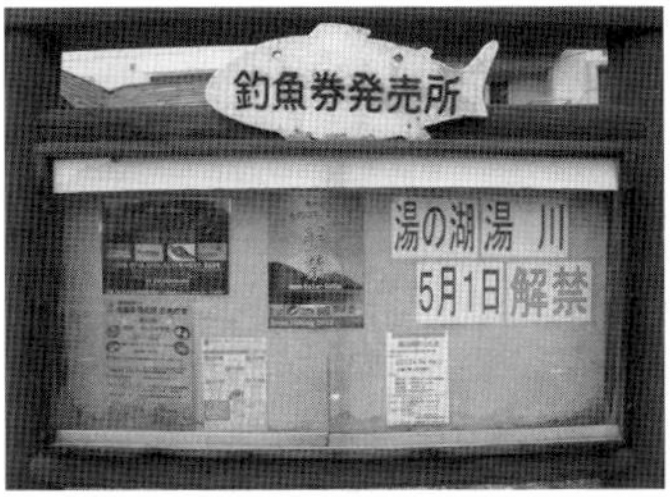

天然の池や川は、漁業協同組合が管理していることが多く、釣りをしてはいけない期間（禁漁期）が設定されている

ヘラブナ釣りはとくに繊細な釣り。そのため、すぐ近くで騒がれるなどすると、迷惑に感じる釣り人が多いものだ

釣り場の探し方

関東地方の主要な釣り場については本書で紹介しているが、自宅の近くに掲載されている釣り場がないという人もいるだろう。そこで、自分で釣り場を探す方法を紹介しよう。

誰もが考えつくのは、釣具店で聞くこと。大手量販店では、釣り場のガイドをプリントして配っているところもある。だが、それは海釣り（防波堤など）の情報がほとんどで、コイ釣り堀やキンギョ釣り堀、釣りができる公園の池については、知識豊富な店員さんがあまりいないというのが現状だ。

釣り堀については、インターネットで検索すれば、そのほとんどが出てくる。「釣り堀」に加えて「東京都」「コイ」というように、地域や釣りたい魚種を検索ワードに含めれば、より効率よく探せるはずだ。

ただし、そうやって行き着いた釣り堀のホームページは、個人が作っているものが多いため、内容的にはピンキリ。貸し竿の有無、エサの持ち込みの可否などが不明な場合は、電話で問い合わせよう。

とくに、初めて釣りをする子どもを釣れていくような場合は、「初心者でも釣れますか?」とストレートに聞いてしまったほうがいい。そのときの対応で、初心者に優しい釣り堀かどうか、なんとなくわかるものだ。

公園の池に関しては、管理者（市役所・町役場であることが多い）の公園管理課などに電話して、釣りが可能かどうか、どんなルールが定められているかを問い合わせるのが一番。ただ、担当者は釣りに詳しいとはかぎらないので（むしろ逆の場合が多い）、魚種や釣りの難易度に関しては、現場に行ってみるしか確認のしようがない。

公園以外の場所、いわゆる「野釣り」となると、ハードルは一気に高くなる。釣り雑誌や釣り人向けのウェブサイトなどで探すことは可能だが、子どもでも安全に釣りができる環境か、トイレや水道はあるか、近くに駐車場があるかなどは、実際に行ってみないとわからない。

近所であれば、釣りをしている人を探すのが確実。話しかけて、どんな魚を釣っているのか、よく釣れるかどうかなどを聞き出そう。ただし、水温や水量などの自然条件が変われば釣れ具合も大きく変わる。いつでも釣れるとは思わないことだ。

ホームページをもっている釣り堀は多い。細かいルールなどがわからない場合は、現地に電話で問い合わせよう

公園の池も、「釣りができる公園」という検索ワードで、ある程度は調べられる。詳しくは現地に問い合わせよう

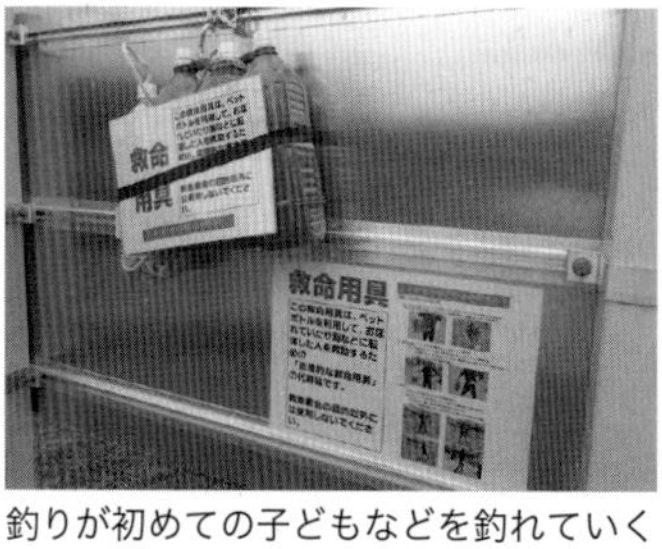

釣りが初めての子どもなどを釣れていくなら下見は欠かせない。釣れ具合だけでなく、安全性についてもチェックしよう

釣りの単位を知っておく

釣りでは、特有の単位が使われる。ベテランの釣り人などからアドバイスを受けるとき、その意味がわからないと苦労することもある。

竿の長さを表す「尺（約30㎝）」「寸（約3㎝）」あたりはいいとしても、「1ヒロ」「矢引き」などは、どのくらいの長さなのかわからない人も多いだろう。ちなみに「1ヒロ」は、両手を広げた長さ＝1ｍ50㎝、矢引きは、矢を引いた姿勢をとったときの両手の幅＝約90㎝だ。

タナ（水深）を表すときに「竿1本」などと言うこともある。これは釣りもの（対象魚・釣り方）によって意味が異なり、コイ釣りやヘラブナ釣りでは継竿の1セクション分（一般的な振り出し式の竿の収納時の長さ）＝約90㎝となる。一方、磯釣りなどでは、竿1本の長さ＝約5ｍとなっている。

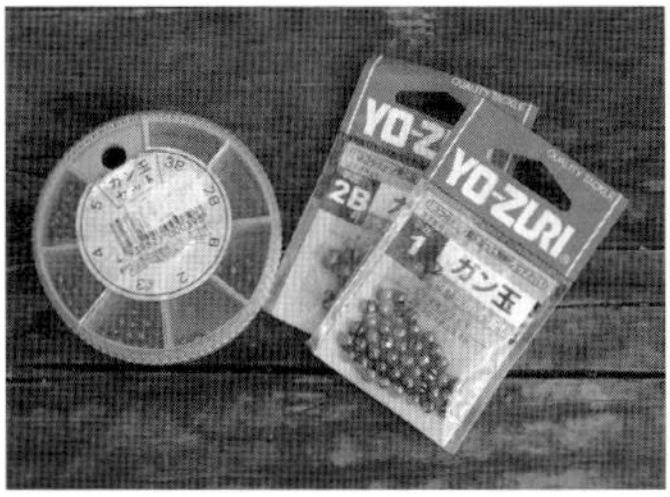

ガン玉は号数ごと、あるいは数種類をセットにして売られている。本書で紹介している釣りには1～4Bがあればいい

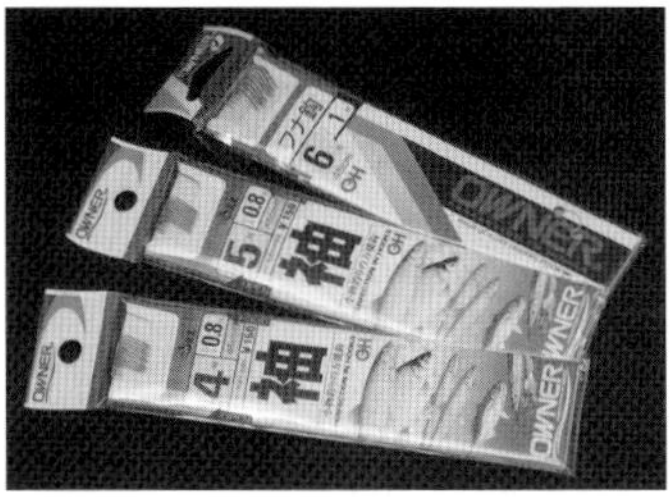

ハリは、ハリス付きのものが便利。サイズは種類によって異なるので、釣り堀や釣具店でアドバイスを受けてから買おう

長さ以外でわかりにくいのは、イトの太さ、オモリの重量、ハリのサイズなどだ。

イトには、号数（太さ）表示と、ポンド数（強度）表示がある。表を掲載しているが、イトの材質が変わると、同じ太さで強度がかなり異なることにも注意したい。

オモリの重量は、タイプによって表記の仕方が異なる。左下の表ではガン玉の単位を紹介しているが、楕円形の「割ビシ」では「小（＝0.4g）」「中（＝0・75g）」「大（＝0.9g）」などと表記される。また、ガン玉の単位も、「2B＝Bの2倍の重さ」ではないことに注意が必要だ。

ハリのサイズは号数で表され、号数が大きいほど、ハリのサイズも大きくなる。ただし、個々の製品によって、同じ大きさでも号数が違うので、適正サイズは実際に見て判断しよう。

ガン玉オモリの重量

ガン玉の単位	グラム数
4	0.2g
3	0.25g
2	0.31g
1	0.4g
B	0.55g
2B	0.75g
3B	0.95g
4B	1.2g
5B	1.85g
6B	2.65g

イトの表示と直径

号数表示	強度表示	直径
0.8号	3lb	0.148㎜
1号	4lb	0.165㎜
1.5号	6lb	0.205㎜
2号	8lb	0.235㎜
3号	12lb	0.285㎜
4号	16lb	0.33㎜
5号	20lb	0.37㎜
6号	24lb	0.405㎜
8号	30lb	0.47㎜

覚えておきたい釣りイトの結び方

自分で仕掛けを作るには、イトの結び方を知っておく必要がある。といっても、本書で紹介している釣りで使うのは、接続具（サルカン）とイトを結ぶための「ユニノット」と、穂先（リリアン）にイトを結ぶための「チチワ結び」のふたつだけ。8の字結びは、チチワ結びを作るためにも必要な結び方だ。

イトの強度は、結び目がもっとも弱くなる。最初は時間がかかってもいいから、ていねいに結ぼう。ナイロン製などのイトは摩擦熱に弱いので、結び目を引きしぼる前に、唾液などをつけて濡らし、熱を逃してやるといい。

なお、イトにはいくつかの素材があるが、ミチイトには比重が軽くて伸びのあるナイロン製、ハリスには比重が重くて張りのあるフロロカーボン製を使うのが一般的。ハリス付きハリに結んであるハリスも、フロロカーボン製が普通だ。ミチイトにフロロカーボン製を使うと、ウキが沈むなどのデメリットが多いことを覚えておこう。

ユニノット

①端イト

②端イト

③端イト

④本線／端イト

⑤

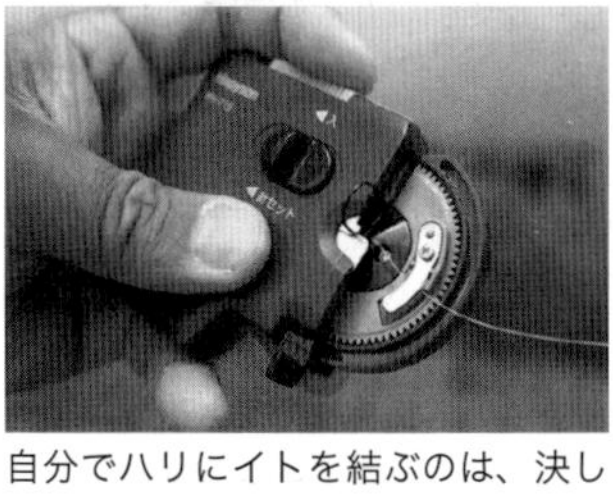

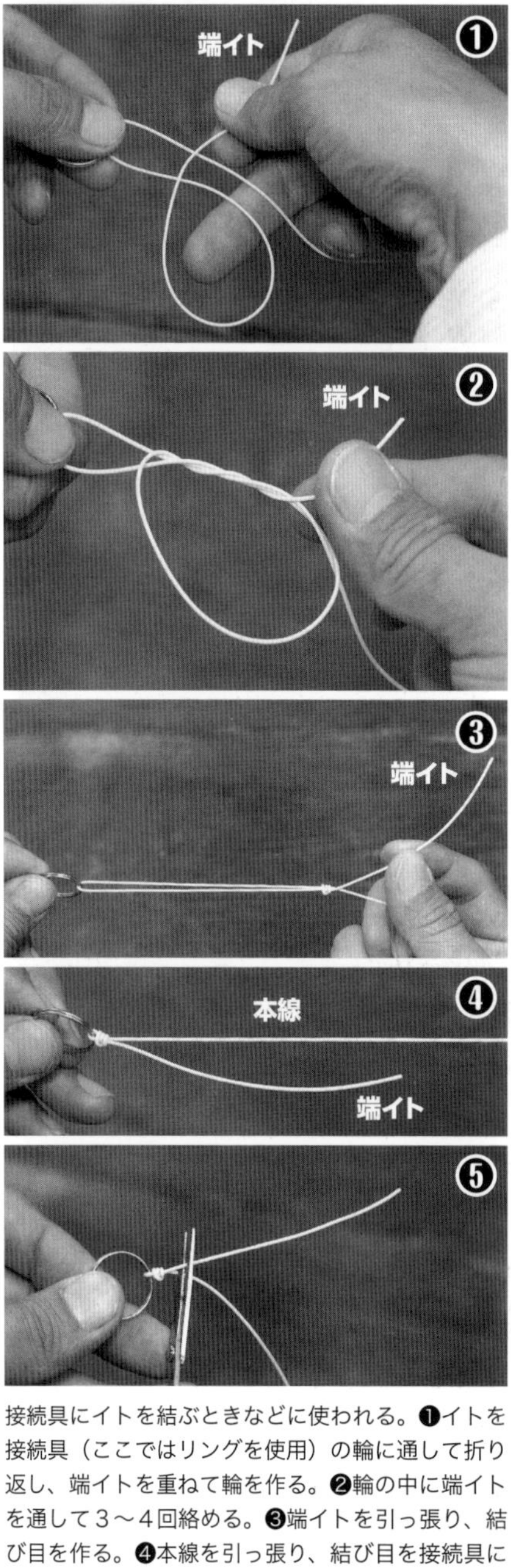

接続具にイトを結ぶときなどに使われる。❶イトを接続具（ここではリングを使用）の輪に通して折り返し、端イトを重ねて輪を作る。❷輪の中に端イトを通して3〜4回絡める。❸端イトを引っ張り、結び目を作る。❹本線を引っ張り、結び目を接続具に密着させる。❺端イトを本線を強く引いてしっかり結び、端イトを2ミリほど残してカットする

自分でハリにイトを結ぶのは、決して難しくはないが、面倒ではある。写真のような自動ハリ結び器があれば、簡単・確実に結ぶことができる

チチワ結び

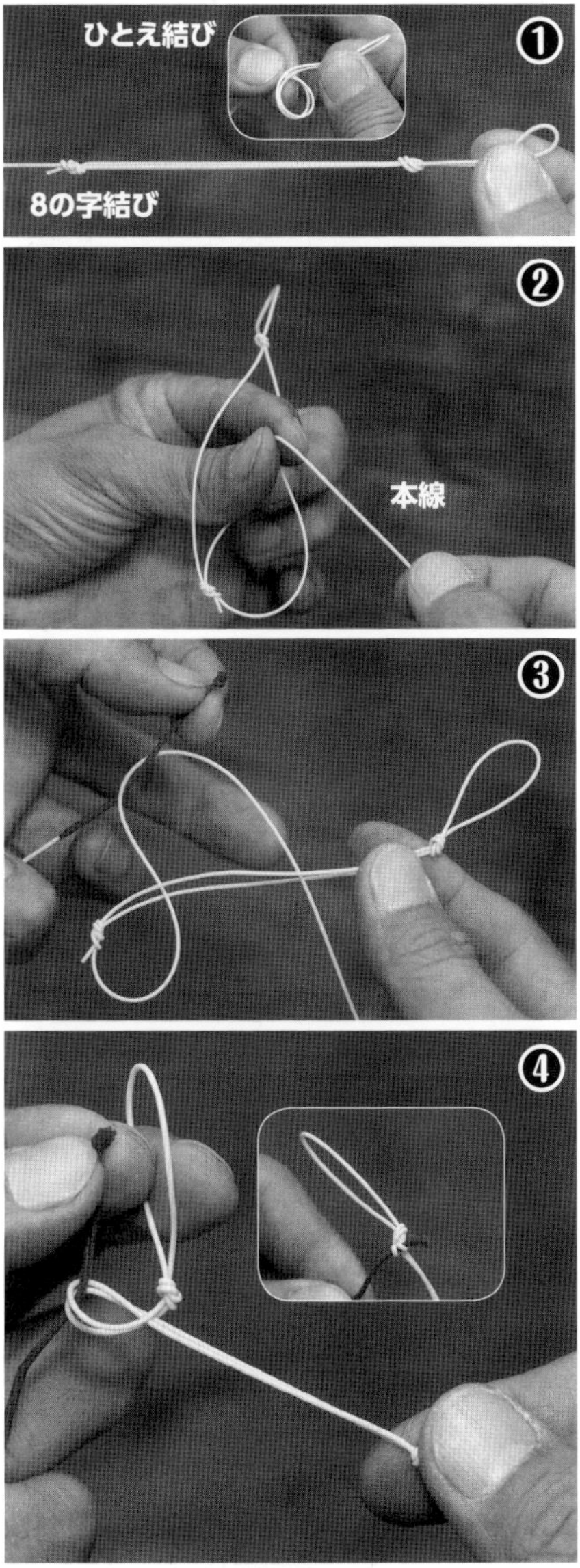

穂先のリリアンにイトを接続する方法。❶折り返したイトを「8の字結び」して、先端寄りにもうひとつ、「ひとえ結び」で結び目を作る。❷ふたつの結び目の間にできた輪に、本線を入れる。❸結び目の中を通した本線の輪に、リリアンを入れる。❹イトを引っ張り、結び目をリリアンの結びコブに密着させる。先端の輪を引くと、結び目が緩む

8の字結び

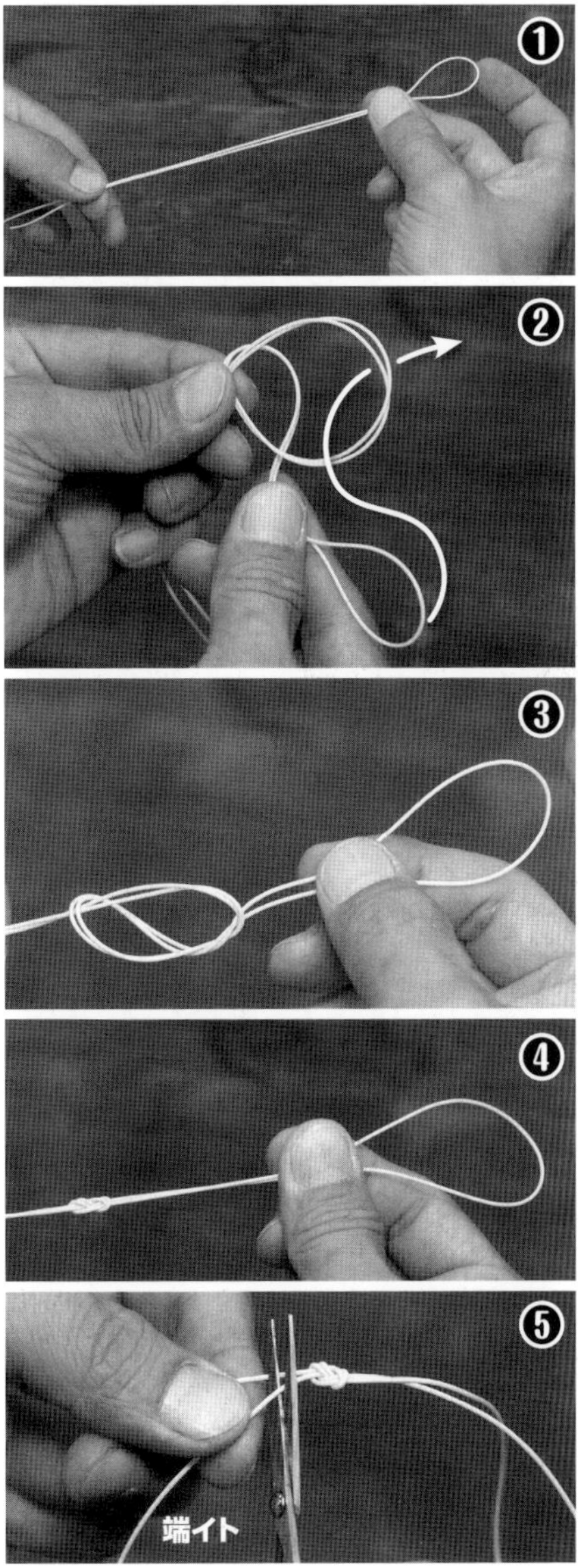

イトで輪を作るための結び方。左のチチワ結びなどに使われる。❶イトを折り返して二重にする。❷二重にしたイトを１回絡めて、できた輪の中に先端を入れる。❸先端を引っ張る。結び目が数字の「８」のようになるのが名前の由来。❹先端と結び目の下をつまんで引っ張り、しっかりと結ぶ。❺端イトを２ミリほど残してカットする

STAFF

イ ラ ス ト　折月フミオ
カバーデザイン　フェイヴァリット・グラフィックス（favorite graphics inc.）
撮 影 協 力　太田龍太郎、太田新造
589 本舗販売部 H http://589honpo.shop-pro.jp
製　　　作　有限会社フリーホイール

イラスト・折月フミオ（おりつき・ふみお）：高知県生まれ。四国の山と河に囲まれて育つ。会社勤めをしながら web コンテンツの漫画やイラスト、ロゴデザインなどを副業としていたが、2016年秋より独立。趣味は、観葉植物の土いじり、テレビゲーム、音楽鑑賞、プロレス観戦、ボルダリング。

著者・加藤康一：1967年・千葉県生まれ。釣り・カヌー&カヤック・キャンプほかアウトドア全般に加え、建築・木工・ライフスタイルなどに関する各種媒体の製作を行う。主な製作物は『週刊 日本の魚釣り』（執筆・撮影・編集／発行＝アシェット・コレクションズ・ジャパン）、『kayak 〜海を旅する本』『playboating@jp』（自社発行物）、『子どもも楽しい！ 釣り入門』（著作／発行＝山と渓谷社）など。ほか、「コイ釣り八十八ヶ所」などの You Tube 動画やアプリの制作も行う。
＊「これからつりをはじめる人の情報アプリ・つりにいこう」は下記 QR コードからダウンロードできます。

Google Play　**App Store**

ザリガニ、キンギョ、コイ。魚《さかな》を知《し》れば絶対《ぜったい》釣《つ》れる

釣《つ》りにいこうよ！

2017 年 5 月 25 日　第 1 刷発行

著　　者　加藤《かとう》 康一《こういち》
発 行 者　川端下 誠／峰岸延也
編集発行　株式会社 講談社ビーシー
〒112-0013　東京都文京区音羽 1-2-2
電話 03-3943-6559（出版部）
発売発行　株式会社 講談社
〒112-8001　東京都文京区音羽2-12-21
電話 03-5395-4415 (販売)
電話 03-5395-3615 (業務)
印 刷 所　豊国印刷株式会社
製 本 所　株式会社 国宝社

ISBN978-4-06-220250-3